영어회화 토픽북

아이작의

아이작 더스트 지음

테마토크120

Isaac's Theme Talk: 120 Topics to Talk About

서프라이즈

Introduction

It's not easy to think in another language. Writing, reading, speaking, and listening can be tough, too! I wrote this book to encourage people to do just that. I used to write one of these "Theme Talk" topics every day. So the writing of this book took place over a long time. I would also read the daily topic live on the radio each morning.

It took a while, but eventually people started to write about the topic of the day. Others would use the daily topic for their conversation classes. After the season ended, I thought it would be great if all the past topics could be put together and be made available to the many people out there who wanted to challenge themselves with English.

I originally wrote all the essays in this book to read them over the radio. For that reason, I wrote them in a conversational manner. I have left the essays almost entirely in their original forms—in some places, however, I have edited them slightly. I have also left many of the ellipses (...) and other unique punctuation. I feel

that this helps the essays remain more faithful to the originals.

I'm sure you will also notice that I have highlighted one sentence from each essay. Those sentences, I feel, capture the themes of each essay. If any one sentence could tell you what the essay is about, it would be those sentences.

How to use this book...

There are many ways to use this book. You can just listen to the entries or read them slowly. I suggest doing one a day. You can also take a more active approach and try to talk about or write about the topics. Find a phrase that you may not know. Practice using some of the expressions you've learned. Sometimes, you can translate the English on your own. After you finish, you can compare your translation with the translation in the book. There are many things you can do.

Or you might use this book in a class or with a group of friends. There are many different topics. Some will interest you. Some will not. But I hope that ALL of them provoke you into thinking just a little harder and practicing your English just a little more.

Speaking English is not easy. Sometimes finding a topic can be a challenge. Well, not anymore! Enjoy this book alone or with others...but the key is to ENJOY it. The best way to do this is by reading a little bit each day.

When I read the daily "Talk Time" on live radio, I would always end with this:

"Think about it. Talk about it. Write about it.
This thought was brought to you by Isaac,
Who wishes you Health and Happiness Always!"

I have taken that part out of the individual entries...but I still hope each entry can be special for each and every one of you. Speaking of "special"...I'd like to give some special thanks to the people who helped me package my random thoughts into a treasure chest:

Thanks to...

Translator: Hee-Jin Kim
Illustrator: Eun-Jung Kim
Editor: Michael Putlack
Family support, comments, and advice from Dad, Bro, and Sis
Proofreaders: Roger Hur and Ted Gray
Publisher: Kyoung-Hee Uhm

Last, but not least, I'd like to thank my wife and kids. I tried to write most of these entries after they had gone to bed, but ultimately I took away from "family time" to write this. Now that this book is done...I can take some time out...and spend it with them. :)

Blessings!

Isaac

머리말

다른 언어로 생각을 한다는 것은 쉬운 일이 아닙니다. 쓰기, 읽기, 말하기, 듣기도 어렵긴 마찬가지죠! 제가 이 책을 쓴 것은 여러분이 바로 그런 일들을 하도록 독려하기 위해서입니다. 저는 매일 한 가지 주제에 대해 글을 썼는데요, 그런 식으로 이 책 <Isaac's Theme Talk>가 완성되기까지는 굉장히 오랜 시간이 걸렸죠. 그날의 주제는 매일 아침 라디오 생방송 (EBS Morning Special)에서 방송되기도 했지요.

그렇게 되기까지 시간은 좀 걸렸지만 결국 사람들은 그날의 주제에 대해 글을 쓰기 시작했습니다. 회화 시간에 그 날의 주제에 대해 얘기하는 사람들도 있었고요. 한 시즌이 지나고, 저는 지난 내용을 모두 모아 영어 공부를 하는 많은 사람들이 이용할 수 있도록 하면 좋겠다는 생각이 들었습니다.

이 책의 이야기들은 원래 모두 라디오 방송 중에 읽기 위해 쓴 것들입니다. 그래서 말투가 구어체죠. 조금 수정한 부분도 있긴 하지만 거의 대부분이 처음 쓰여진 그대로입니다. 말줄임표(...)나 다른 특이한 구두점들도 그대로 내버려두었죠. 그래야 오리지널에 가까운 느낌을 살릴 수 있을 것 같았거든요.

또 각 이야기마다 한 문장이 특별히 표시된 것을 볼 수 있을 겁니다. 그 문장들

은 제가 각 이야기의 주제가 되는 것이라고 생각한 것들을 표시해 둔 것입니다. 그 한 문장으로 글이 어떤 내용인지 파악할 수 있지요.

그럼 이 책을 어떻게 이용할 것이냐….

이 책은 아주 다양한 방법으로 이용할 수 있습니다. 그냥 천천히 내용을 듣거나 읽어도 좋아요. 하루에 한 주제씩 다루면 좋을 겁니다. 좀더 적극적으로 하려면 각 주제에 대해 이야기해보거나 글을 써보면 좋지요. 잘 모르는 구절을 찾아보거나 새로 배운 표현들을 연습해보는 것도 좋습니다. 때로는 직접 번역을 해보는 것도 괜찮겠죠. 다 끝나면 여러분의 번역과 책의 번역을 한번 비교해보세요. 이 외에도 할 수 있는 일들이 아주 많습니다.

수업 중에 이 책을 이용할 수도 있고 친구들과 함께 공부를 할 수도 있지요. 여러 다양한 주제를 다루고 있으니까요. 여러분의 흥미를 끄는 것도 있을 것이고 그렇지 못한 것도 있을 겁니다. 저로서는 모든 글이 여러분에게 조금 더 깊이 생각을 하도록, 그래서 조금 더 영어 연습을 많이 할 수 있도록 하는 자극이 되기를 바랍니다.

영어로 얘기를 하는 것은 쉽지 않습니다. 때로는 얘기 주제를 찾는 것도 힘들지요. 하지만 이젠 더 이상 고민하지 않으셔도 됩니다! 혼자서든 다른 사람들과 함께든 이 책을 즐겨보세요. 가장 중요한 것은 '즐긴다'는 것입니다. 그러기 위해서는 매일 조금씩 하는 게 제일 좋죠.

매일 <Isaac's Theme Talk>의 주제 한 가지를 라디오 생방송에서 읽을 때마다 (방송 제목은 'Time Out') 저는 다음과 같은 말로 끝을 맺곤 했습니다:

"이 주제에 대해 생각해보고 얘기해보고 또 써보세요.
언제나 여러분의 건강과 행복을 바라는 아이작의 생각이었습니다!"

책에는 이 부분을 넣지 않았지만, 저는 여전히 각 주제가 여러분 한 사람 한 사

람에게 특별하기를 바랍니다.

'특별하다'는 얘기가 나왔으니 말인데요, 이 두서없는 생각들을 하나로 모아 보석 같이 꾸미는 데 도움을 주신 분들에게 특별한 감사의 말씀을 전하고 싶습니다.

번역: 김희진
그림: 김은정
편집: 마이클 푸트랙
정신적인 지원과 조언을 아끼지 않은 우리 아버지, 남동생, 여동생
교정: 로저 허, 그리고 테드 그레이
출판: 엄경희

그리고 끝으로 아내와 아이들에게 고맙다는 말을 전하고 싶습니다. 가족들이 잠든 시간에 이 책을 쓰려고 노력했지만 결과적으로 '가족의 시간'을 빼앗은 셈이 되고 말았습니다. 이제 이 책이 끝났으니 조금 휴식을 취하면서 가족들과 시간을 보낼 수 있겠군요. :)

축복을 빌며

아이작

THEME LIST

Comprehension Guide

아이작의 테마토크 120

Isaac's
Theme Talk
120 Topics to Talk About

What's New?

Can you smell, see, or hear "new"? I think so.

Did you ever SMELL new "back to school[1]" clothes, bags, notebooks, and pencils? You can SEE all sorts of [2] new items and programs and teachers at school.

You can HEAR the sounds of friends getting together and talking about what they did over the summer break. You can also HEAR new things on the radio!

One way we greet each other is simply by saying, "What's new[3]?" We want to hear new stories. We want to know what's new in our friend's life. We love new fashions. We enjoy new technology. And let's not forget the latest "new" news about our favorite movie stars!

New is nice and exciting, but sometimes it makes me nervous. I miss my friends who graduated. I miss the people I'm used to seeing and hearing. "New" means that I have to get used to something[4]. "New" shoes are nice, but they aren't always comfortable. They take some getting used to.

A "new" day, a "new" week, and even a "new" season. Perhaps I should have a "new" attitude and welcome all this "new" stuff. It's time for some "new" adventures.

Well, a new day is out there, and I have to make it mine.

I hope you feel the same way, too!

TALK ABOUT IT

1 Do you like new things?

2 What kind of new things do you like?

3 What do you think of when you hear the word "new"?

4 Can you talk about something new that you've done recently?

5 What new things would you like to do in the future?

6 Do you like going to new places?

7 How long does it take you to get used to something new?

8 Are new things comfortable or uncomfortable?

9 Do you like meeting new people?

1 **back to school** when vacation ends and school starts again   2 **all sorts of** many different kinds of; many different varieties of   3 **What's new?** an informal greeting; a way to ask how someone is doing   4 **get used to something** to become comfortable with something

Mom... the Toughest Job in the World

If you know me... you know that I always describe "moms" or "domestic engineers" as having the toughest jobs in the world. They have so many hats to wear[1]— so many balls to juggle.

The cooking.
The cleaning.
The shopping.
The kids' education.
And on and on[2].

So the question is... does it really have to be THE toughest job in the world? Does it have to be THAT tough?

I think it can be easier. First of all, dads can help more. There is no doubt about that[3]. But you know what? I think kids can help more, too. Moms do too much for their kids. They spoil their kids. I think they should be teaching their kids how to clean a little. Why should moms clean up after their kids if the kids are

old enough to do it themselves? It doesn't make sense to me.

Sure, kids need to study, but they also need to clean up after themselves. Spoiling a kid is not going to make "the toughest job in the world" any easier. If you teach a kid to clean, you are teaching him a great skill... and how to take care of himself... and how to be more responsible.

A wise man once said, "Give a man a fish, feed him for a day; teach a man to fish, feed him for a lifetime." I agree. Now that I think about it, maybe it was a mom who came up with[4] this phrase.

TALK ABOUT IT

1 What is your mom like?

2 Do you think being a "mom" is the toughest job in the world?

3 How do you help your mom every day?

4 What can dads do to help?

5 What does "give a man a fish, feed him for a day; teach a man to fish, feed him for a lifetime" mean to you?

6 What are some other tough jobs? Why are they tough?

7 Does your mom have her own free time? When was the last time she had a vacation or went on a date just with your dad?

8 Does your mom spoil you?

9 What does your mother do that you can do instead?

10 How do you show your appreciation to your mother for everything she does for you?

---

1 **many hats to wear** many responsibilities   2 **on and on** continuously; again and again   3 **no doubt** positive; 100% sureness   4 **come up with** to think of; to invent; to create

Teaching and Learning Responsibility

"Teach a man to fish, and you feed him for a lifetime."

It sounds good in theory[1]. But is it realistic to make your kids "work"? They are supposed to study or play or do something OTHER than "work." Parents "work" for the future of their kids, right? But that's exactly why kids SHOULD do a little work—to learn responsibility. It's good for their futures. They should know how to do things like: clean up after themselves[2] by putting their toys and books away. Perhaps they should even...

Throw out the trash.
Separate the stuff for recycling.
Help fold the laundry[3].
Dust the house.
Clean the floor.

If they are older, they can set the table or wash the dishes. (Actually, in my house, washing the dishes is my job). Those are just some ideas of things that kids can do.

Sure, one of the first things that may come to mind[4] is

22

"Cinderella," but it's not like they are doing this all day long. They may do their "chore" once a day or even once a week. But it's THEIR job. Not Mom's. When we talk about young kids and education, most agree that it should be fun, or the kids will get sick of it.

When we clean our house, we sometimes turn on music. We often all clean together. For example, when it's time to clean the floor, we might get two damp rags each and "skate" around the room. We also clean the car together. When we all clean together, we give each other energy.

But doing some things alone to learn a sense of responsibility is crucial. Having a kid who is always "dependent" makes life hard for a parent.

TALK ABOUT IT

1 Is it cruel to make kids do chores?
2 Do your kids have any household chores?
3 What are some common household chores?
4 What can children learn from doing chores?
5 How can you make chores more fun?
6 How often should children do chores?
7 What kinds of work SHOULDN'T kids do around the house?
8 What do you think of children who don't do chores?
9 What chores did you do when you were younger?
10 How did you feel about doing those chores?

1 **in theory** as an idea   2 **clean up after oneself** to clean up a mess that one makes
3 **fold the laundry** to put away clothes after washing them   4 **come to mind** to think of

Nice Surprises

Do you like surprises? Sure, there are "bad" surprises, like a pop quiz[1] given by your teacher or an unexpected bill. Those are no fun.

But there are also nice surprises. Have you ever had a surprise party? Didn't it feel great to be surprised by all your friends and family? Especially when you thought they'd forgotten your birthday.

Have you ever given someone a gift, and that person wasn't expecting it at all? What kind of look did that person have on his face? It probably looked like complete happiness.

How about a surprise phone call? Right out of the blue...[2]

Those are the best surprises. Have you ever called someone for no particular reason—just because you wanted to hear that person's voice or because you wanted to catch up on old times[3]? Or because you wanted to say "hi."

Those are some of the surprises that I like the most.

A surprise like a party or a gift or a phone call that is unexpected somehow feels better than one that you were expecting. I wonder why that is.

I try to surprise my family sometimes. I bring my wife flowers or give something to my children. You should see the looks on their faces[4]. And that makes me happy, too.

You should try to surprise people. You'll probably make their day[5], and it might make your day, too.

TALK ABOUT IT

1　When was the last time you gave someone a nice surprise?
2　Do you like surprises?
3　Have you ever had a surprise party?
4　How has someone ever surprised you?
5　What are some good surprises you've gotten?
6　What are some bad surprises you've gotten?
7　Have you ever given a surprise gift to someone?
8　What was that person's reaction?
9　Who would you like to give a surprise phone call to?
10　How do people often react to surprises?

1 **pop quiz** a small test that is given by surprise　2 **out of the blue** unexpectedly; suddenly
3 **catch up on old times** to talk with a friend about what has happened since you saw that person last　4 **the look on one's face** an expression, usually of surprise, on a person's face
5 **make one's day** to make someone very happy

Quality Time on the Weekend

Do you have any plans for the weekend?
I hope you do. If you don't, check out[1]
the cultural page in your local
paper or on the Internet—or just
sit down, and think of some things
that you want to do.

I hope to go on a small road trip[2] this weekend. I have a few
ideas, but my wife and I haven't decided exactly where to go.

What you do on the weekend obviously depends on the weather.
If it's nice and warm outside, we often play in the water. This
means that we could have a water fight with squirt guns[3] outside
the house. Or we could go to the ocean and splash in the water
there. When it's really cold, we like to go sledding. You can pay
and go on man-made slopes. But we like to grab a box and slide
down the slippery slopes with the neighborhood kids.

So, what's it going to be this weekend—indoor stuff: bowling,
shopping, walking around a museum? Or outdoor stuff: going

for a hike, a bike ride, or simply a walk? Of course, you can always stay home and play a board game or watch a family video all together. Sometimes, we buy a jigsaw puzzle and put it together on the kitchen table while just talking to each other. It's nice to work together as a team.

I hope to spend some quality time[4] with my family even if it's for a short time. I want to focus on[5] the quality. I hope you and your loved ones also get to spend some quality time together. It's not just how much time you spend with someone but how well you spend the time with that person that counts. It's the quality, NOT the quantity, that's important.

Remember... if you don't have a plan for the weekend yet, take a moment, and make one!

TALK ABOUT IT

1 What are your plans for the weekend?
2 What do you usually do on the weekend?
3 Do you prefer indoor or outdoor activities?
4 Do you usually do activities alone or with people?
5 What activities do you do with your family?
6 What does "quality time" mean to you?
7 What are some "quality time" activities?
8 Do you usually make plans or just do things when you want to?
9 If you could go anywhere with your family, where would you go?

1 **check out** to look at; to read 2 **road trip** a trip by car or bus 3 **squirt gun** a water gun; a toy gun that shoots water 4 **quality time** time that is well spent; time that is spent with one's family 5 **focus on** to concentrate on; to look at or study something in depth

Red

When learning English, a good memory will help you. But a good imagination may help you even more. For example, in English we don't have many words for colors, but we have many ways to describe a color.

We say red like a cherry. Or red like blood. Or red like someone's lips. But red is red.

What comes to mind when YOU think of red?
I think of different things like...

Delicious red apples,
Expensive red sports cars,
Sparkling red rubies, OR
Red roses.

I also think of different images... of

A company that is not doing well... it's in the red[1], or special "red-carpet" treatment[2] you might give a VIP.

A person with a bad sunburn is as red as a lobster.

A person who is angry is red in the face.

Word association exercises can help you with English. So, I hope you're in the mood to exercise[3].

TALK ABOUT IT

1. When you hear the word "red," what comes to your mind?
2. What's your favorite color?
3. How does the color red make you feel?
4. What are some things that are red?
5. Do you ever play word association games?
6. Does having a good imagination help you learn a language?
7. How can a good imagination be helpful?
8. What methods do you use to learn English?

1 **in the red** losing money—usually referring to a company or person   2 **"red-carpet" treatment** to treat someone like a VIP; to treat someone very nicely   3 **be in the mood to do something** to feel like doing something; to want to do something

Green

Another day, another color...

What comes to mind when YOU think of green?

I think of different things, like...

A cool green forest where I can walk with a friend.
A green leaf of lettuce to wrap my food in.
A green watermelon that can I share.
A green frog croaking away.

I also think of different images like...

A person who might be green with
envy[1]—who thinks that the grass is
always greener on the other side[2].

Or

An uncle who has a green thumb[3]. He is great at growing plants.
His garden is beautiful.

Or

My boss giving me permission or a "green light" to go ahead with a project.

Or

A new worker who is green[4]. He doesn't have any experience yet.

1 When you hear the word "green," what comes to your mind?

2 How does the color green make you feel?

3 What are some things that are green?

4 Do you know any idioms that use the word "green"?

5 What are some colors that are associated with emotions (like "green with envy")?

6 Green is used to describe many things. What do you think it means when someone says they have a lot of "green"?

1 **green with envy** jealous; envious   2 **think that the grass is always greener on the other side** to believe that something is better than what you have; to be envious of something you don't have   3 **have a green thumb** to be able to garden well; to be able to grow many things   4 **green** inexperienced; a beginner

Yellow

"Just tie a YELLOW ribbon 'round the old oak tree..."

What comes to mind when YOU think of yellow?

Yellow makes me feel warm. It's a sunny color.

Sure, I think of different things like...

A big, tall glass of cool, yellow lemonade.
A large bunch of yellow bananas.
Or an old book with yellowing pages.

But I also think of...

A field of yellow sunflowers.
The yellow sun rising in the morning.
A neon-yellow tropical fish[1] swimming around.
A group of chirping, yellow chicks.

I'm not sure why someone who is easily frightened is described as "yellow[2]." Or why that person is sometimes called "yellow-bellied[3]."

Yellow is the closest color to gold, which is a VERY nice color. But I'm not rich, so I'll just settle for[4] yellow.

TALK ABOUT IT

1 When you hear the word "yellow," what comes to your mind?

2 How does the color yellow make you feel?

3 What are some things that are yellow?

4 Do you know any idioms that use the word "yellow"?

5 What are some colors that are similar to yellow?

6 What does the color yellow symbolize?

7 Can you name some fictional characters that are associated with the color yellow?

8 Do you think that the color yellow means different things in different cultures?

1 **tropical fish** colorful fish that live around coral reefs   2 **yellow** afraid; cowardly
3 **yellow-bellied** afraid; scared   4 **settle for** to be satisfied with; to accept something that's not one's first choice

Blue

"Blue, Blue, L'Amour est blue…"

What comes to mind when YOU think of blue?

Blue is a cool color. It's not necessarily cold, but I definitely think it's cool.

Clear blue skies on autumn days are nice.
Salty blue water next to warm islands. Anybody for a swim?

If you swim too long in cold water, well, your lips can turn blue! Oops!

I guess blue can also be associated with… being down[1]. Someone might tell you that he is "feeling blue[2]" today.

You can have the "Monday blues[3]" when things are just tougher than other days of the week.

You can be in low spirits[4] or blue because your friend hasn't called you in a while.

Oh! BUT...

If your friend calls suddenly and you totally didn't expect it, they might be calling "out of the blue[5]." That would be a nice surprise.

I think I'll call someone today—someone I haven't talked with in a while—just to catch up. Hmmmmm.

TALK ABOUT IT

1 When you hear the word "blue," what comes to your mind?
2 How does the color blue make you feel?
3 What are some things that are blue?
4 Do you know any idioms that use the word "blue"?
5 What are some colors that are similar to blue?
6 What do you think "out of the blue" means?
7 What does "I'm feeling blue" mean?
8 Do you ever get the "Monday blues"?

1 **being down** feeling sad or unhappy   2 **feel blue** to feel sad or unhappy   3 **Monday blues** a sad feeling one gets on Monday when the workweek begins again   4 **be in low spirits** to feel unhappy, sad, or upset   5 **out of the blue** unexpectedly; suddenly

Black and White

All colors are special, but there is something about[1] black and white. And I'm talking about the combination here that has REAL power.

Black and white make people focus.

They say that most people dream in black and white. I wonder why that is? My theory is that the details of the dream, for example, what color someone's socks are... well, those details are not as important as the meaning of the dream. But I'm no expert.

But back to black and white. Do you like black and white photography[2]? I started to get into black and white photography when I was in the 8th grade. I would spend hours in the dark room developing pictures[3] that I shot. So I fell in love with[4] black and white before high school.

I could go on and on about white or black by themselves, but the combination of the two, whether in newspapers, films, or United States police cars... well, it seems like the individual colors become more powerful when used together.

I guess that's the truth with all colors.

Colors have their own meanings when they are alone. But put them together, and their meanings might change completely.

TALK ABOUT IT

1 What comes to your mind when you hear "black" or "white" or the powerful combination: "black and white"?
2 What are some things that are black and white?
3 Do you know any idioms that use the words "black and white"?
4 What do you think of black and white photographs?
5 Do you prefer them or color photographs?
6 Have you ever watched a black and white movie or TV program?
7 Some people are said to be "colorblind." What do you think this means?
8 How would it affect you if you suddenly lost the ability to see colors?
9 What are some color combinations that you like?

1 **there is something about** someone or something has a unique feeling or attraction   2 **black and white photography** pictures taken where the only colors are black and white   3 **develop pictures** to convert film to pictures   4 **fall in love with** to come to love someone

There is something about snail mail that is special.

Writing: Just a Letter

In the modern age, you can communicate in so many ways.

Text messaging[1].
E-mailing.
Faxing.
Calling.

But there is something about snail mail[2] that is special.

When was the last time you received a letter from someone? I mean a card with more than one or two lines written on it. There are even cards you can buy that are pre-made. They are already full of writing. All you need to do is fill in[3] the "To" and the "From" spots.

I recently made a card for my dad. His birthday is coming up. Every once in a while, taking the time to write in your own handwriting, showing that you care, is nice. Making the card for my dad was good for me. It made me feel like I was back in

elementary school. I put some stickers on it. I colored some parts. And, of course, I wrote how glad I am that he's my dad.

I've gotten so used to typing that it's hard to write well now. I have to write slowly or else my handwriting is REALLY messy.

Well, if you get a chance to write to someone and you have a little extra time, I suggest you actually WRITE a card. You don't have to make one. But doing it "the old-fashioned way⁴" can be refreshing. Snail mail is slow in arriving, but it's worth the wait!

TALK ABOUT IT

1 Do you still use snail mail?
2 How do you usually communicate with people?
3 What is your preferred method of communication?
4 How often do you send people letters?
5 When was the last time you wrote a letter?
6 Do you have neat handwriting?
7 Do you prefer writing or typing?
8 How do you feel when you receive a letter?
9 How often do you check your e-mail "in" box?

1 **text messaging** to send written messages by cell phone   2 **snail mail** a letter sent through the post office   3 **fill in** to write, usually on some kind of form   4 **the old-fashioned way** the way something was done in the past

Power Walk: Getting More Exercise

I've been thinking and talking and writing about how I need to get some exercise, but I haven't done much about it.

So, the other day[1], after the radio show, I went for a walk.

I walked a little faster than normal, so it could be considered a "power walk[2]." But I didn't walk too fast. That way I could enjoy the walk and not feel like I was "exercising." There were a lot of nice flowers out. And the green plants all waved at me as I passed by.

Walking is not only great exercise, but it also gives me a chance to be outside. Sometimes I feel like I spend all my time indoors. Taking a walk outside helps me "get away from everything[3]." I can forget about my work or my problems... at least for a while. And I also get a chance to appreciate nature.

There weren't many people out walking, so I pretty much had the path to myself.

Back home in Berkeley, when you go for a walk, you often meet

other people who are walking. You may say "Hi," or "Nice day for a walk," or just simply nod and smile as you walk past them.

It was a bit lonely yesterday, but it was nice to get out and get the blood pumping[4]. You should try it. I highly recommend it. Who knows—we might even meet!

1 Do you ever go out for walks?
2 Where do you go walking?
3 Who do you usually walk with?
4 Do you walk quickly or slowly?
5 Do you ever talk to other people that are walking?
6 What do you say to them?
7 Do you enjoy the scenery when you walk?
8 Do you walk for exercise or another reason?
9 How long do you usually walk for?
10 How does walking make you feel?

1 **the other day** a few days ago   2 **power walk** walking very quickly but not jogging   3 **get away from everything** to escape from one's worries or troubles   4 **get the blood pumping** to start exercising

Asking Questions

 Knowing how to ask questions is so important. I usually start an English class by writing questions on the blackboard with words like: who, what, when, where, why, how, and which.

The most simple conversation is made up of questions. For a conversation to take place... for it to flow smoothly[1], questions are needed. Questions are like the sparks that light a fire. Questions are like the gas that keeps a conversation moving. Questions are like the steering wheel[2] that allows you to move your "conversation car" in any direction.

Is there something you want to know? Aren't you curious about how things work? I think humans are eternally curious. We want to know about things. My youngest child has a favorite word: "Why?" He loves to ask questions. Sometimes his questions drive me crazy! "Why do I have to go to school? Why do I have to wear shoes? Why is your nose so big?" I answer as much as I can. Sometimes, I wish he wouldn't ask so many questions, but I'm

glad he has a burning sense of curiosity[3]. Then, the world has wonder, and it is "wonder-full."

Questions are the key to good communication and great conversation!

Do you want to know the best question I ever asked? 12 years ago, I asked someone this question, and I'm so glad she answered "Yes!" The question... are you sure you want to know? It was, "Will you marry me?"

Now, I'm "Happy Isaac."

TALK ABOUT IT

1 Is it easy for you to ask people questions?

2 Have you ever asked someone a question and then wished you hadn't asked it?

3 Have you ever been really happy that you asked a question?

4 Has a question ever prevented a big misunderstanding for you?

5 Are you a curious person?

6 If you are curious about something, do you try to get an answer?

7 What do you do when you are asked something, and you don't want to answer?

8 There is the expression "Curiosity killed the cat." What do you think it means? Do you agree with it?

1 **flow smoothly** to be normal; to avoid being abnormal or unusual 2 **steering wheel** the wheel in the car that allows you to turn the tires 3 **have a burning sense of curiosity** to be very curious; to want to know about everything

Self-Improvement: Upgrading Your Life

If you were given some money to fix up[1] your residence, your apartment, or house, what would you do? Would you get some new wallpaper? Would you get some new light fixtures? Would you get some new furniture? These kinds of things are called "home improvements."

If you were given time and money to "upgrade" yourself, what would you do?

Learn a new language?
Exercise more?
Buy some new shoes?
Go on a diet?
Take up a new hobby?
Take singing lessons?

What do you think about self-improvement? I love trying to do new things or learning new skills. I love the feeling of learning something new. It makes me feel like a more complete person.

And it doesn't have to be something big either. It could be

something small but still important.

For example, I have been thinking about going to the dentist for a long time, but I got up the courage[2] and actually went the other day. It was nice to finally have my teeth cleaned.

Anyway, these things are all related to self-improvement.

Is there anything at the top[3] of your list of things to do[4] to "improve yourself"?

TALK ABOUT IT

1 What would you like to improve about yourself?
2 What can you do to "upgrade" your life?
3 Is self-improvement always expensive?
4 What are some low-cost ways to improve yourself?
5 Do you have any relationships that could be improved?
6 How could you improve your home?
7 Is there anything you can do to improve your health?
8 What do you think of self-help books? Have you ever read one?
9 Do you often think of ways to improve yourself?

1 **fix up** to repair   2 **get up the courage** to become brave enough to do something; to gain the confidence to do something   3 **at the top** number one; the first thing   4 **list of things to do** a list that records the things a person needs to do

Pet Peeves

I don't complain that often. It's just not my style. But sometimes, I just have to get what's bothering me off my chest[1]. Maybe today is a good time to talk about my pet peeves[2]. Today I'll "vent[3]" a little bit. I hope you don't mind.

Do you have any pet peeves? You know those things you often complain about... those things that don't seem to go away... or those things that bug[4] you over and over again.

Like...

People who talk on their cell phones at the movies. That really irritates me!

Or

People who don't use their turn signals[5] when they make a turn or change lanes! What are they thinking?!!

Or

You know what aggravates[6] me? People who wear sunglasses in

the subway! What's up with that[7]?!

Or

People who don't wash their hands after they go to the bathroom! Come on guys!!!

Or

Litterbugs[8]. Just put your trash in the trashcan. How hard can that be!!!

TALK ABOUT IT

1   Do you have things that frequently bother you?
2   Are there any pet peeves you can mention to your friends?
3   What is a "pet peeve"?
4   How do you react when someone bothers you?
5   Do you complain a lot?
6   Do you complain about big things or little things?
7   What are some small things that bother you?
8   How do you deal with your pet peeves?
9   Do litterbugs bother you?
10   What bothers you when people are driving?

1 **get what's bothering me off my chest** to tell someone about my problems; to relieve myself of a burden   2 **pet peeve** a small thing that bothers a person very much; something that might bother one person but not another   3 **vent** to express anger; to complain very much   4 **bug** to annoy someone   5 **turn signal** a car light that indicates if the car will turn left or right   6 **aggravate** to annoy someone   7 **What's up with that?** Why is he/she doing that?   8 **litterbug** a person who throws trash on the ground; a person who does not care about the environment

Been There, Done That

Have you ever heard the expression "Been there, done that[1]"?

You say it to a friend when you want to let that person know that you have already experienced something. You often say it when you want to emphasize that that experience wasn't so good and you don't really want to do it again.

For example, your friend might say, "Hey Isaac, have you ever gone fishing on a boat on the ocean?" I would then reply, "Been there, done that!" I would explain that I have gone fishing on the ocean and that I got really seasick[2]. It's not something I want to do again any time soon.

Do you have any "Been there, done that!" experiences?

Maybe a job interview that was really intense.

A long road trip with your family where you got stuck in traffic[3].

Or getting bitten by a lot of mosquitoes when you were on a camping trip.

These are some experiences that I've had before and would not ever like to have again. I have been there and done that.

TALK ABOUT IT

1 Have you been in a position that you don't want to be in again any time soon?
2 Do you know any similar expressions to "Been there, done that"?
3 Can you think of a time when you could have used that expression?
4 What is an experience that you would like to have again?
5 What is an experience that you could do over and over and never get tired of?

1 **Been there, done that.** an expression used for saying that one has already been some place and does not really want to go there again   2 **get seasick** to become sick from being on a boat; to get motion sickness   3 **get stuck in traffic** to be caught in a traffic jam

"No" Is a Hard Word to Say

Have you heard the Elton John song "Sorry Seems To Be The Hardest Word"? It's a nice song, but... well, I disagree. Sure, saying "sorry" is not easy. But the small, itsy-bitsy[1], two-letter-word "No" is more difficult to say.

If you think about it, you'll probably agree.

For clarity[2], I know that the word "no" is easy to say when someone offers you some coffee and you already have some. You might say "No thanks. I have some."

But what if someone asks you to come to a party they are having, and you really don't want to go. It's not as easy to say "No... but thanks anyway."

When you have to refuse or decline and you don't want to hurt someone's feelings, you WANT to say "no," but you end up[3] saying something else... or even saying, "YES" because it's easier to say.

You decline politely by saying...

"I'd love to, but I don't have time."

Or

"I wish I could, but I have to meet someone."

Or

"Is that Song, Hae Kyo... oh my gosh... got to run[4]!"

Just saying N-O "no" is tough.

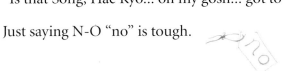

TALK ABOUT IT

1   When you have to decline... when you want to say "No" to someone, but you are afraid you might hurt that person's feelings, what DO you say?

2   Do you have trouble saying, "No"?

3   When do you have trouble saying, "No"?

4   Talk about a time when you wanted to say "No" but said "Yes" instead.

5   What are some good excuses to use when saying, "No"?

6   How often do you say, "No" to people?

7   Have you ever lied to someone to protect his feelings?

8   How would you feel if someone lied to you to protect your feelings?

9   Is it difficult for you to decline offers for help?

10 What do you think is the most appropriate thing to say when you are declining an offer?

---

1 **itsy-bitsy** very small; tiny   2 **for clarity** to make something more clear   3 **end up doing something** to do a thing or get into a state even though you did not originally intend to
4 **got to run** to have to leave quickly

Your Place: Somewhere to Be Alone

"I'm singing in the shower... yes, singing in the shower..."

I DO sing when I am in the shower. Does anyone out there do the same?

There is something about the sound, the acoustics[1], the steam perhaps... that makes things sound better in the shower. But that isn't exactly why I sing when I take a shower. It's because I feel happy.

Since I'm a public person[2] and I have a family, too, there are few places where I feel... private. Even in my own home, the kids come in and out of my room all the time.

But after the day is done[3], the best place to rinse the worries of the world off my body and mind... well, there's no doubt it's the shower.

I wish I could take a bath and just soak, but... um... well... I'm a bit long, and I don't fit in my bathtub, so it just stresses me out[4].

Everyone needs a place that is just for that person. For me, it's the shower. For other people, it's different.

It could be...

Your bedroom.
A local park.
A secluded spot deep in the forest.

But we all need a place where we can be alone to give us time to think and to escape from the rest of the world.

1 Do you have a place where you can be alone?
2 Do you have a place where you can "meditate"?
3 Do you have a place where the worries of the world get washed away?
4 Is this a place you can go every day?
5 How do you feel when you're alone?
6 Do you spend a lot of time by yourself?
7 What do you do when you're alone?
8 How do you think being alone affects your mental health and happiness?
9 Do you think being alone can be good for you?

1 **acoustics** the quality of sound in a building or room   2 **public person** a person who is well known; a person whom people easily recognize   3 **after the day is done** at the end of the day
4 **stress me out** to make me have too much stress; to make me have too many worries

Thanks... Giving: What Are You Grateful for?

It's almost time for the big "Chuseok" or "Thanksgiving holiday." Many years, this is a five-day holiday. And most people get at least four days off. That's AWESOOOOOOOOOME!

So what are you going to do—the same old stuff? Drive, cook, eat, and watch television. Laugh with family members you haven't seen in a while. I'm sure you'll have a great time.

You know, when I think of giving thanks for all that I have: my family, my health, the warm roof over my head. I think, "Wow. I sure have a lot to be grateful for!"

Sometimes, I DON'T stop and think about what I have. Sometimes, I take those people and things for granted[1].

As we near the time of our long holiday, I guess I just wanted to say "THANK YOU" from the bottom of my heart[2] to all the people who are important in my life.

I thank my lucky stars[3] every day for everything that I have. I'm sure that most of you feel the same way, too.

This Thanksgiving... or Chuseok, take a moment or two[4] to thank people for all that they HAVE done and STILL do for you. That's what I'm going to do! The truth is, every day is a day to give thanks.

TALK ABOUT IT

1 Do you have anyone special you'd like to thank?
2 What do you usually do on Chuseok?
3 Is Chuseok a special day for you?
4 What is your hometown like?
5 What do you do when you go there?
6 What are you thankful for in your life?
7 Do you sometimes take things or people for granted?
8 What could you do to show someone how much you appreciate him or her?

1 **take someone or something for granted** to not consider how important someone or something is   2 **from the bottom of my heart** deeply; very much   3 **thank one's lucky stars** to be thankful for one's good fortune   4 **take a moment or two** to take some time

Moving Scenes

Yesterday, a friend of mine and I were talking about scenes of movies that we liked, that moved us, that stuck in our brains[1] somehow. Do you know the kind that I'm talking about—scenes that are really powerful and are easy to recall[2] because they really impressed you somehow?

Let me give you some examples...

Did you ever see the movie "The Killing Fields"? Well, there is a scene in the movie where the two men are finally re-united after a long, long separation, and John Lennon's song "Imagine" is playing in the background. That was really moving.

In the movie "Forrest Gump," there is a scene where Tom Hanks is so happy and relieved AND at the same time amazed that his little son is so wonderful and healthy. That was a touching scene[3].

One of my favorite scenes in one of my favorite movies... a classic... "It's a Wonderful Life" is when the main character realizes that he is not dead and that he has his friends and family, and they love him, and that's the most important thing in life. What a powerful scene.

Is there a scene from a movie, not just a phrase, like "show me the money," or "I'll be back," but a scene that you remember... that moved you somehow? Is there a scene that you consider one of your favorites?

Perhaps there is a scene from another place, a book, a television show, even from real life that you don't want to lose.

TALK ABOUT IT

1   Can you remember a moving scene from a movie?
2   What was it about?
3   Can you describe how you felt when you saw it?
4   Are you an emotional person?
5   Do you often let your emotions show?
6   How do you usually express your emotions?
7   What do you get sentimental about?
8   Do you often cry when watching a movie or reading a book?
9   What is your favorite scene from any movie?
10   Why was it memorable for you?

1 **stick in one's brains** to be remembered; to be in one's memory   2 **easy to recall** easily remembered   3 **touching scene** an emotional event

Keeping a Diary: Recording Precious Moments

021

It's been a long time since I kept a diary, but I've been thinking more and more about the value of some kind of journal.

Although writing daily in a diary is tough, it's a good habit to have, especially when learning a language. Or if you want to be some kind of writer, getting into the habit[1] of writing a little bit every day is supposedly one of the most important things a writer can do.

Yesterday, I was thinking about great scenes in movies, and I got to thinking about the great scenes in my own life— scenes that I should remember, that I should write down somewhere. As time goes by[2], I tend to forget those scenes. As time goes by, the scenes tend to lose focus[3]. They tend to become less sharp. They fade a little.

So I am starting to write stuff down more and more.

It's amazing how many things we experience in a day or in a

60

week, but if we DON'T take the time to write some of those things down, the days just blur.

It's hard to separate one day from another. Time truly DOES fly by[4].

Capturing the precious moments in our lives with words in little stories seems necessary to make our own lives more colorful. Even when we are feeling a little blue, we can look at those memories—those moments—and feel uplifted. I hope you agree.

TALK ABOUT IT

1 Do you keep a diary?
2 How often do you write in it?
3 What do you write about?
4 Is your diary private, or do you let other people read it?
5 Do you enjoy writing?
6 Do you have a web log, or would you like to start one?
7 Do you ever go back and read what you wrote a long time ago?
8 How do you think you can improve as a writer?

1 **get into the habit** to become used to doing something; to develop a habit   2 **as time goes by** as time passes   3 **lose focus** to not concentrate on something   4 **Time truly DOES fly by.** Time passes quickly.

Making Changes:
Getting Rid of Bad Habits

I was cleaning up my computer yesterday, organizing files, deleting some unused things to make more space, and improving what I already have. Even though my computer is almost 5 years old—pretty old in computer years—I don't plan on buying a new computer anytime soon because I just use it for simple things.

Anyway, so, I got to thinking about... well, if I could delete different things from... ME... what would I delete? If I were to add certain things, what would I add? I guess it's possible to add or subtract certain physical traits. Many people get plastic surgery[1], or get liposuction[2], or whatever. But I was thinking more about habits. If I were able to delete one bad habit and add one good habit, what would it be?

I started running through my list[3] of bad habits. After number 3,471, I thought "OKAY, ISAAC! CHOOSE ONE!!!" So, I decided on knuckle cracking[4]. That's the one habit I want to get rid of. If I could magically add a habit, I guess it would be exercising every morning before I go to work.

All of us have bad habits. Some of them aren't so bad. These could be things like not turning off the lights when you leave a room or watching too much television. BUT some of us have bad habits that are more serious, like drinking too much or smoking. I'm glad I don't have those habits.

There are lots of good habits we could pick up. A person might try being nicer to people, or stop eating junk food[5], or try to be more punctual and not be late all the time.

Everyone probably wants to lose a bad habit or pick up a good habit. How about you? What would you like to "add" or "subtract" from your life?

TALK ABOUT IT

1. What are your good habits?
2. What are your bad habits?
3. What is one bad habit you'd like to get rid of?
4. What is one good habit you'd like to add?
5. What would you like to change about yourself?
6. Is there a habit that you have that is different or unique?
7. When breaking bad habits like smoking, people often say that they are quitting "cold-turkey." Do you know what this expression means?
8. What do you think the best method for breaking a bad habit is?
9. How often do you have to perform an action before you think it becomes a habit?

---

1 **plastic surgery** a kind of operation where an external body part is altered   2 **liposuction** a kind of operation that removes fat from one's body   3 **run through one's list** to think of a number of things   4 **knuckle cracking** causing one's knuckles to make popping sounds   5 **junk food** unhealthy food like candy or fast food

More Changes: Changing the World

After thinking about some changes I'd like to make with myself, I started thinking about the changes I'd like to make with my family and even my neighborhood.

It's possible to think about things to "add" and "delete" in your workplace, too. People often complain about their jobs, their bosses, and their workplaces. In fact, people talk about changes they'd like to make at work more than they talk about changes for anything else.

Are there any changes you'd like to make in your home, your neighborhood, your workplace, or even on a larger level? What if you were in charge of[1] the United Nations? What are some "causes[2]" that you would fight for[3]?

I don't think we have to be the president of a country or the boss of a company to make changes happen. I guess the first place is in the home, but we don't just live in the house all day!

Sure, I know there are limits to what we can change. And also, the WAY we go about making changes is important. It's easy to rub someone the wrong way[4] when just making a suggestion.

But that doesn't mean we still can't make changes or at least try to make changes. Sometimes I think that making changes is a good thing. How about you?

TALK ABOUT IT

1 Creating changes is a very REAL challenge. Do you agree?
2 Have you tried and failed at making changes?
3 What changes have you tried to make?
4 What changes would you LIKE to make?
5 What would you change if you were the president of Korea?
6 What would you change if you were the head of the United Nations?
7 Are all changes good? Why or why not?
8 Do you have a say in the changes and decisions that occur in your household?

1 **be in charge of** to be the leader; to be the boss   2 **cause** a goal, idea, or organization that you support or work for   3 **fight for** to defend something; to fight to protect something   4 **rub someone the wrong way** to bother someone; to annoy someone

Making Judgments

Are you the type of person that is quick to judge[1]? I often make the mistake of quickly judging someone. You've probably heard the expression, "Don't judge a book by its cover.[2]" But it's hard not to. In this fast-food world, where everything travels faster and faster and we are STILL not satisfied, it's hard not to make quick judgments. We channel surf and people surf, too!

I think it's easy to criticize others, and it's easy to criticize ourselves. I would have to say that I'm my worst critic[3]. I am pretty hard on myself[4]. How about you? Do you consider yourself to be a fairly understanding person?

Criticizing yourself a LITTLE bit is okay. Actually, I think it's important to laugh at yourself. Even to tease yourself. Better you tease yourself than others!

Rodney Dangerfield, a famous American comedian, passed away not too long ago. He had many one-liners[5] where he put himself down[6]. Would you like to hear one of the silly things he said?

He said: "I told my psychiatrist that everyone hates me. He said I

was being ridiculous—everyone hasn't met me yet."

Recently I'm trying to be less critical of people and even myself. When I am in a "judging mood," I even try to laugh a little. What do you do?

TALK ABOUT IT

1   Are you a critical person?
2   What do you usually criticize?
3   How do you feel when people criticize you?
4   Are you good at laughing at yourself?
5   How important are first impressions to you?
6   Do you ever judge people before you meet them?
7   Are you able to change your first impression of a person later on?
8   What do you do to make a good first impression?
9   How do you decide whether to change something about yourself?
10 Would you change something about yourself if a close friend or relative pointed out a fault?

1 **be quick to judge** to decide, usually negatively, something very quickly; to come to a quick decision about something or someone   2 **Don't judge a book by its cover.** Things may be different than they appear; Don't decide something just because of the way it looks.   3 **I'm my worst critic.** I criticize myself more than other people do.   4 **be hard on oneself** to only accept perfection from oneself; to believe that oneself can always do better   5 **one-liner** a joke; a one-word or one-sentence joke   6 **put someone down** to criticize someone; to say something bad about someone

Sight

Every once in a while on a weekend, my family and I go to the local park and shoot off[1] some small fireworks. Then we light some sparklers[2] and run around until they burn out[3]. It's nice to watch the kids run around with the sparklers. You know, it's actually kind of hard to see who is who in the dark, but I can tell because of the height of the sparks and the sound of the laughter. If it were only laughter and no sparks—wow—something big would be missing.

If I had to lose one of my senses, I'm not sure which one it would be, but I know for sure that I would keep my sight.

Being able to see is such a blessing. There are so many wonderful things to see in this world...

The colorful flowers and leaves.
The amazing clouds.
The way the sun shines.

These are just some of the things I love looking at.

I also think about reading. I read all the time. And because of my sight, I'm able to read conveniently. I do sooooo much with my eyes.

I don't have perfect eyesight, but I'm glad I can see so much.

TALK ABOUT IT

1 If you had to lose one of your senses, which one would it be?

2 How important are your eyes to you?

3 Do you have good eyesight?

4 What do you think about wearing glasses or contacts?

5 How would it feel to be blind?

6 Many disabled people in North America depend on animals to function in society. What do you think about seeing-eye dogs?

7 What measures can we take to allow blind people to work and live comfortably?

8 Many disabled people find that their other senses are heightened. What do you think about this?

1 **shoot off** to ignite; to fire something like fireworks   2 **sparklers** a kind of handheld fireworks
3 **burn out** to stop burning

Hearing

Are you good at lip reading[1]? It's not that easy. You should try it some time. Turn off the volume[2] of your television, and try to understand what is being said. If you're watching a slow drama, you can catch more of the dialogue. If you are watching the news... and people are speaking quickly—gosh—it's tough enough listening to the news with the volume up. Trying to understand without hearing is almost impossible.

But even if you are the world's best[3] lip reader... if a person is not facing you, how can you understand what he is saying if you can't hear him?

Like most of our senses, I think we take our ability to hear for granted. I know I do.

The beautiful music we listen to every day.
The verbal greetings we say.
The radio programs we hear everyday.
The movie soundtracks we love hearing.

Movies are soooooooooo weak without their soundtracks. Life without sound is bland[4].

Sure, once in a while silence is "golden[5]," as they say, but I think my life would be super tough and boring if the soundtrack were taken away.

TALK ABOUT IT

1 Are you good at lip reading?

2 When would lip reading be useful?

3 Do you have good hearing?

4 What would a life without sound be like?

5 Do you like silence?

6 There is an old saying that "children should be seen and not heard." What do you think this means?

7 What would be the one thing you would miss the most if you lost your ability to hear?

8 What measures do you take to protect your hearing?

9 Name some situations where it is very important to be silent.

1 **lip reading** understanding what a person is saying by watching his lips move, not by hearing him   2 **turn off the volume** to turn off the sound of a TV, stereo, computer, etc.   3 **the world's best** the number one thing in the world; the best thing in the world   4 **bland** not having a strong taste; boring   5 **silence is "golden"** Sometimes being quiet is good; It's good to be quiet.

Smell

With my large nose, I have a fairly keen sense of smell[1]. It's a blessing and also a curse. Since my nose tends to be a bit more sensitive than the average person's, there are advantages and disadvantages.

For example, I'm usually the first one to know when something delicious is around. I am also usually the first person to know when something smelly is around, like a baby with an unchanged diaper[2].

In the summer, it seems like there is more to smell in general. I love the smell of cut grass. It reminds me of one of my first part-time jobs. It makes me think of my childhood. I really like the smell of fresh bread and pastries. I also enjoy the scent of flowers and some perfumes.

But sometimes I detect some smells that aren't so good.

I don't like to smell perfume when it is really put on heavily[3]. Have you ever worked around those kinds of people? I don't know why they spray so much perfume on, but they do... and it's WAY too strong. It's hard to concentrate! I also hate the smell of cigarettes, but I like the smell of a barbecue. Do you have any preferences?

TALK ABOUT IT

1 Do you have a good sense of smell?
2 What smells do you like?
3 What smells do you dislike?
4 Do certain smells ever remind you of something from the past?
5 Are these positive or negative memories?
6 Some animals have a very keen sense of smell. How do you think this helps them?
7 Can you think of an occupation where a good sense of smell is important?
8 Do you wear perfume or cologne? How do you know when you are wearing too much?
9 It is believed that your sense of smell is closely connected to taste. Do you agree with this statement?
10 Have you ever tried to eat with your nose plugged?

1 **have a fairly keen sense of smell** to be able to smell things very well   2 **unchanged diaper** a dirty diaper   3 **put on heavily** to apply very much; to use very much of something

Feeling

"We've got the magic... sense of touch..."
Yes, we do. Isn't it great!?

I love being able to feel different things. Everything has its own unique feel. For example...

The feel of a soft, furry puppy or a rabbit.
The rough feel of sandpaper.
Or a chin that needs to be shaved.
The smooth feel of a baby's skin.
The prickly[1] feel of a cactus.
The sticky feel of tape or glue.
The slippery feel of an eel.

Because we are able to feel different things, we are able to understand our environment better. Knowing when something is too hot—or too cold—our skin and nerves let us know.

Are you ticklish[2]—under your arms or on the bottoms of your feet?

Feeling is fun.

Wouldn't it be strange if we couldn't feel anything?

TALK ABOUT IT

1 Do you have a good sense of touch?
2 Are you sensitive to things you touch?
3 Are you ticklish? Where?
4 Do you have a favorite texture you like to touch?
5 What are some things that you do not like to touch?
6 The sense of touch can be powerful. Can you give an example where this is true?
7 Can you determine what an object is only by touching it?

1 **prickly** covered with sharp points, like a cactus   2 **Are you ticklish?** Are you very sensitive to touches?

Taste

Let me think for a second[1] about what I ate yesterday.

In the morning, I had some fresh juice. It was a mix of apples and carrots. Then I had some soup and rice.

I came to the studio and had a sweet cup of coffee.

For lunch, I had a salty chicken bake and some sour grapefruit juice.

For dinner, I had some bland fish, some mild soup, rice, and spicy kimchi... and some tangy[2] cranberries.

I ate like a king yesterday. Not just because of the diverse types of food... but the amazing flavors that accompanied the food. The taste buds[3] on my tongue took in the various tastes and sent some kind of message to my brain. And it brought me joy while filling me up[4].

That's one of the great things about food. Not only

are there so many kinds of foods, but there are also so many different tastes.

Sweet... sour... spicy... salty... those are just some of the various tastes I love.

1 Do you have a favorite kind of food?

2 Is there some kind of food that you really hate?

3 Is there something that you didn't like at first, but you developed an acquired taste for later?

4 What kinds of tastes do you like?

5 What kinds of tastes do you dislike?

6 Do you have a sweet tooth?

7 How do you feel about spicy foods?

8 Different cultures prepare many different foods. Are you open to trying something at least once?

9 If you could recommend one particular Korean dish to a foreigner, what would it be?

10 Comfort food is food that reminds you of home, making you feel at ease. What kind of food is comfort food for you?

1 **for a second** briefly; momentarily   2 **tangy** with a sharp flavor   3 **taste buds** the part of one's tongue that recognizes the flavors of food and drinks   4 **fill someone up** to satisfy someone

Pain

There is a phrase, "No pain, No gain[1]." It's used a lot by coaches, teachers, and parents. The idea is that good things don't come easily. We have to work for them. The more we invest, the bigger the reward. So pain can be mental or physical.

Sometimes, when we are in a tough or "painful" situation, we can grow from it. But sometimes, the pain doesn't go away, and it becomes a burden. It weighs us down[2]. Then, too much pain makes us negative. It makes us dark.

I was running around yesterday and sprained my ankle. I'll be better in a few days. I've done this before; I think it's a curse of tall people. But it also gives me a chance to reflect on the value of health and times without pain.

I know someone who has migraine headaches[3] all the time. That person is unable to function when he is in pain. That would be hell. Compared to him, I have it good.

Some people have a high threshold of pain[4]. They can handle a lot of pain. It doesn't bother them that much.

But other people can't take the pain. They complain about the slightest injuries... even if it doesn't seem that bad.

I guess that everyone has a different way of handling pain. I'm just glad that, for the most part, my life is pain-free.

TALK ABOUT IT

1 Have you ever been injured?
2 Did you ever break a bone?
3 Have you ever been REALLY sick for more than a couple of days?
4 Have you ever gone to the emergency room? What was that like?
5 Do you agree with the "No pain, no gain" philosophy?
6 What kinds of physical or mental pain have you experienced?
7 Do you have a high or low threshold of pain?
8 Can you give an example of "good" pain?
9 The pain of childbirth is considered to be very extreme. Do you think there is a difference between men and women regarding pain thresholds?

1 **no pain, no gain** if something doesn't hurt, it doesn't make one better   2 **weigh down** to be burdensome; to cause problems   3 **migraine headache** a very painful headache   4 **have a high threshold of pain** to be able to withstand a lot of pain; to be able to tolerate a lot of pain

There is nothing like a good story.

Books: An Important Pastime

I've always loved to read. I remember... when it was WAY past bedtime... reading a book under my covers with a flashlight. There is nothing like a good story. "Once upon a time... a long, long time ago..."

Nowadays, I usually have several books that I'm reading. I often have a "serious" book that's non-fiction and educational. Then, I have a book that is more "entertaining," a book that stimulates my imagination and creativity.

I try to read to my kids when I can. I like to do the different voices and act out the story[1] as I read to them. I wish I could do it more often.

Reading out loud[2] is not easy, but it's great practice to hear your own voice and see what your weaknesses are. We rarely get the chance to monitor ourselves. Back in university and grad school, I think I did a lot of skimming[3] or quick reading. Since then, I have tried to slow my pace and enjoy the content. I find that it

soaks into my brain a little more when I do that.

In my house, before "bedtime," it's "book time." Even if it's for 15 minutes, we all have to get a book and enjoy it. It's a time when the kids calm down a little after playing and screaming all day. Books are great!

TALK ABOUT IT

1   How often do you read?
2   Do you frequent the library often?
3   Do you have a certain genre of book you tend to read more?
4   Do you wish you had more time to read?
5   Do you read while you're on the subway or bus?
6   What's your favorite book?
7   Have you ever thought about writing a book?
8   What kind of book would you like to write?
9   Where is your favorite place to read?
10   How long does it usually take you to read a book?

1 **act out a story** to perform like a play; to pretend to be a character in a story   2 **read out loud** to speak the words that one is reading   3 **skim** to read very quickly; to not read all the words in a book or article

Honesty

"Honesty is such a lonely word."

Okay. So you're in a store, and you are paying for some stuff. And you notice that the cashier made a mistake. The person charged you too little. What do you do? Do you tell the clerk?

Does it make a difference[1] if it's a small store or a big one? If it's a big one, you might feel like Robin Hood... well, it's a big store anyway... what's the difference to them. It's just a couple of dollars. But if it's a small store... well, it's THEIR store, and you don't want to hurt THEM. Or are you always honest?

What if someone asks you how you feel, and you really aren't feeling well? Do you tell him that you are not feeling well and be honest. Or do you just say, "I'm fine. Thanks for asking. And you?"

If your wife says, "Honey, do I look like I've put on weight[2]?" NEVER BE HONEST even if she has put on weight. You might not be allowed in the house ever again. :(

It's hard to be honest all the time. Sometimes you might hurt a person's feelings by being honest. In those cases, you tell a "white lie[3]." It's a lie, but one that doesn't harm anyone.

But there are other times when you shouldn't lie, and telling the truth is the best thing[4]. What do you do in those cases?

TALK ABOUT IT

1　Do you think that honesty is the best policy?

2　Do you think that it's better to tell a white lie and not hurt someone's feelings than to be honest?

3　Are you an honest person?

4　What is a situation when you might use a white lie?

5　Have you ever told someone the truth and hurt that person's feelings?

6　Would it have been better it you had lied?

7　What would you do if you knew a close friend or relative lied to you? Would you confront that person?

1 **make a difference** to matter; to be important　2 **put on weight** to gain weight; to become bigger　3 **white lie** a small, harmless lie; an innocent lie; a lie that is said to keep from upsetting someone　4 **the best thing** the ideal; the thing that should be done

033 | Trust

Are you quick to trust others? If you are, chances are you haven't been burned[1]. By burned, I'm talking about having a bad experience with trusting others.

If you take someone into your confidence[2], and you trust him with a secret, and he tells someone else that secret... and you find out... well, you've been burned. So you have a kind of emotional scar. Since the relationship has been hurt... in extreme cases, you might even say, "the bridge has been burned[3]" between you and your friend.

This happens to people lots of times. It's even happened to me before. I trusted a close friend with a secret, but he violated my trust and told someone else. After I found out about what he did, our friendship was never the same again[4].

Well, I hope you haven't had a lot of bad experiences when it comes to trusting others. I also hope you have a lot of friends you can

trust and a lot of friends that trust you.

But I was thinking about gaining someone's trust. It's not that easy.

Like building a bridge or a relationship, you make small promises and keep them, and the trust grows. As the trust grows, you can make bigger and bigger promises. And if you keep on keeping your word, well, the trust keeps on growing.

TALK ABOUT IT

1 Have you ever been burned?
2 Are you the type of person who rushes into a trusting relationship?
3 What kinds of things do you do to show you are trustworthy?
4 Have you ever burned a bridge unintentionally and found that it takes a long, long time to repair the relationship?
5 Are you good at keeping secrets?
6 Do people know that they can trust you?
7 Do you believe that a man is as good as his word?
8 What can you do to earn a person's trust?

1 **be burned** to be betrayed   2 **take someone into one's confidence** to trust someone; to tell someone about one's secrets   3 **the bridge has been burned** to have created lasting problems with someone; to have made someone so angry or upset that the person will never forgive the other one   4 **never the same again** unable for something to be the same as it used to be; unable to return to normal

Routines

I get up every day at 5:30. I shave and wash up. I get a quick bite to eat[1]. I'm on the road by 6:30. I get to the studio and have a cup of coffee. And on and on...

We all have routines that we go through each day. The things we do... almost as a rule.

Routines can be wonderful, like a certain exercise routine that we follow. It keeps us on track[2] to being fit.

I call my parents and brother every Friday. It's part of my weekly routine.

But routines can also make our day kind of bland or lacking flavor—a bit too normal. We go through our day, and it's not so special. It's easy for the days to fly by if we just stick to[3] our routines.

If you get a chance, do something outside of your daily routine.

Choose a different way to walk to the bus stop.
Find a new restaurant to eat lunch.

Call your loved one at a time you normally wouldn't.

These aren't big changes in your routine. But those little changes can still spice up[4] our lives in little ways.

TALK ABOUT IT

1 Describe your daily routine.

2 Does your daily routine ever vary? How?

3 What could you do to change your daily routine?

4 Do you enjoy changes?

5 What kind of changes do you enjoy?

6 What are the advantages of having a routine?

7 What are the disadvantages of having a routine?

8 Some people say, "Variety is the spice of life." What does this mean to you?

1 **quick bite to eat** food that can be prepared and eaten quickly; eating something very quickly
2 **keep on track** to prevent from being sidetracked; to remain on course 3 **stick to** to adhere to; to continue doing something 4 **spice up** to enliven; to make more interesting

"Please"... a Magic Word

"Please" is considered the first and most powerful "Magic Word." It's the first one taught in homes in the West. During a typical meal, a kid will say, "Mommy! Give me some milk!" The mom will quickly respond, "What's the magic word[1]?" Kids will never answer "Abracadabra" or "Surisurimasuri." They say, "Please."

"Please" is the easiest way to make a very informal and blunt sentence or request quite smooth and kind. I don't think I've ever known anyone to get upset because the word "please" was used in a sentence. But I know plenty of people who have been offended because it was missing.

"Clean your room... Clean your room, please." "Do your homework... Do your homework, please." "Help me... Help me, please."

Try noticing how people react when you say "please" and when you don't say "please." I find that when I ask someone to do something, if I include

the word "please," then the person is more willing to help me out[2].

It's a powerful and magical word. It moves people. It tugs on their heartstrings[3].

"Please." Try using it. You'll be amazed at the magic it works.

TALK ABOUT IT

1　Have you ever regretted NOT using the word "please"?

2　When do you feel "please" ISN'T necessary to use?

3　When does "please" seem awkward?

4　Do you say "please," a lot?

5　How do you feel when a person says, "please"? Or when a person doesn't say, "please"?

6　"Pretty, pretty, please, with sugar on top" is an expression used by children when they really, really want something. Give an example of a situation where you might use this expression.

7　How important do you think it is to teach children to have good manners?

8　What is another word or expression used to represent politeness?

---

1 **What's the magic word?** A way to tell someone to say "please"　2 **help someone out** to assist someone; to help someone　3 **tug on someone's heartstrings** to appeal to someone's senses; to make an emotional appeal

"Thank You"... More Magic

Magic words. There are so many of them. Let's talk about another magic word in English.

If someone does something for you, it's considered polite to thank him. A simple "Thank you" or "Thanks" goes a long way[1]. In the business world, a word of gratitude from your boss, manager, or even co-worker, means a lot. It means that you care... that you appreciate the person's work.

I think it's easy to take the people close to us for granted. It's easy to think, "I work in the office, and my wife works at home. She SHOULD make me dinner." But after dinner, do you say, "Thank you"? Sometimes I forget. Sometimes I forget to tell my kids, "Thanks for being so good today." Sometimes I forget to tell the bus driver or the person who collects my toll[2], "Thank you! Have a nice day."

Thanks.

Thank you.

Thanks a lot.

Thanks a million[3].

I really appreciate it.

I'm totally grateful for what you've done.

There are many ways to say it.

TALK ABOUT IT

1 Have you ever regretted not using the words "Thank you"?

2 When do you feel it isn't necessary to thank someone?

3 When does "Thank you" seem awkward?

4 Do you say, "Thank you," a lot?

5 What do you think of people who don't say, "Thank you"?

6 How do you feel when someone forgets to thank you?

7 Is it possible to thank someone too much?

8 What is an alternative method of expressing your gratitude without actually saying, "Thank you"?

9 Have you ever sent someone a thank you card or note? If yes, what were you thankful for?

1 **go a long way** to help very much; to be very helpful   2 **the person who collects one's toll** a person who works at a tollbooth and collects money   3 **Thanks a million.** Thank you very much.

Sorry... Even More Magic

I'd like to talk about one more magic word. This one might even be the most powerful of all... "Sorry."

No one is perfect. We all make mistakes. It seems to me that learning from our mistakes[1] and quickly moving on with our lives is important. In order to[2] do that... a simple apology... the simple word "sorry" may be all we have to say... if the mistake we made hurt someone else.

Oops! Sorry about that!
Gosh. I wasn't thinking. I apologize.
Please forgive me. I don't know what I was thinking.

There are so many ways to say it.

If we can't get past a "sorry" of some sort, the injury we caused lingers. It doesn't heal. It doesn't go away.

"No" may be one of the hardest words, but "sorry" is a close

second. Why is that? Is it because we have such a difficult time admitting our mistakes? Is it that our pride gets in the way[3]? Is it that we don't want to seem weak? Hmmmmm.

SORRY

1 Have you ever regretted not apologizing?
2 When do you feel it ISN'T necessary to say, "Sorry"?
3 Are you quick to apologize or the opposite?
4 When can apologizing be difficult?
5 Is it easy or difficult to admit that you made a mistake?
6 Do you forgive people when they apologize to you?
7 Do you hold a grudge even after someone apologizes?
8 Is it possible to say, "Sorry" too much?
9 How long should you wait before you say sorry?
10 Should you always say sorry in person?

1 **learn from mistakes** to learn from experience   2 **in order to** so that   3 **get in the way** to prevent something from happening; to cause problems; to interrupt

Saying, "I Love You"

In the West[1], people say, "I love you," all the time. It's actually used SO much that it seems like the value of the SUPER PRECIOUS phrase "I love you" loses some of its shine[2].

It's not so special because it's over-used. Diamonds are precious because they are rare. "I love you" is also precious.

In the East, I think those "I love you" diamonds are more difficult to see and hear. They must be somewhere, but they are well hidden. I think there should be some kind of balance. Not too much... but not too little.

The people that you care about the most...
well, it doesn't hurt to[3] remind them that you care, that they are really important to you.

How are you going to let them know? Sure, you can (and

should) do it through action... but also a phrase, written or said, telling them that you love them is moving.

I love you.
You mean the world to me[4].
You complete me.
You make me want to be a better person.

There are many ways to say it.

1 Have you ever regretted not confessing your love?
2 When does "I love you" seem awkward?
3 Do you think "I love you" is spoken too much or not enough nowadays?
4 What kind of things do you do to show your love for those you care for?
5 Why do you think some people have trouble saying, "I love you"?
6 Do you fall in love easily?
7 What are some ways to express your love to someone?
8 Who do you love in your life?
9 What does it mean to fall in "love at first sight"? Do you believe in love at first sight?

1 **in the West** in Europe and North America 2 **lose some of its shine** to become less appealing; to be less interesting 3 **it doesn't hurt to** it's not a bad idea to do something 4 **You mean the world to me.** You are very important to me; You are more important to me than anyone or anything else.

"Love" Is a Verb

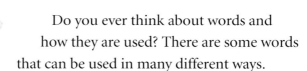

Do you ever think about words and how they are used? There are some words that can be used in many different ways. Depending upon how you use the word, it could have several different meanings.

"Love" is an example of this.

Of course love is an emotion that can come and go, but it's also a verb. If you really love someone, you invest in that person, and that requires ACTS of love.

Saying, "I love you," is wonderful, but showing someone that you love him or her... well... you've heard of the phrase "Actions speak louder than words.[1]" I believe it.

So what kinds of things do you DO that mean "I love you"?

You can hold your grandmother's hand.
You can brush your children's hair or give them a hug.
You can polish your dad's shoes[2].

You can put a "Have a good day" note in your husband's briefcase.

There are always things we can do to show affection. But it's not JUST the actions... but the heart behind those actions[3]... that counts a lot.

Think about that the next time you want to show people how much you love them.

TALK ABOUT IT

1 Do you believe that "actions speak louder than words"?
2 What are some examples of this?
3 What have you done to show someone that you love him or her?
4 What has someone ever done to show his or her love for you?
5 How did that make you feel?
6 Have you ever committed a random act of kindness?
7 Has a stranger ever helped you in a difficult situation?
8 What do you think is the stronger emotion, love or hate?
9 Can a marriage be successful without love?

---

1 **Actions speak louder than words.** The things one does are more important than the things one says.   2 **polish one's shoes** to shine one's shoes   3 **the heart behind something** the reason for doing something; the feeling or emotion behind something

Fighting a Cold

How do YOU fight a cold[1]? When I get sick, I think of every kind of battle strategy imaginable. Perhaps you can let me know some ways to get over[2] a cold... or give me some ideas that I haven't tried yet for the next time I get sick.

I try to dress warmly.
I often use a humidifier.
I drink tea.
I suck on lozenges[3].
I eat plenty of soup.
I gargle with salt water[4].
I take plenty of vitamin C.

If that doesn't work, I go to the doctor.

Sometimes, I even go to the bathhouse and hang out in the sauna to treat my throat to some hot steam. One time, I went to the sauna and had to keep a towel over my head because the steam room was full of guys with dragon tattoos all over their bodies!

Most of all, I just try to get some rest. It seems like the body does a certain amount of natural healing while you sleep.

I wonder if I'm doing enough.

Once again, if you can think of something I'm missing or doing wrong, please let me know! That will really help me out the next time I catch a cold.

TALK ABOUT IT

1　How often do you get sick?

2　Do you go to the doctor's when you get sick?

3　How long do you stay sick for?

4　Do you still go to work or school when you're sick?

5　How do you take care of a cold?

6　Do you know any home remedies for taking care of a cold?

7　What is the worst part about having a cold?

8　What are some strategies to prevent catching a cold?

---

1 **fight a cold** to try to prevent oneself from catching a cold; to try to recover from a cold　2 **get over** to recover; to get better　3 **suck on lozenges** to take cough drops　4 **gargle with salt water** to rinse one's mouth with salt water

Beware of the Con Artists!

Okay... here's the situation: You want to fix up your house a little bit. So you hire a company to redo the wallpaper[1], replace some of the light fixtures[2], and make a few cosmetic changes to a room. You and the company both agree to get the job done by the end of the month. That's the day you will pay the company.

On the last day of the month, 95% of the work is done. There is some garbage in bags near the door. The wallpaper is looking good, but it needs a few more hours of work. The floor needs to be glued in one spot. Also, they are working on the last light fixture as you go to meet the workers for the last time.

The final meeting goes well. The "president" of the company is there and promises that all will be complete in a few hours. And he says the company cleaning crew will take the garbage away in the morning. So, happy with the work and confident that your house will be 100% new-looking and clean by the morning, you pay the guy and take your family out to a long lunch to celebrate. After the meal, you return home and find that the guy just left. As soon as you paid him, his crew stopped working and left. The

house is EXACTLY how you left it several hours ago.

You call him, but he doesn't answer his phone. You call the office, but they say he's unavailable[3]. The next day no cleaning crew comes. Then you think, "Why did I pay him the rest of the money? I should have waited until it was 100% done!!!"

So, what's the next step? How long should you try to reach the guy? Should you report[4] the guy to somebody? Should you just forget about it because you are afraid he might be a bad guy of some kind? What would YOU do?

TALK ABOUT IT

1 Have you ever been the victim of a scam[5]?
2 Have you ever been in a situation like this?
3 What are some common scams?
4 What do you think of people who scam others?
5 What measures can you take to avoid being tricked or scammed by people you are doing business with?
6 How important is it to have the terms of an agreement in writing?
7 When is a verbal contract sufficient?
8 What can you do to help protect others against scams?
9 Have you ever had to call the police or pursue legal action because of a scam?

1 **redo the wallpaper** to put new wallpaper in a house   2 **the light fixtures** the lights and lamps in a house   3 **he's unavailable** he's busy; he can't talk now   4 **report** to tell a person's boss about his actions, which are usually negative   5 **scam** a dishonest plan

042 Rain

Do you have any good memories of rain?

I don't like getting caught in the rain[1] when it's cold outside, but I don't mind being indoors reading a book, or talking with a friend, or drinking some tea.

I don't like driving in the rain when it's really pouring[2], but I like parking the car and listening to the rain hit the roof. I also like driving through puddles.

I don't like the thought of acid rain making me bald, but I like to take a walk when it's only drizzling[3]. I like to walk around in a rain poncho during monsoon season[4] when it's raining cats and dogs[5] and everything else!

I don't like it when it rains way too much and people suffer because of the flooding. But I like it when the refreshing rain cools the earth, fills the lakes, and gives the rivers new life.

I like it when the rain clouds suddenly part and let the sunshine beam through... like a giant flashlight.

1   Do you have any good rain memories?

2   Have you ever shared your umbrella with a stranger?

3   Are you the kind of person who listens to the weather forecast and carries an umbrella with you, or do you have a bunch of cheap umbrellas in your house because you rarely prepare?

4   How do you feel on rainy days?

5   Have you ever gone out and played in the rain?

6   What do you think of monsoon season?

7   What do you usually do on rainy days?

8   What is the worst thing about rainy days?

9   Can you remember a time when a rainy day caused you to change plans you had made?

10   What is the best thing about rain?

1 **get caught in the rain** to be outside with no umbrella when it starts to rain; to get wet from the rain   2 **pour** to rain very hard   3 **drizzle** to rain very lightly; to sprinkle   4 **monsoon season** the rainy season; the time when many monsoons or rainstorms occur   5 **rain cats and dogs** to rain very, very hard; to storm

Drinking

People often say, "Hey Isaac, how much can you drink? What's your limit?" I often say, "About 5 bottles!" They think I'm talking about soju, but I'm really joking and talking about water!

The truth is, I can only handle about ONE glass of beer. Then I start getting dizzy. I get sick quickly. I must have some kind of allergy or something. I can't handle my liquor[1]. Some people can drink like a fish[2] and don't seem to get even a bit tipsy[3]. I am the exact opposite. After a single drink, I can't stay sober[4] long.

Red wine is supposedly good for your heart and blood circulation, but I think it's a safe generalization that alcohol does more bad than good. Rarely do people drink for their health. People drink to relieve their stress or socialize. But in the name of blowing off steam[5], bonding, or making friends, we often damage our bodies, our families, AND our wallets.

At social gatherings, rather than drinking alcohol, I drink non-

alcoholic drinks, and I eat A LOT of side dishes. But it's not easy being a non-drinker in a society where heavy drinking is the norm.

TALK ABOUT IT

1 Have you ever been in a situation where you couldn't avoid drinking alcohol?

2 Have you ever had to pay the bill where a lot of drinks were consumed, but you hardly had a thing? Did you think it was worth it?

3 When is a good time to drink?

4 Should late company "dinners" happen on weekdays?

5 Does late night drinking affect you at work the next day?

6 Do you enjoy drinking?

7 Can you hold your alcohol?

8 Do you have any funny or embarrassing stories from a time you were out drinking?

9 Where do you usually drink alcohol?

---

1 **can't handle one's liquor** to get drunk very easily; to have a low tolerance for alcohol
2 **drink like a fish** to drink very much   3 **tipsy** drunk   4 **sober** not drunk; reasonable; rational
5 **blow off steam** to relieve one's stress, often through drinking or partying

Yeoyu 여유: Just a Bit More

One of my favorite Korean words is 여유 (yeoyu). The problem is... it's really difficult to translate. At times, it means "spare" or "extra"... or "leeway[1]." It can refer to emotions or time or finances. The meaning changes depending on how it's used, but it seems like it's always a good thing! Let's see... how would I use it in English? Gosh. Let me think of the Korean first. An example might be:

그는 여유로워 보인다.

If it's emotional, you might say: He looks so relaxed. Or he looks at peace with the world[2].

If it's time you're talking about, you might say: He looks like he's got some time on his hands.

If it's financial, you might say: He looks like he's doing well for himself[3].

What about the opposite? 여유가 없어 보인다.

Once again, if you are talking about the emotional, you could say: He looks so uptight[4].

With time, you could say: He looks like he doesn't have any spare time at all.

And with money, you could say: It looks like he's just making ends meet[5]... or... it looks like he's just getting by[6].

That's pretty complicated for one word. But it's one of my FAVORITE words. When do you feel yeoyu?

TALK ABOUT IT

1 What does "yeoyu" mean to you?

2 Do you have any spare time?

3 What do you do in your spare time?

4 What would you like to do if you had more spare time?

5 Do you have a favorite word?

6 Do you ever talk about yeoyu?

7 How would you explain yeoyu to someone who does not understand what it means?

8 Do you have yeoyu in your life? Can you give an example?

9 In what area is it most important to have yeoyu? In what area is it the least important?

---

1 **leeway** the freedom that someone has to take the action he wants to or to change his plans
2 **at peace with the world** content; satisfied with one's present situation   3 **be doing well for oneself** to be making a good living; to be successful   4 **look so uptight** to look very nervous, serious, or upset   5 **make ends meet** to make enough money to survive   6 **get by** to survive; to make only enough money to pay for the essentials

Falling Asleep

Have you ever seen a movie or a television show where the hypnotist[1] snaps his fingers, and the patient instantly falls asleep? I know people who can just "turn off" when it's time to go to bed. It's like they are awake one minute, they say, "good night," and then, BOOM, they are just "out."

I envy people who can just conk out[2] when it's bedtime. I don't really toss and turn[3] when it's time to hit the hay[4], but I can't fall asleep right away.

But at least I almost never get insomnia[5]. It might take me a while to fall asleep, but fortunately I never stay up all night long. I have a friend who gets insomnia sometimes. He looks like a zombie[6] the next day when he can't get any sleep.

The good news is I'm not a light sleeper[7]. I usually don't wake up when there is a little noise. Once I do fall asleep, I'm in dreamland until the morning.

Some people are very sensitive to noise when they sleep. If there is any kind of noise, they wake up instantly, and sometimes they can't get back to sleep.

Not me. I sleep fairly deeply until the alarm goes off. I know people that are even more extreme. They sleep so deeply that it's hard for them to get up.

TALK ABOUT IT

1. Are you a deep sleeper or a light sleeper?
2. Do you tend to have a lot of dreams and sometimes feel tired in the morning?
3. How many nights a week do you get a "good night's rest" and feel refreshed in the morning?
4. Do you have any strategies for falling asleep?
5. Do you dream a lot?
6. What do you usually dream about?
7. How many hours of sleep per night do you need to feel refreshed?
8. What's the longest that you've gone without sleeping?
9. Have you ever pulled an "all-nighter"? How did you feel the next day?

1 **hypnotist** a person who puts someone into a state in which he seems to be asleep but can still see or respond to things said to him 2 **conk out** to fall asleep; to faint 3 **toss and turn** to be unable to sleep 4 **hit the hay** to go to bed 5 **insomnia** having difficulty sleeping 6 **zombie** a dead person who has come back to life 7 **light sleeper** someone who wakes up at the slightest noise; someone who wakes up very easily

Waking up... and Staying up!

Some people find going to sleep a challenge. But MANY people find getting up and staying alert and awake a bigger challenge.

I am not naturally a morning person. However, years of training make getting up early possible. But I can't sleep in[1]. It's impossible. I have 3 alarms just in case I am tempted to get a little more shut-eye[2].

Of course, it's also hard for me to sleep in during the morning because of my children. When they wake up to get ready for school, they often make so much noise that it's impossible for me to get any more sleep.

And once I'm up, I don't always feel like I'm "awake." I mean... my body is up and moving around, but my brain doesn't seem to be working yet. It's like my brain is still asleep, and I'm just going through the motions[3].

Some people hit the snooze button[4] several times before they

actually get out of bed. And once they ARE up, many people try to get some caffeine into their systems[5] as soon as they can. Some people turn on the television or the radio. Some people exercise. Some people MUST take a shower in the morning, or they don't feel awake.

TALK ABOUT IT

1 What kinds of things do you do to wake up in the morning?

2 What about in the middle of the day... perhaps after a heavy lunch... do you doze off?

3 What do you do to stay alert?

4 What about when you are driving long distances? Do you roll down the windows or sing songs?

5 When it comes to waking up and fighting fatigue, what are your strategies?

6 Are you a heavy or light sleeper?

7 How long does it take you to "wake up" in the morning?

8 Are you a morning person or a night person?

9 Do you ever take naps in the day? How long is too long for a nap?

1 **sleep in** to wake up late   2 **get a little more shut-eye** to sleep a few minutes longer in the morning   3 **go through the motions** to not think about what one is doing; to merely do something and not think about it   4 **hit the snooze button** to hit the button on an alarm clock that will make it sound the alarm again a few minutes later; to get a few more minutes of sleep   5 **get some caffeine into one's system** to drink something that has caffeine in it

Focus: Trying to Concentrate

 A famous athlete once said, "It's not necessarily the amount of time you spend at practice that counts; it's what you put into the practice."

So we can spend our time studying or practicing or doing WHATEVER, but if we aren't able to focus, the quality isn't there... and the time can easily get wasted.

So assuming that you ARE awake, but you just don't seem able to focus well, what do you do to "shift gears[1]?" What do you do to make a difference?

Sure, just relaxing and goofing around[2] may be a good idea once in a while... like taking a break... but what helps us to focus?

When you really need to get some work done, and you need to be able to concentrate, what do you do?

Do you have kids or teach kids? If you do, you know that they have PLENTY of energy and a short attention span[3]. Combining these two things and focusing is a big, BIG challenge. So how do

114

you help the kids? Carry a stick? Bribe them with candy[4]? Do you have any good strategies you can share? When it comes to focusing for the self OR trying to help others focus, it's a challenge!

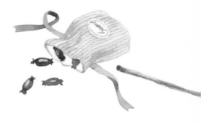

TALK ABOUT IT

1 Do you spend your time wisely?
2 What practice (or study) methods do you use?
3 Do you lose your concentration easily, or can you stay focused?
4 How often do you take breaks?
5 What do you do on your breaks?
6 After you take a break, do you have a difficult time going back to work?
7 How do you motivate yourself to work, study, or practice harder?
8 Is there a certain time of day when you find it easiest to focus?
9 What type of environment helps you concentrate the most?
10 Do you find that you can concentrate better in a quiet setting? What types of noises or sounds do you find distracting?

1 **shift gears** to change gears in a car; to do something different   2 **goof around** to play around; to not be serious   3 **have a short attention span** to not be able to pay attention for a long time   4 **bribe them with candy** to give them candy in return for something else (like good behavior)

TV: Useful or Useless?

Do you often debate with[1] yourself about whether you should get rid of your television or not? Sometimes do you think, "I should get rid of this thing! The kids spend too much time in front of it. Our family should be talking or doing something other than just watching TV."

And other times, you may think, "Thank goodness the television is around. It's the best babysitter. Plus, I can get to see what's going on in the world and watch all sorts of fun programs. TV is great. Life would be so boring without it."

Do you have those kinds of discussions in your home? Do you ever wish the "boob tube[2]" or "idiot box[2]" were not part of your life?

I don't get to spend much time in front of the television. But when I do, I try to DO something. Stretch... walk in place... SOMETHING. I worry about vegging out[3] or becoming a couch potato[4]. Normally, I don't have much time to watch television,

but when I do, I don't spend much time using my brain. There is the danger of just sitting there... and sitting there... and sitting there. So I have mixed emotions[5] about television.

Some of my friends never watch TV. They do lots of different activities instead of watching television. But others... they spend most of their free time in front of the television, and they know about all the latest shows. I guess I'm somewhere in the middle.

How about you? How do you feel about watching TV?

TALK ABOUT IT

1   Do you watch TV?
2   How often do you watch TV?
3   What kinds of programs do you watch?
4   What's your favorite TV program?
5   Do you ever feel like you watch too much television?
6   Are you a couch potato?
7   What do you think people should do instead of watching TV?
8   Are there any TV programs that you think are bad for viewers?
9   What are they?
10 Are there any advantages to watching TV?

1 **debate with** to argue with; to discuss a disagreement with someone   2 **boob tube (= idiot box)** television   3 **veg out** to space out; to think about nothing; to do nothing   4 **couch potato** a person who often stays home, sits on the couch, and watches TV; a lazy person   5 **have mixed emotions** to have two or more different feelings about something; to have both positive and negative feelings about something

Superstitions: What Do You Believe?

Are you superstitious? Are you the type of person who refuses to write someone's name with red ink? How about opening your umbrella inside? Or do you avoid black cats[1]?

If you could live in a really nice apartment, but the number was 444... or a not so nice apartment, but the number was 777... would you avoid the one with 4's?

When it's test time, we avoid certain foods so we don't "slip" and mess up[2]. We also give certain gifts, like an axe made out of toffee[3] so a person can "choose" the answers well.

If someone says something really bad about someone, I often ask that person to "take it back[4]" so the bad thing doesn't happen. It's not rational, is it? It's not like a curse was put on a person. Just something bad was said. But still I feel weird unless that bad thing is "un-said."

I think we put a lot of meaning on small things. I think we give things added importance because of what they might represent. This is one of the ways in which people are superstitious.

Do these small things make a difference one way or the other[5]?
Do they really have meaning?

1 Are you superstitious?

2 What kinds of superstitions do you believe in?

3 What are some Korean superstitions?

4 Do you know any superstitions from other countries?

5 Do you believe in luck?

6 Are you a lucky person or an unlucky person?

7 What are some "lucky charms" that people often carry around?

8 Professional athletes often go through certain rituals before games to feel lucky. Do you have any superstitious rituals?

9 Has a superstition ever caused you to change your plans or change a decision?

10 Do you think people who grew up with superstitious parents are more or less likely to be superstitious themselves? Why?

---

1 **avoid black cats** to keep away from black cats, which some people believe bring bad luck
2 **mess up** to err; to make a mistake   3 **toffee** a sweet, sticky, brown candy   4 **take back** to apologize   5 **one way or the other** anyway; somehow

Telling "Stories": Making Everything Interesting

"Did you do anything special over the weekend?"
"No, nothing special."

NOTHING SPECIAL!!! I hate those two words. You must have done SOMETHING worth talking about. ANYTHING? When you say the words, "Nothing Special"... you are basically saying, "I don't really want to talk."

We are always telling stories about things that are going on in our lives. Those little things may not be "great" stories, but they are stories nevertheless, and they can be packaged in a way[1] to get a response from other people.

An example... okay...

I often turn on the humidifier[2] before I go to sleep so my throat doesn't hurt in the mornings. Well right before I went to sleep the other day, I turned it on as usual, but no "mist" was coming out of it. I started pressing all the buttons out of frustration[3] until the mist came out. I was really, really tired and quickly fell

asleep.

When I woke up, I couldn't believe my eyes. My room was completely "misted." I mean... I felt like I was in a cloud or something. I could easily imagine having vines on my walls and hearing the sounds of exotic animals of the rain forest ("Ak ak ak"). Well, I opened up the windows as quickly as I could and de-clouded my room. The lesson: Be careful which buttons you press on the humidifier!

That's just an example of a daily-life story.

TALK ABOUT IT

1   Do you have any good stories to tell?

2   Do you think you are a better talker or a better listener?

3   Do you have a friend who is GREAT at telling stories?

4   Do you wish you were like your friend?

5   Do you consider yourself a shy person?

6   Did you do anything special over the weekend?

7   Do you ever answer, "Nothing special"?

8   How do you feel when someone answers, "Nothing special"?

9   Do you know people who always tell the same story over and over? Why do you think this happens?

10 Is it okay to embellish a story to make it more interesting or exciting? Do you ever do this?

---

1 **package** to tell a story in a certain way; to do something in a specific manner   2 **turn on the humidifier** to use a humidifier   3 **out of frustration** because one is frustrated

There is something about hugs that makes babies feel comforted... loved...

Hugs

I like hugs. When I come home, whoever is awake... well, they get a hug. The kids, my wife, my in-laws[1], it doesn't matter. Once I walk in the door, it's hug time.

With my friends, I'll often give a friendly hug or a "manly" hug where you aren't fully embracing them... but you are showing some affection for the person. A friendly hug is usually quick.

My uncle used to give me a "bear" hug[2]. That's when you squeeze a person really hard—so hard that the person finds it hard to breathe.

I like feeling close to people and with your loved ones, when you open your arms and give them a warm embrace... wow... it's like heaven.

Every once in a while my family will actually have a group hug. That's when everyone is in a circle, and we all kind of do a giant hug. Then there is the "focused" family hug, where one member of the

family is having a tough day, and we'll say, "Okay... now everyone hug Mom!" for example, and Mom will be in the middle, and we all have to hug her.

There is something about hugs that makes babies feel comforted... loved... something about the warmth of a mom's embrace and even heartbeat. It soothes. It's... it's where we are from. Perhaps my family is a bit too lovey-dovey[3], but I'd rather be too warm than too cold. Some day, when my kids grow up and move away, I won't be able to give them hugs whenever I want. I miss hugging my grandma. I suggest you give out some hugs to the people you care about.

TALK ABOUT IT

1   Is hugging easy for you?
2   Does your family show a lot of affection, or do you tend to be more reserved and stoic?
3   Rather than hugs, do you prefer just holding someone's hand?
4   In the West, we tend to have more PDA... or "Public Displays of Affection." Sometimes, it's a real turnoff[4]. I think too much is too much, but what do you think?
5   Do you ever hug members of the same sex?
6   How do you show affection towards your friends?
7   Why do you think hugging is not very common in Korea?
8   Is it possible to hug someone too much?
9   Is it ever not appropriate to hug someone?
10 How do you feel if you hug someone but he or she doesn't hug you back?

1 **in-laws** relatives through marriage   2 **"bear" hug** a very strong hug
3 **lovey-dovey** affectionate; loving   4 **turnoff** something you don't like to see; something that disgusts you

Tooth Care

I recently went to the dentist. The truth is[1], I hadn't gone in a while, and I was a bit worried about the cavities that the dentist might find. You're supposed to go to the dentist and get your teeth checked at least once a year, but I had... um... gone past that mark.

When I was in high school and I had to go to the dentist, I would intentionally eat a lot of onions, and garlic, and stuff that would make the dentist finish with me as soon as possible. I thought my breath would scare him into doing a quick job.

Now when I go, I brush and floss in advance, and I try to make the dentist's job easier.

Guess what!? No cavities! Great news! I got a clean bill of health[2]!

I try to brush and floss whenever I can—especially after a meal. I hope that I can keep my natural teeth until I'm old and gray. The

reality is, there is a good chance that I'll have to get dentures[3] just like most old people. I have a few fillings[4] from past cavities... but I try to take care of my teeth to avoid any more drilling.

TALK ABOUT IT

1 Do you brush 3 times a day?

2 Do you floss?

3 When was the last time you went to the dentist?

4 Did you ever have braces?

5 How about your wisdom teeth? Have you ever had a tooth pulled?

6 In the U.S., the tooth fairy will put some money under your pillow and take the tooth that fell out. Do you have a tradition like that in your household?

7 Some people are afraid of the dentist. How about you?

8 What are some things you can do to take care of your teeth?

9 Do you like going to the dentist? What is the best and worst part about a visit to the dentist?

10 If you were a dentist, what would you do to make your patients more comfortable?

---

1 **the truth is** honestly; to be honest   2 **get a clean bill of health** to be completely healthy; to have no medical problems   3 **get dentures** to get false teeth   4 **have fillings** to have cavities filled

Sweet Dreams

One of my kids had a nightmare[1] recently, and it got me thinking about dreams. I tried to talk to my son, and I had him write a list of the times when he is happy. He has to read the list every night RIGHT before he goes to bed. I hope it makes him think good thoughts, which might influence his dreams.

I told a story about "dream catchers[2]" to my kids the other night. The idea of the "dream catchers" is that they are supposed to catch all of your bad dreams... like spider webs, and the sun will burn all the bad dreams away in the morning. I think "dream catchers" are a North American Indian creation. Anyway, the kids liked the story, and it seems like the story as well as the "happy time" list are working... for now.

Dreams are really powerful. Sometimes we have dreams, and we KNOW we are dreaming, and we try to influence what happens in the dream. Have you ever done that? Sometimes we can do

things we aren't normally able to do, like fly. Sometimes, we feel really trapped in our dreams[3], and we want the dream to end, but we can't seem to wake up. We may even scream in our dream and to try to wake up, but it takes so long to wake up. You know what I'm talking about... 가위눌리는 것?

TALK ABOUT IT

1 Do you think what we do or see before we go to sleep affects our dreams... like the television show we watch or the book we read?

2 Do you ever try to make sense of your dreams, like looking for symbols?

3 Have you ever had a good dream and then bought a lottery ticket the next day?

4 If you have a bad dream about a friend, do you tend to disregard it, or do you call that person and let him know?

5 Have you ever had a recurring nightmare?

6 Do you believe that dreams can come true?

7 Have you ever tried to wake up from a bad dream but couldn't?

8 How often are you able to remember your dreams?

9 Have you ever woken up before a dream was over and then tried to go back to sleep so you could "finish" the dream? Did it work?

10 Have you ever had a dream in a different language?

1 **have a nightmare** to have a bad dream 2 **dream catcher** a legendary object that can catch people's dreams 3 **feel trapped in one's dreams** to know one is dreaming but still be unable to wake up

Used Stuff

It seems like people are always moving. When you move, you often get new stuff. I am always amazed at the perfectly good things that are thrown out all the time. Great book shelves. Fantastic chairs. Terrific tables. Don't get me wrong[1]... I buy new stuff sometimes, but I never hesitate to look at the items that are being discarded.

In my house, I would say that a good portion of[2] the furniture I have is used. The beds in my apartment were purchased new, but I don't have any problem bringing in a used bookshelf or table. Do you?

Some people avoid used things. When it comes to plates or stuff that I eat off of, well... I don't get used plates, but a used refrigerator, a used washing machine, even a used television... why not?

Used cars in Korea are AWESOME! Because people are always upgrading, the used car market is massive. There is sooooooooooooo

130

much to pick and choose from. The selection is mind-boggling[3].

And what about used books? I love going to used bookstores. You never know what you'll find when you go there. And the prices are much better than buying them new. And it doesn't matter who owned the book before you, so long as you can still turn the pages.

TALK ABOUT IT

1   Have you ever gone into a store that sells used things?
2   What about used books that are sold around university campuses? Have you ever bought a used book?
3   Did you ever "inherit" used clothes from a relative?
4   What kinds of items do you prefer to buy new?
5   What kind of used things would you buy?
6   What kind of used things would you not buy?
7   Do you think people care too much about having the newest products?
8   Why do you think people feel this way?
9   What are the advantages of buying used items?
10   What are the disadvantages of buying used items?

1 **Don't get me wrong.** Don't misunderstand me.   2 **a good portion of** very much; a lot of
3 **mind-boggling** very large; a large quantity; confusing

On Time: Don't Be Late

Between friends, I guess it's okay to be a little late when you've planned to get together and have a meal or watch a movie or something, but the business world is a lot less forgiving. Not only should you be on time, but it's also a good idea to be early for a meeting or an appointment. In the world of broadcasting, being late is not an option[1] if you want to have a job.

I try to arrive early to all of my appointments. If I am going to a place where I have not gone before, I will often go to the location with an hour to spare. Once I find the exact location, I'll read a book in a coffee shop or just walk around. I HATE being late.

I guess it's safe to say that I have a "late" phobia[2]. I'm sure everyone who has been a student... has had the "wake up late for the test" dream. You know the one I'm talking about, right? Where you wake up late and miss the exam?! I'm sure it has

happened to many people. I remember studying for a test all night... cramming away[3]... and I fell asleep just as the sun was coming up. Thank goodness my parents helped me wake up. I could have gotten an "F" on my final.

TALK ABOUT IT

1 How forgiving are you when it comes to your friends arriving late?

2 Is 10 minutes late okay? How about 30?

3 In this age of cell phones, many people just call at the agreed upon time and tell you they will arrive soon. Just because they called on time, does that make it okay to be late? I guess it depends on their excuse! :)

3 Do you tend to be early, right on time, or a little late for your appointments?

5 What excuses do you use when you're late?

6 What are some bad excuses people have given you when they were late?

7 Have you ever been late, and something bad happened to you? Talk about it.

8 Why do you think some people are always late?

9 How long would you wait for a person to arrive for an appointment before giving up and leaving?

10 What does the expression "the early bird catches the worm" mean? Do you think this is true?

---

1 **not an option** not a choice   2 **"late" phobia** a very strong fear or hatred of being late
3 **cram away** to study very hard at the last moment; to study late the night before a test

Forgiving

Have you ever heard the expression, "To err is human, to forgive, divine"[1]? I think it's true. It's easy to make mistakes. We all do because we are human. But what about forgiving people for their mistakes? Now that's NOT so easy.

I have heard that truly great people are slow to anger and quick to forgive. But I am often the opposite... quick to anger and slow to forgive. Did you ever get upset at someone and stay upset for a long, long time?

Some things are easy to forgive—small things that people do that aren't really important. BUT forgiving someone for something big... that can be a very difficult thing to do.

I don't like soap operas[2]. I mean I don't like dramas in the house. I don't mind watching a drama or a soap opera on television, but I don't like unnecessary emotions and complicated relationships among my friends and family. To maintain friendships, forgiving

and forgetting is important. Even if you have a bad memory, you tend to remember when someone wronged you. Even if you have forgotten WHAT that person did, over time[3] you still may not forget that the person hurt you.

TALK ABOUT IT

1 What if you work with someone who has made you unhappy? Do you forgive that person or avoid him?

2 Do you pretend that the thing he did wrong never happened?

3 Do you forgive people easily?

4 When was the last time you forgave someone for something he did to you?

5 What happens when two of your friends are fighting and you are in the middle trying to help out, but they won't forgive each other, and you want to keep them as friends?

6 After you forgive someone, is it possible to have the same kind of relationship with that person again?

7 Have you ever lost a friendship because one of you refused to forgive the other person?

8 Are you a "drama king" or "drama queen[4]"?

9 What do you think of those kinds of people?

10 Have you ever apologized to someone, but he or she didn't accept your apology?

---

1 **To err is human, to forgive, divine.** It's easy to make mistakes but difficult to forgive people. 2 **soap operas** daytime television dramas; drama-like incidents that people have with one another; over-dramatic incidents   3 **over time** after a long time has passed   4 **"drama king" or "drama queen"** a person who overacts or makes a big deal out of even small things

Shoes: How Important Are They?

How many pairs of shoes do you have?

Do you have a pair for when you dress up[1]?
Do you have a pair for hiking?
Do you have a pair for sports?
Do you have a pair for everyday use?

How about a pair of sandals... or a pair of waterproof boots for the winter?

Shoes are really important. If you have ever had a job where you have to stand for hours and hours, you know what I'm saying. Nurses tend to have very comfortable shoes. They have to walk around all day, and wearing high-heels in a situation like that is TOTALLY impractical. What about people that stand all day and cut hair? Can you imagine how badly their feet must hurt at the end of the day[2]?

When I buy shoes, I always check the insides to make sure that there is good support. With dress shoes that may be made of leather, I give them time to stretch a little. With athletic shoes[3], I

try to get shoes that have ankle support. As much as possible, I try to get shoes that are comfortable. If my feet are happy, then I'm happy.

TALK ABOUT IT

1   When you get a pair of shoes, what kinds of things do you look for? Brand name? Price? Comfort?

2   Do you have a pair of shoes that you wear more than others?

3   How long does it take for you to wear your shoes out?

4   How often do you polish your shoes?

5   Do you tend to follow trends like "Ug-shoes," or do you just stick to the same old style, year after year?

6   What's your favorite pair of shoes?

7   Do you feel that you own too many shoes?

8   Do you consider shoes accessories and try to match them with your outfits?

9   What do you do when your feet hurt?

10 How do you try to make them feel better?

---

1 **dress up** to wear nice clothes; to wear formal clothes   2 **at the end of the day** when the day is finished   3 **athletic shoes** sneakers

Snacks... Are We What We Eat?

I was working all day yesterday with a whole team of people. We were working from about 10 in the morning until 10 at night. Of course, when you work all day, you need fuel to keep going. The lunch break and the dinner break... well, they weren't very satisfying, so we ended up eating a bunch of snacks during the day.

I'll be honest. I regret it. It was nice at the moment to have some crackers and chips and stuff. But I didn't feel energized. I actually ended up feeling a bit clogged up[1]. I don't know if that is the right expression, but I DO know that I feel much better when I eat fruit or something more natural as a snack.

I try to eat right. I try to get the nutrients my body needs in my food naturally rather than taking supplements[2]... BUT I do take vitamins JUST IN CASE because we often miss out[3] on the things our bodies need to stay healthy.

I think people from California are a bit more concerned with

their health and are more willing to try new stuff than people from the middle of the U.S. The West Coast and the East Coast are more exposed to other countries, and people that live on the coasts tend to be more willing to experiment and try new foods.

This is all going to say that I am concerned with what I eat... are you?

TALK ABOUT IT

1   Do you like snacks?
2   Do you avoid junk food?
3   Do you stop eating after a certain time in the evening?
4   Do you take vitamins or other supplements?
5   Do you agree with those who say, "We are what we eat"?
6   What's your favorite snack? How do you make it?
7   How much junk food do you eat?
8   How do you feel after snacking on junk food?
9   What foods do you think are healthy?
10 What are some examples of junk food in Korea?

1 **clogged up** blocked; stuffed up   2 **take supplements** to take vitamins   3 **miss out** to lack; to not get enough of

139

Time for a Haircut

It's about time for a haircut. I usually get my hair cut once a month. There is a place near my house where I go every time. There is rarely a line at the local place. After years of cutting my hair, the lady knows exactly what to do. I normally get a trim on the sides and the back. I don't like long side burns[1], so she cuts them short. And my hair is naturally curly, so there is no need to cut my bangs[2]. I don't need any fancy treatment, and the basic cut is 7,000 won. Not too bad.

I know people that spend A LOT of money...
On a cut.
Or a wave.
Or a perm.
Or highlights.
Or getting their hair dyed.

Getting your hair done can be quite a chore. I feel sorry for those people who need a lot done on their hair.

But my hair is pretty low maintenance[3]. I don't have to do much

with it. Some people spend lots of time taking care of their hair even after they just got it cut. Not me. I don't spend that much time on it at all.

Because my hair is curly, people often ask me if I get my hair permed. I usually tell them that I got it permed when I was a baby in my mom's tummy!

TALK ABOUT IT

1 Do you get your hair cut often?
2 Have you ever had your hair permed?
3 Have you ever thought about dying your hair?
4 Do you wash your hair every day?
5 Do you put mousse or some kind of gel in your hair?
6 Do you often blow dry your hair?
7 Do you enjoy hair accessories like bows and hair bands?
8 Have you ever drastically changed your hairstyle?
9 What did you friends and family think about the change?
10 What's the worst haircut you've ever gotten? Talk about it.

1 **side burns** hair on the side of a man's face   2 **cut one's bangs** to cut the front of one's hair
3 **pretty low maintenance** easy to maintain; easy to make happy; easily satisfied

Sonmat 손맛: Making Something Extra-Special

I made some kimchi recently. Okay... my mother-in-law and wife made kimchi, and I helped a little.

But as I was watching the kimchi-making process, I got to thinking about "sonmat." "Sonmat" is one of those Korean words that is almost impossible to translate into English.

Sonmat is the hidden ingredient the symbolic thing you do the effort and the heart behind what you do. The ingredients are crucial but that unseen element adds to the end product[1]. Literally translated[2], "sonmat" means "hand-flavor," but it's NOT something that can be measured scientifically. Some food tastes better because of the love that went into the preparing... that went into the cooking. It's also the experience that the cook has.

Well, as I was thinking about this special ingredient that often goes into cooking, I thought about how it could be applied to pretty much anything you do[3]...

The cleaning.
The work you do.
The studying.
The writing.

The... ANYTHING!

Why should that magical ingredient be limited to just food? Why not all things that we do?

TALK ABOUT IT

1   What does "sonmat" mean to you?
2   Can you compare your mother's cooking with that of a restaurant?
3   Why do you think they taste different?
4   How do you feel after you make a homemade meal?
5   Do you feel good when people compliment you on your cooking?
6   Do you get a sense of satisfaction in doing something for yourself?
7   How could you apply "sonmat" to things not related to cooking? Use your imagination!
8   Are we in danger of losing "sonmat" due to our busy lifestyles?
9   What can we do to ensure that we include "sonmat" in our lives?
10 How important is "sonmat" to you?
11 The amount of effort involved is what gives meaning to a gift. How important is this effort to you?

1 **end product** the final result   2 **literally translated** translated word for word   3 **it could be applied to pretty much anything** it can be used in many different situations

What's the Rush?

Sometimes I think we need to get off of this wild ride[1]... the ride we call life... as we know it. As the song goes, "Slow down, you're moving too fast. You got to make the good times last." Why have we become addicted to "fast," and still it's not good enough?

Computers and gadgets need to be faster and faster. Fast food can't get fast enough. I recently went to a wedding, and it was over sooooooooooo quickly! We don't want to wait for other cars; we want the ultimate fast lane, with the ultimate speed. Heck, if we could afford it, I'm sure we would take rockets instead of planes.

But even that's not fast enough. Until the science fiction dream of moving from one place to another in the blink of an eye[2] becomes a reality, we'll be unhappy.

Perhaps speed is not the answer to happiness all the time. Once in a while, slowing down IS the answer; at least to enjoy the ride we call life. It's not just

about getting to the end. The end will come, but enjoying the trip—that's what I need to do more of. What about you? Even if you win the rat race[3], you're still a rat!

TALK ABOUT IT

1 Are you impatient?
2 How often do you eat fast food?
3 Are you happy with the speed of your computer or your Internet connection?
4 Do you wish you could slow your life down a little?
5 What do you think of people who are always in a hurry?
6 Do you take "time out" during the day to try to slow things down?
7 What can people do to slow their lives down and not be in such a hurry?
8 Do you know what the expression "take time to smell the roses" means? Does this expression apply to your life?
9 Are you happy with the current pace of your life?

1 **wild ride** an exciting ride; an exciting time   2 **in the blink of an eye** rapidly; very, very quickly
3 **the rat race** the race of life; the competition to be better than one's co-workers and neighbors

Winter: So Many Qualities

Well, winter has begun! And unless you are a bear and can hibernate[1] for a long time, there is nowhere to run[2]. It can't be avoided, so we might as well enjoy it. :)

I think every season is special. Each has its own flavors and colors and smells.

I don't like it when my hands are really, really cold, but I like to eat hot sweet potatoes right from the fire[3] with my friends.

I don't like it when my ears are stinging from the chilly wind, but I like to listen to Christmas carols.

I don't like it when I slip on the ice and bruise my butt, but I like to take a box and slide down a hillside.

I generally don't enjoy shopping that much, but I love it when my kid's eyes light up[4] when they open their gifts.

Winter is a time to be grateful. I know there are people who have much less than I do. It's a good time to give to those you know and don't know. It's a time to reflect... and maybe do a little extra for those in need.

1 What's your favorite season?

2 What do you think of winter?

3 What do you enjoy about winter?

4 What do you not enjoy about it?

5 Do you enjoy the holidays (Christmas and New Year's) in winter?

6 What do you do on those holidays?

7 Do you eat differently in winter?

8 How do you dress differently?

9 Some animals hibernate in winter. How does your routine change in winter?

10 What activities do you do in winter that you are not able to do the rest of the year?

1 **hibernate** to sleep all winter long, like a bear does; to sleep for a very long time; to remain alone for a very long time   2 **there is nowhere to run** to be unable to escape; to be unable to avoid something   3 **right from the fire** cooked on an open fire; just having been cooked
4 **one's eyes light up** to get a look of awe or happiness; to become excited

Volunteer: Helping Others

Volunteering is rarely easy. The basic meaning of "volunteer" is to offer to do something. Usually, the word is associated with offering to help someone out of the goodness of your heart.[1] You are not expecting anything in return.

It could be volunteer work at an orphanage.
It could be some kind of activity helping those in need.
It could be helping sick people at a hospital.

I used to volunteer at a retirement home[2]. Old people are often put in homes because they are not able to function well in society, and their families don't often make time for them. So I would sometimes go and spend time with senior citizens[3] who felt really lonely and were happy to have a visitor. I also used to volunteer at a food bank[4], where food was donated so it could be given to those in need. I helped to distribute the food to people.

But volunteering does not always mean

that you have to do something for some kind of charitable cause. It could simply mean that you are offering to help. You are choosing to do something, offering to help in a certain situation. If Mom is busy cooking, you can volunteer to set the table or volunteer to wash the dishes after the meal. You weren't asked. You simply volunteered. And you won't even be paid.

Volunteering is good for everyone... it can make you feel better about yourself. AND... the people you help will appreciate it A LOT.

TALK ABOUT IT

1   When was the last time you volunteered?
2   What kind of volunteer work have you done just to help others?
3   In what ways have you volunteered at home? At work? At school?
4   How often should people volunteer?
5   Do you wait for others to come up with ideas, or do you look for ways to volunteer?
6   If you had the time, where would you like to volunteer?
7   What do you think that doing volunteer work can teach us?
8   What kinds of rewards can you gain by volunteering?
9   Why do you think more people don't volunteer their time?

---

1 **out of the goodness of one's heart** through kindness; because of generosity   2 **retirement home** a home where the elderly live; a place where retired people often live together   3 **senior citizens** the elderly; old people   4 **food bank** a place that donates food to the needy

One of a Kind: People Are Unique

I sometimes think about winter and the snow
that falls during the winter months. When
lots of snow falls, the world turns white for a
short time. But if it snows for days and days, well
the snow just doesn't seem so special. Once in a while[1], if you
catch a large snowflake[2], you can see that it has a special design.
They say that every snowflake is unique.

Sometimes, we see lots and lots of people...

Getting on the subway.
Or cheering at a soccer game.
Or just walking down the street.

At those times, the people often don't seem so special. They just
seem like one large mass[3]. But each person is unique. Each
person has unique features. Each person has a unique character.
Each person has some specialty. Each person is a treasure.

I think I often walk past treasures... not thinking of their value. I

often see coal and not the diamond inside. For some, it's easier to see their value. For others, it's more difficult. But shouldn't I take the time to discover some hidden quality that a friend has? Something I overlooked. Perhaps I should take the next day or so to find something I didn't see before... in a friend or family member. Maybe there's even something I can do that I didn't know I could.

TALK ABOUT IT

1   Do you always appreciate the people around you?

2   How do you show your appreciation?

3   What could you do to show your appreciation for people?

4   Do you ever take the time to appreciate the things around you, or do you just walk by them without a thought?

5   How do you express your own individuality?

6   Is it easier to appreciate people who have similar values to your own or more different?

7   Is it true that we tend to take the closest people in our lives for granted? Why does this happen?

8   Do you try to be unique, or do you try to fit in with the rest of the crowd?

1 **once in a while** occasionally; sometimes   2 **snowflake** a crystal of snow   3 **one large mass** a large group; a large object

Moving

Our society is always on the move[1], and people are always moving, uprooting[2] and finding the "best spot"...

Or a bigger spot.
Or a spot that will go up in value[3].
Or a spot that is near good schools.
Or a spot that is near the subway.

Very few people have lived in the same house their entire lives. I've lived in several different houses in both America and Korea. I don't really like moving, but it seems like it's one of those unavoidable things in modern society.

I recently moved to be closer to my in-laws. We now live across the street from each other. They used to live in Daegu, and we could only see them a few times a year.

Now it seems like we meet once a day. It's great for the kids and great for my in-laws too. It's nice to have more family members around.

Of course, considering the fact that people are always moving, who knows, I could wind up[4] moving away from them again some time in the future.

TALK ABOUT IT

1 When was the last time you moved?
2 Why did you move?
3 Do you miss your old home?
4 Are you happy with the place you are living now?
5 What's the best thing about your house? The location? The size?
6 Can you remember your first home? What was it like?
7 How many times have you moved?
8 If you could move anywhere, where would you live?
9 Why do you think some people move a lot?

1 **on the move** moving; going somewhere 2 **uproot** to move to a new location; to change locations 3 **go up in value** to become more valuable; to increase in price 4 **wind up** to end up

Being Clean

I don't spend a lot of time grooming[1] myself before I start the day. But I do make sure that I'm clean.

I shave.
I brush my teeth.
I put on clean clothes.
I make sure that my bag is ready
for the day, and after that, I'm ready
to start the day.

I do my best to be clean. But the truth is, there is a lot of room for improvement when it comes to cleanliness and me...
My car is a bit of a mess.
My room is a bit of a mess.
And by the end of the day, my bag is a bit of a mess.

My whiskers[2] grow quickly as well, so my 5 o'clock shadow[3] sometimes comes early!

This is all going to say that I wish I were cleaner. I wish I paid

more attention to keeping the things on my desk at right angles. I want to look sharp... not just for image, but because I feel sharp, too. Sometimes, my external looks affect the way I feel.

When I meet someone, I feel better if I have just brushed my teeth and my shirt is tucked in[4].

I feel more confident when I meet someone if I know that I'm wearing nice clothes or that I'm properly groomed.

Cleanliness... it's something that we should all aim for, but it takes some work in achieving.

TALK ABOUT IT

1. I think the way we look can affect the way we feel. Do you agree?
2. How do you feel when you dress up?
3. Do you feel different when you put on sunglasses?
4. Do you feel different when you wear formal clothes?
5. Do you take a shower every day?
6. Before a meeting, do you do anything to tidy up?
7. How often do you clean your car?
8. Who is the cleanest member of your family?
9. How long does it take you to get ready in the morning?
10. Do you spend a lot of time looking in the mirror and fussing about your looks?

1 **groom** to take care of one's personal hygiene; to clean oneself   2 **whiskers** facial hair
3 **5 o'clock shadow** the amount of hair on a man's face at five PM after not having shaved since the morning   4 **tuck in** to put the end of one's shirt inside one's pants

Priorities: Keeping Them Straight

I can easily go through the day like a chicken with its head cut off. Just running around here and there trying to get from place to place just getting things done, but not necessarily following any rhyme or reason[1]. Have you ever had a haphazard[2] day?

I think people like moms, who wear several hats... well, they often have a difficult time prioritizing what they have to do. If you do many things and you find yourself juggling things throughout the day, you are probably VERY busy—but are you doing those things efficiently?

Sometimes, when I think of something to do, I just hurry up to get it done before I forget. Sometimes I write down the things I have to do. And I have a "to do" list[3], but the order of the things on the list is important. If I am unable to prioritize or rank those things on the list... well, the more important things might not get done until really late.

There is a difference between "high priority" and "low priority." But not being able to distinguish... well, that can lead to big problems.

When I have a deadline to meet, and I have to get a paper done (for example), I usually think of a million other things to do RATHER than what I have to do.

TALK ABOUT IT

1 Have you experienced problems with prioritizing the things that you have to do?

2 Do you write things down on a "to do" list frequently?

3 Do you wish you were better at establishing an order to the things you have to do?

4 What high priority things do you have to do today?

5 Do you have any fires to put out?

6 Do you often finish things at the last minute?

7 How could you utilize your time more wisely?

8 Is it sometimes difficult for you to start work on a new project?

9 Are you a good multi-tasker?

10 How do you deal with shifting priorities?

1 **rhyme or reason** a pattern; an order of events   2 **haphazard** random; without a plan
3 **"to do" list** a list of things a person must do

Jeongsin Eopda 정신 없다: Being Scatter-brained

Sometimes without thinking, I mix English and Korean. Yesterday, when I was really busy, my Western friend said, "Isaac, do you have time to go for a hike?" I replied, "I wish I did. Perhaps another time. Right now, I'm too 정신 없다." The person gave me a funny look[1] and said, "You are what?!" And I said, "I'm 정신 없다. Don't you know what that means?" He said, "No," so I had to explain, and I got to thinking about it. If you are 정신 없다, then you are a bit "scatter-brained[2]." For example, if you lock your keys in the car[3], you might say:

"What was I thinking?! I'm so scatter-brained today."

or

"My brain must be turned off. I never make such stupid mistakes."

or

"I can't believe how absent-minded I am!"

But when my friend asked me to go for a hike, I wasn't scatter-brained... I was just TOO busy to do anything else. So, in that case, for 정신 없다 you might say:

"My day is really hectic[4] right now. Perhaps another time."

or

"I'm having a crazy day[5], and I don't have any time to spare. Let's go for a hike another time."

1 Do you often find yourself a bit scatter-brained?
2 Do you frequently have hectic days?
3 Is it your fault or the fault of your environment?
4 When you ARE a bit 정신 없다, what do you do to settle down?
5 What do you do to find your 정신?
6 Are there any techniques you use to re-focus on the task at hand?
7 Do you often feel that there is not enough time in the day to finish all your tasks?
8 Has anything bad happened as a result of you being "jeongsin eopda"?

1 **give someone a funny look** to look at someone strangely   2 **scatter-brained** absent-minded; forgetful   3 **lock the keys in the car** to leave the keys in the car and then lock the doors
4 **hectic** very busy; crazy   5 **have a crazy day** to have a busy day; to have a day where many strange things happen

Free Time vs. Hobby

The question, "What are your hobbies?" is not really a useful question nowadays, at least for adults. When I was a kid, I used to collect coins. My brother collected stamps. So coin collecting was my hobby.

But I think most adults don't really have time for hobbies. They have things that they are into[1]—things that they do in their spare time[2]—but rarely do adults have hobbies.

So a great question to ask someone when making light conversation[3] is, "What do you usually do in your free time?" We normally have a little spare time here and there. What do YOU do?

Of course, I love spending time with my friends and family, but some things I do in my spare time are, well...

I enjoy reading.
I enjoy watching movies.

I like to listen to music.

I like to go for walks.

People have lots of different free-time activities. What about you?

1 What do you do in your spare time?

2 What are you into?

3 Do you have any real hobbies?

4 Did you have any hobbies when you were younger?

5 What do you do on the weekends when you have time to kill?

6 What hobby would you like to pick up if you had the time?

7 Are there any free-time activities you'd like to do? What are they?

8 Do you feel that you should try harder to engage in free-time activities?

9 What are the benefits of having a hobby that you enjoy?

10 What are the possible disadvantages of having a hobby?

1 **things that a person is into** hobbies; interests   2 **spare time** free time; leisure time   3 **make light conversation** to make small talk; to gossip; to talk about unimportant things

Memory: What Do You Remember?

I recently saw a movie, and a big theme of the movie was forgetting the past. The person wanted to remember, but she had a disease. She forgot everything. She forgot her family members. She was afraid of the world because everything was an "unknown."

I don't have a great memory. I'm not bad with faces[1], but I'm terrible with names[2]. Memorizing things for me does not come easily. I have to spend a lot of time going over something before I have it etched in my brain[3].

One thing I do sometimes when it comes to[4] memorizing words is... I'll think of some kind of small story and fit the word in the story. For example, if I have to memorize the word... um... "josu 조수"—the word for "helper" or "assistant"—then my memory story might be, "If he didn't have a HELPER, then he would completely get his addresses or 'juso 주소' mixed up." See... juso... josu are kind of mixed up. I know it's a bit weird, but that's my

way.

That's just my way of remembering things. Other people have different ways to remember. You might...

Say something again and again until you remember it completely.
Or write something down so you can look at it anytime.
Or make flash cards to practice memorizing.

Or do many different things. What's important is that it works for you.

1 Do you have a method for memorizing things?
2 Do you tend to forget things easily?
3 Do you have any recommendations for improving your memory?
4 Do you keep a diary because you want to remember the day?
5 Do you tend to remember good things or unpleasant things?
6 Are there some things you'd like to forget?
7 Do you know what a "photographic memory" is?
8 Do you know anyone who has one?
9 What is your earliest childhood memory?

1 **not bad with faces** able to remember people's faces; able to remember what people look like
2 **terrible with names** unable to remember people's names; to often forget people's names
3 **etched in one's brain** memorized; remembered   4 **when it comes to** concerning; as for

After all, your dream won't often pursue you;
you have to chase your dream and make it come true!

Following a Dream

When I was younger, I used to dream about becoming a fireman. I thought, "Wow. Wouldn't it be great to ride around and help people and put out fires[1]."

As I got older, I wanted to be like my father. He taught at a university, and I've always looked up to him[2]. So that's what I became—a teacher.

My father and I have different styles, as do all teachers. But we are both teachers, and I'm happy. In many ways, I feel that I am living my dream[3]. I am lucky.

Sometimes the dream we had when we were younger... well, life may push us in another direction, and unless we actively pursue our dreams, we have to adjust. After all, your dream won't often pursue you; you have to chase your dream and make it come true!

Perhaps compromising a little is good. Perhaps it's a matter of trying different things. We have to go through that process of elimination. For example, I tried being a salesman. I tried being an event manager. Finally, I found a place where I can grow and help others.

Everyone has a dream. The question is can you make yours reality?

TALK ABOUT IT

1 Are you living your dream?
2 Did you compromise along the way?
3 Do you still have a dream to do something?
4 What is it?
5 What steps need to be taken to achieve that dream?
6 Would you ever quit everything to pursue your dream?
7 How hard would it be to change your life to pursue your dream?
8 What do you think of people who do this?
9 Do you ever regret not following your dream?
10 What stops people from pursuing their dreams?

1 **put out fires** to extinguish fires; to solve problems   2 **look up to someone** to respect someone; to adore someone   3 **live one's dream** to do what one wishes to do; to accomplish one's dreams

Listening to Your Inner Voice

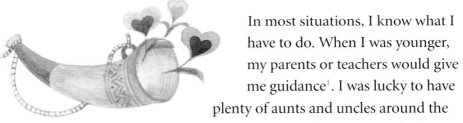

In most situations, I know what I have to do. When I was younger, my parents or teachers would give me guidance[1]. I was lucky to have plenty of aunts and uncles around the house growing up to give me good advice and a push in the right direction.

Now that I'm no longer a kid, I can pretty much follow my conscience... and if I'm still not sure what to do, I can always ask someone because I still have lots of good people to get advice from.

That's one of the great things about having good friends: They let you know when you're doing the right thing... and the wrong thing, too! They also help you make the right choices[2] in life.

Our day is made up of lots of little choices. We have to make the best choice. Usually our choices are NOT between "good" and "evil" but between "good" and "better." In other words, I have to

decide, "What is the greatest good[3]?"

"Isaac, it's midnight. You should stop eating." "Isaac, before you go to bed, how about brushing your teeth?" That's my inner voice talking.

TALK ABOUT IT

1 Do you listen to your conscience?
2 Do you ignore it sometimes?
3 Would you say that you have a strong "inner voice"?
4 Do you often ask others for advice?
5 Do you wish you could ask others for advice but are a bit shy?
6 Do you have a few really good friends that you can talk to ANY time?
7 How do you think we can hear our inner voice better?
8 Do you ever regret not listening to your conscience?
9 Do people often come to you for advice?

1 **give someone guidance** to lead someone; to provide guidance for someone   2 **make the right choices** to make correct decisions; to decide properly   3 **What is the greatest good?** an expression to choose between two things based on which one will be the better choice

Lessons: Learning From Daily Life

When I was a child, I always liked reading fairy tales about heroes, who were good... who had to go through many difficult situations... often battling the bad guys before he or she lived "happily ever after." I grew up thinking that good ALWAYS triumphed over evil.

Hollywood films are like that, too. No matter what the odds, the "Bruce Willis" or the "Harrison Ford" usually wins in the end. No matter what happens in the movie, you can assume that at the end, the good guys win.

Well, even though those stories are not so realistic, and even though we rarely face Herculean tasks[1], there ARE some similarities we share with the heroes of the stories or the movies: We learn lessons every day.

Just like the characters in Aesop's fables, there are lessons to be learned from our daily adventures. Sometimes, the adventures

are a bit ordinary, but the experiences pile up[2]. The more experiences we have... and lessons we learn, the better we can function. And the adventures just get easier. Or at least we can take on bigger challenges[3]... or at least avoid making the same mistakes.

TALK ABOUT IT

1 Did you learn any good lessons recently?

2 Do you remember one of the first big lessons you learned? Perhaps it was about not playing with fire.

3 Do you think people tend to become a bit "jaded" or "cynical" if they have too many difficult experiences?

4 Why is it that some things just have to be experienced and can't be learned in a book?

5 Do you believe that every story has a happy ending?

6 Do you ever give advice to people about the lessons that you have already learned?

7 What is the value of life experience?

8 What is the most important life lesson you have learned?

9 Can we really learn from someone else's mistakes?

1 **Herculean tasks** very difficult jobs; work that requires great effort; work so difficult that only Hercules can do it   2 **pile up** to get bigger; to increase in size or volume   3 **take on bigger challenges** to try something harder; to do more difficult work

Do You REALLY Want It?

I think we can do things only when we really want to. I mean REALLY want to. Do you remember something that you really wanted? It could have been something as simple as an ice cream. When my daughter wants an ice cream, she bothers me all day long until she gets her ice cream. Even if I tell her that I'll think about getting her one... if she is good... and eats all of her dinner, she'll make sure that I haven't forgotten—because SHE hasn't forgotten. Wow! What determination! What focus! What desire! She really wants that ice cream!

So what do you want? Not just food, but perhaps a healthier looking body. Maybe it's a better command of English[1]. How about a more exciting social life—even a date for the evening? Well, what's stopping you? Is someone holding you back[2]?

In my case, the thing that holds me back the most is a weak desire.

When I REALLY want something, I go after[3] it.

When I TRUTH desire something, I pursue it.

IF I want it bad enough⁴... WHEN I want it bad enough... IF...
WHEN... IF... WHEN... oh, it never ends!

TALK ABOUT IT

1 So what do YOU really want?

2 Do you REALLY want it?

3 Do you REALLY need it?

4 What do you do to convince yourself to take action?

5 What is holding you back?

6 If you know something is important, why don't you do it?

7 Some people know they have to exercise more, but they don't get serious until they have a heart attack! Do we really need some kind of shock to get moving?

8 Have you ever tried very hard for something and then succeeded?

9 Have you ever tried very hard for something but failed? Talk about it.

10 Is it true that we sometimes want things that are not good for us?

1 **command of English** the ability to speak English 2 **hold someone back** to prevent someone from moving forward; to keep a person from doing as well as possible 3 **go after** to try; to attempt to do something 4 **bad enough** terribly; greatly; strongly

Joking

I love to joke. It's fun, and it can make people laugh. I feel happy when I can bring a smile to someone's face[1]. When I was younger, I was the class clown[2]. I was never good at memorizing jokes, but I'm not bad at slapstick[3] like running into walls or imitating something silly. I wish I were wittier with words. I wish I could bring humor into ANY situation without making a total fool of myself.

I think timing is one of the most important things about humor. If your timing is off, then the joke bombs[4]. Rather than thinking you are funny... people think you are stupid.

Not only is timing important, but so is the content of your joke. It's easy to tease someone else, but what if you hurt his or her feelings? Perhaps you have made some people laugh at that moment. But once that moment has passed, what do you have? You may have hurt a friendship in the long run.

Comedy can be very different in different cultures. I find that sarcastic jokes don't work well in Korea. There are also many

jokes that I don't understand when I watch television. Sometimes when I watch TV, everyone but me is laughing because I didn't get the joke[5]. Not understanding a joke is really frustrating. But getting a joke makes me feel great!

TALK ABOUT IT

1 Are you good at telling jokes?

2 Do people say you have a good sense of humor?

3 Are you jealous of people that are good at making others laugh?

4 Have you ever been the victim of a joke?

5 Do you like practical jokes where a friend might put salt in your coffee rather than sugar?

6 Do you have an all-time favorite comedian or comedy?

7 Do you know any good jokes? What are they?

8 Why do you think people from different countries laugh at different jokes?

1 **bring a smile to someone's face** to make someone smile; to make a person happy   2 **class clown** the funniest person in a class; a person who likes to make jokes; a comedian   3 **slapstick** a kind of comedy based on sight gags   4 **the joke bombs** the joke fails; the joke is not funny   5 **get a joke** to understand a joke; to know why a joke is funny

Stuck in the Past

I think it's natural to reflect at the end of the day... or the end of the week, month, or year. But the danger of reflecting and focusing on the past is that we kind of get lost in it.

I know people that think about all the mistakes they made... the lost opportunities... the things they wish they could go back and change. They always seem to be talking about the past. They just can't let go of it[1]. It's almost like they spend more time in the past then in the present.

On the other hand, I think having ZERO regrets is a mistake. It's good to say, "Sorry." It's good to learn from our mistakes. But too much is too much.

It's nice to think about the "good old days[2]" when life was great...

Times from our childhood.
Times when we used to go to a certain school.

Times when we used to play certain games.

It's nice to think about them once in a while and be nostalgic, but we live in the present. It's good to laugh about times gone by, but what happens when we cry about those times? What happens when we get depressed because of them? The past should never be a stronger pull[3] on us than the present. One way or another[4], I think we have to let go of the past if it keeps us from functioning well in the present.

TALK ABOUT IT

1   How do we "let go of the past"?
2   Do you have any friends that only talk about the "good old days" when you get together?
3   Do you find yourself regretting a lot about your past?
4   Would you say you are a "present-thinking" person?
5   What kinds of things bring you back to the "here and now"?
6   Do you know anyone who can't let go of the past?
7   What event from the past is still bothering that person?
8   "Those who do not learn from history are doomed to repeat it." What does this statement mean to you?
9   What about people who are "living in the future"? What do you think of them?

1 **can't let go of something** to not be able to forget something   2 **the "good old days"** the past; a time in the past that was very good   3 **stronger pull** a stronger attraction; more attractive power; more tempting thing than something else   4 **one way or another** somehow

Want vs. Need

There are some things we need. I need food, air, and water. If it's cold outside, shelter is also a need. Because I am a social animal, I need to interact. I need friendship.

I am lucky to have everything I need... AND MORE! I have much more than I need. The strange thing is, even though I have plenty, I feel like I need more. I kind of wish my life were simpler.

We are bombarded[1] by the media—television, movies, magazines—and because of that exposure, there are so many things that we now WANT and only think that we NEED. Knowing that we can get by without those things simplifies life.

"Hey, Mom! Did you see the latest toy?! It's awesome! All the other kids have it. Can you get me one? Please, please, please!"

"Sorry, Son. We are saving to buy a new car. All the people in your daddy's

company have new cars... and your dad has to have one, too."

"But Mom, our car works fine! Why do we need a new one?"

Don't get me wrong[2]... I think all of the latest gadgets[3] are neat. I think technology advancing is fantastic, but don't you feel we are a bit addicted to getting stuff? Do we really need it?

TALK ABOUT IT

1 Do you feel left out when others have things you don't have?

2 When you go shopping, how often do you get things you don't need?

3 Do you feel pressure to want things so much so that those wants become needs?

4 What DO you need?

5 Are the "haves" obligated to help the "have-nots"?

6 How can you help someone in need without hurting his pride?

7 Do you know what the expression "keeping up with the Joneses" means?

8 How much do advertising and the mass media influence what we think we need?

1 **bombarded** assaulted; heavily attacked   2 **Don't get me wrong.** Don't misunderstand me; Please understand this.   3 **the latest gadgets** the newest inventions; the newest electronics

Exercise: Getting Enough of It

I recently went for a check up[1], and the doctor told me that I spend too much of my day sitting. It's true. I have been sitting WAY too much recently: sitting in my car, sitting at my desk, sitting in front of a microphone. The point is, I'm not getting enough movement, and my body needs to move for me to be healthy. That makes sense[2]. It sounds pretty straightforward. But exercising is never simple if it's not a habit.

When I'm in the city, I try as much as possible to take public transportation and walk around. But if you are in one location all day long, then there aren't many options when it comes to moving around. One thing I'm trying to do is take the stairs rather than take the elevator. I also take part of my lunch hour to walk around, preferably with someone. If I watch TV, I stand up and stretch.

I like to swim, but I don't really like going back and forth just for the sake of exercise[3]. I would rather go somewhere

with someone, and then the exercise I get is almost a secondary thing[4]. But just for the sake of exercising, riding a stationary bike, walking on a treadmill[5], or swimming laps is not my number one choice.

When I was in elementary school, I used to play baseball. When I was in high school, I used to play lacrosse. When I was in college, I did taekwondo. When I was in grad school, I swam. Now that I'm no longer in school... well, somehow exercising and sports are no longer part of my lifestyle. Something has to change.

TALK ABOUT IT

1   Do you exercise on a regular basis?
2   Do you exercise alone or with someone else?
3   Have you ever worked out with a trainer?
4   Have you ever taken a class at a gym?
5   Do you have a membership at a health club?
6   How often do you go?
7   Did you ever get injured while exercising?
8   Do you stretch and drink water when you work out?
9   What is your favorite type of exercise?

---

1 **check up** a physical; a medical test that checks on the body's overall health   2 **make sense** to be understandable; to be reasonable   3 **for the sake of exercise** because of exercise   4 **secondary thing** not of great importance; of lesser importance   5 **walk on a treadmill** to use a running machine

Home Remedies

When it's cold, people get colds.
It seems like there is a whole
range of symptoms...

Sore throat.
Runny nose.
Headaches.
Blocked up sinuses[1].

You name it[2]. A cold can take on many shapes[3]. Similar to the variety of colds, there seems to be quite a selection of cures.

If I ever get really sick, I go to the doctor. But before things get serious, I do all I can to knock out the germs[4] before they become a full-blown[5] cold.

I gargle with salt water.
I wear warm clothes, especially long underwear.
I drink a lot of tea and avoid coffee.
I try to rest a little more than usual.

And I do my best to eat nice broths and soups like chicken soup.

So many people have given me advice on how to get well. So I got to thinking about the many home remedies out there. It seems like each family has some kind of strategy for battling colds, or the flu, or fevers. Do they work? I'm not sure. But I always felt better after I had a nice, hot bowl of chicken soup when I was sick.

TALK ABOUT IT

1 What kinds of things do you do to get over a cold?
2 Do you avoid certain foods?
3 Do you wear a mask, or do you find it a bit embarrassing?
4 Have you ever done anything extreme to overcome a cold or a fever?
5 Do you have a first aid kit in your home?
6 When you get hurt and it's not quite serious enough to go to the hospital, what do you do?
7 What do you do for minor cuts?
8 How about sprained ankles?
9 How often do you get sick?

1 **blocked up sinuses** a stuffed up nose; unable to breathe through one's nose   2 **you name it** anything; anything a person wants   3 **take on many shapes** to appear in many different ways or forms   4 **knock out the germs** to kill the germs   5 **full-blown** complete; severe

Family: Remembering Their Importance

I recently had a family reunion[1]. It was great to see family members I hadn't seen in a while. We talked about the old times, and present times, and future dreams.

I got to catch up on all the family gossip[2]...
Who is moving...
Who has a new job...
Who just graduated from school...
Who is getting married...
And all the other interesting things.

I think I'm lucky to have a younger brother and sister. I am able to talk to them when I want and ask their opinions. I can ask Dad and Mom what they think about something when I need some help.

Some days, I don't really think about my family much. I just work... work... work. Other days, I miss them soooooooo much.

Sometimes I think we take our families for granted. We don't stop to tell our parents, our brothers and sisters, our husbands or wives, our children, how much they mean to us[3]. Perhaps today's a good day for me to tell my family just what they mean to me.

TALK ABOUT IT

1 Do you get along with everyone in your family?
2 Is there one member of the family you feel closer to?
3 Do you, or did you, fight a lot?
4 Can you open up and talk with either of your parents?
5 Has someone in your family ever hurt your feelings so badly that you feel that it may take a long time to heal and become close again?
6 Have you ever been ashamed of your parents?
7 When have you been proud of them?
8 What makes your family special?
9 How do you stay close to the members of your family that do not live near you?

1 **family reunion** a meeting of several family members   2 **catch up on all the family gossip** to learn about recent family news   3 **how much they mean to us** how important they are to us

Finish What Was Started

Sometimes it's good to reflect on the past[1]. But one of the dangers is that we get lost in regret and frustration. We may be unhappy about all of the things we wanted to do and started to do... but never got around to finishing.

For me, I usually have about 5 books lying around that I read slowly. I think it's time to finish some of those projects. I think it's time to lose some of the baggage[2]. And then maybe I can get started on a new project or something different.

Unfinished things weigh us down[3]. We may say, "Well, I want to do it right, so I'm just waiting for the right moment. I want it to truly be complete." But in the end, we may never get it done. It may be a loose end[4]. Something that says, "Ha ha. You never finished me. That means you are weak!"

Whether it's an unfinished book or a person we want to contact,

this is a good time to finish some of the goals we set for ourselves this year. So don't procrastinate[5]. Stop putting things off. Finish something that you've started. It's not too late!

1 Do you have any unfinished business that you want to take care of?

2 Are there things on your "to do" list that you could take care of fairly quickly?

3 Do you think it would make a difference if you took care of those things?

4 Is it better to complete something even if it's done in a rush?

5 Should things be done "right or not at all"?

6 At the same time, what if those things we start simply NEVER get done? Isn't that a bigger problem?

7 Do you often do several things at once, or do you just do one thing at a time?

8 Are you good at "multi-tasking"?

9 Are you a procrastinator?

10 Why do so many people have difficulty finishing projects they have started?

1 **reflect on the past** to think about the past; to think about what happened in the past   2 **It's time to lose some of the baggage.** It's time to forget about past events or problems.   3 **weigh down** to cause emotional problems   4 **loose end** a problem that has not yet been solved
5 **procrastinate** to delay doing something

Top 10 Lists

It seems like at the end of every year, the lists are announced. You probably know the ones I'm talking about. Magazines have their "Top" 10 lists...

The "best dressed."
The "most popular."
The "biggest."
And the "best."

They range from the most popular songs to the most popular words.

As I reflect and think about the "best" and "worst" experiences I had... well, to tell you the truth, it is usually a mixed bag[1]. I mean, there were lots of wonderful things that happened so far this year—lots of things to be grateful for. There were also many challenges.

Among the highlights[2] for me... one of my good friends got

married this year. I wish this new couple the very best. Also, my in-laws just moved to my neighborhood. I'm really happy about that.

Among the low points[3]... one of my kids got pretty sick this year. It was really scary. Thank goodness she got better. Also, a good friend of mine moved away. I miss that person very much.

1   What were some of the highlights of the year so far for you?

2   Do you have a top 10 list of good things or even bad things that happened to you?

3   When the year ends, do you ever think about all the things you've accomplished?

4   Or do you make lists of the things you'd like to accomplish in the new year?

5   What do you think of "Top 10 lists"?

6   Can you make your own top 10 list of things that have happened to you?

7   Which top 10 lists would you want to be on?

8   Do you think it's important to think about your past accomplishments?

9   Which top 10 lists would you NEVER want to be on?

1 **mixed bag** both good and bad; a combination of things   2 **highlights** the most impressive things; favorite things   3 **low points** the least impressive things; things that were not good

Small Steps and Goals Add up

Near my home in Berkeley, there is a bicycle trail[1]. It is REALLY steep. If you start to pedal while looking at the top of the trail, it's almost impossible to make it to the top without stopping a few times.

The only way to make it to the top is to focus on the small piece of the trail RIGHT in front of you as you pedal. Soon enough, you reach the top of the trail. It's strange how you can make it to the top almost by surprise. Once again, the key is to AVOID looking at the top while you pedal.

Sometimes... I think that people focus too much on the big things in their lives. They only think about things like...

Getting the best job.
Or getting a promotion at work.
Or finding the perfect boyfriend or girlfriend.

I think sometimes it's better just to

focus on the small goals or the small steps rather than the big steps. By working out for a few minutes every day, it keeps you healthy. By studying a few minutes every day... it keeps you sharp. By calling a loved one for a few minutes every day, it keeps the relationship strong. Those minutes add up[2] and up and up. Sure, we can look at the top of the trail sometimes. We can look at the big picture[3], but I think our focus should be on the small goals right in front of us.

TALK ABOUT IT

1   Do you sometimes make goals that are hard to keep?
2   Do you find yourself biting off more than you can chew?
3   What kinds of small goals have you set and accomplished?
4   Do you write your goals down?
5   Do you feel a sense of accomplishment when you finish a goal?
6   Have you ever given up a goal because it was too difficult?
7   How did you feel about that?
8   Do you always finish whatever you start?
9   What are the advantages of looking at the "big picture"?
10   What is your major goal in life?

1 **bicycle trail** a path specifically for bicycles   2 **add up** to accumulate; to equal; the total
3 **look at the big picture** to consider everything in total; to think about the most important things, not the least important things

Strengths and Weaknesses

Nobody's perfect. We all have strengths and weaknesses, and it seems like our strengths and weaknesses are related.

If you think long and hard about your weaknesses, it's easy to get frustrated and depressed. "How am I ever going to change? Oh NO!!!"

Well... maybe a drastic change[1] is not the answer. Perhaps just twisting or tweaking[2] that weakness a little bit is.

For example, if someone is really stubborn, that person doesn't give up easily.

So each weakness has a good point if we can just find it. It takes some focusing—some twisting—but if that weakness can become a strength... WOW!

 Also, the way we see others can change a little. If we perceive someone as "stubborn," then, rather than saying, "I don't want that person on my team.

He's too stubborn!" you might say, "I want that person on my team because he never gives up. He has the type of determination it takes to win!"

A lot of it is just changing the way we look at something. Try thinking about—or looking at something—with a different perspective[3]. That might be all you need to do... to change a negative into a positive.

1 What are your strengths?

2 How about your weaknesses?

3 Are they related?

4 Do you think you can change the way you see someone?

5 Have you ever had someone on your team you didn't like for a reason, and then you ended up liking him BECAUSE of that very reason?

6 Have you ever changed one of your weaknesses into a strength?

7 How did you do it?

8 How did you feel afterwards?

9 Why do employers often ask you about your strengths and weaknesses?

10 Give an example of something that can be both a strength and weakness.

1 **drastic change** a very big change; a sudden change   2 **twisting or tweaking** making minor changes   3 **different perspective** a different point of view; looking at something in a different way

"See You Soon"... Better Than "Bye!"

I'm not sure why, but I don't really like the word "Goodbye!" "Goodbye" seems so final. Given a choice[1], "Goodbye" is one of the last parting words[2] I use. Sure, I use "Byeeeeeeeeeeeeeee!" for fun. But when I am about to go somewhere and I don't plan on seeing the person for AT LEAST a day or so... I usually avoid using "Goodbye" and say...

See you later.
See you soon.
See you next time.
Take care[3].
I'm already missing you!

Or something else.

But not "Goodbye." Saying that... I feel that I might never see that person again. And that's probably not the case[4].

The world is a small place, and you never know when

or where you'll meet someone. If you look forward to meeting him or her, you let the person know it. You can say, "I look forward to seeing you next time," or "See you around," or simply "Later!"

1   Are there any words or phrases you try not to use?

2   Do you have any particular habits when it comes to greeting someone?

3   Welcoming someone to your home is a lot easier than sending them on their way. So how do you make the sending part easier?

4   Do you use different greetings when you use the phone or when you write?

5   Is it difficult to say goodbye to someone you are close with?

6   Have you had to say goodbye to a close friend or relative in your life?

7   Do you prefer long goodbyes or short ones?

8   What is the worst part about saying goodbye to someone?

9   Give an example where you were glad to say goodbye to someone.

---

1 **given a choice** if it were possible to choose   2 **parting words** goodbyes; words people say when they leave one another   3 **Take care.** Be careful; Take care of yourself; Be well.
4 **probably not the case** probably not true; doubtful

Pets... and Dogs!

When I was in the 5th grade, I moved to the country. We had pigs, chickens, rabbits, fish, turtles, cats, dogs, and a horse. I would run everywhere with the dogs. I can see why dogs are called "man's best friend[1]." They're loyal. They always seem happy to see you. They follow you and listen to you. I really loved my dog. When I moved back to the city, the animals were left behind.

Studies say that having a pet around the home does a lot to get rid of stress. I totally agree. Before I came to Korea... I was not really a fan of animals coming into the house. But after coming to Korea and seeing how much joy a small animal can bring to someone, I don't have any problems with pets living with people as long as they are housebroken[2] and follow the rules!

My brother-in-law has a nice puppy that brings his family a lot of joy. One of my best friends has a few small dogs. I would like to

have a dog, but I'm afraid my little kids aren't ready for that kind of responsibility yet. Maybe some day[3].

1 Did you ever have a pet? What was it?

2 Do you want to get a pet of some kind?

3 What do you think of people who have pets and treat them like kids?

4 Do you consider yourself a dog person or a cat person?

5 Have you ever had a scary experience with an animal before?

6 Do you think it's true that pets and their owners often seem similar as time goes by, kind of like a husband and wife?

7 Pets can offer companionship and entertainment; however there is a lot of responsibility that comes with being a pet owner. What are some of the responsibilities involved?

8 If you could have any pet in the world, what would it be?

9 What would you name your pet?

1 **man's best friend** dogs 2 **housebroken** trained to live in a house; having learned where and when to use the bathroom 3 **Maybe some day.** Later; Maybe in the future.

Remembering Why We're Doing Something

Sometimes I forget why I'm doing what I'm doing. Have you ever done that? I'm not just talking about a memory problem... although that's possible too. I have called someone because I wanted to tell them something, and then after just shooting the breeze[1] for a while—not talking about anything in particular—I well, I forget why I called that person in the first place[2]. That's more of a memory problem. I guess that counts, too.

But I'm talking about a deeper problem... a bigger "Why." At one point there is a reason we do something. For long-term projects... we need to remind ourselves of that reason. It's always good to ask ourselves, "Why?"

Why did I start to learn a language?
Why did I join this club?
Why am I friends with this person?
Why did I get married?

If we get lost in the doing, in the living, in the every day being, then we can lose sight

of[3] the "Why."

I think we need daily reminders of "Why," or else it's tough to finish what we started. We stop studying. We quit the club. We end our friendships. Our marriages get damaged.

There's nothing wrong with asking, "Why?" In fact, sometimes, I think it can be very healthy and help you appreciate what you have and what you're doing.

TALK ABOUT IT

1. Is there something you are doing, but you have forgotten why you started it? Is it kind of a distant memory?
2. Did you ever forget why you were doing something mid-way through it?
3. How do you remind yourself "Why" you are doing something?
4. Do you write memos?
5. Does your mind ever "go blank," and you suddenly forget what you're doing?
6. Do you ever "space out" and not pay attention to what's going on?
7. What are some of the methods you use to prevent yourself from forgetting?
8. What do you do when you see someone that you know but have forgotten his name?

1 **shoot the breeze** to chat; to gossip; to talk casually with someone   2 **in the first place** to begin with; for starters   3 **lose sight of** to not be able to see something or someone anymore; to forget something important or forget how important it is

Freedom... Choice... and Responsibility

I love choices. I love to walk around in bookstores... not because I can buy all the books, but because I could buy one book, and I have so many to choose from.

I like buffets. I rarely get to go to them, but when I do, the first thing I do is walk around and see what the choices are.

I also like the Internet. It seems like cyberspace really doesn't have any limits[1]. There are so many things to discover... like space.

Sometimes, I think we don't appreciate the freedom that we have. We are free to make many different choices. From the food we eat... to the places we visit... to the people we meet... to the classes we take and on and on and on[2].

But freedom has dangers. If misused, it can be harmful. I could pile a mountain of food on my plate and NOT eat it. It would be

a waste, but that's a choice I have.

The Internet has dangers, too. If parents are not careful and don't supervise what their kids can see... well, kids can lose some of their innocence because of freedom.

There's a reason for legal age limits[3] when it comes to driving, gambling, drinking, smoking, and voting. Until we reach that age, we aren't free to do those things.

TALK ABOUT IT

1. What things in society should be freer?
2. What things should have limits put on them?
3. Do you agree with legal age limits on things like driving, smoking, and drinking?
4. Should they be raised or lowered?
5. What kinds of freedom have you taken for granted?
6. When have you used your freedom and caused damage or hurt someone?
7. Do you feel free?
8. Wouldn't you like financial freedom?
9. If you had it, what would you do?
10. What does the word "freedom" mean to you?

1 **cyberspace really doesn't have any limits** the Internet is limitless; anything can happen on the Internet   2 **on and on and on** continuously   3 **legal age limit** an age when certain things (drinking, voting, etc.) are allowed

Patience for Parents or Teachers

It seems like we all wear different hats[1]. I'm a son. I'm a brother. I'm a husband, a dad, and a teacher. Each relationship requires different things. Some things overlap... like creativity... well, each of those roles requires creativity. But some roles or "hats" require more of one thing than another. For example, I think that the most important thing, when it comes to being a good teacher or parent, is patience. It's tough to be a good teacher or parent without that crucial ability to listen... and encourage... and lead.

When we lose our patience, we easily fall into[2] the category of "bad" teacher or "bad" parent. Some people joke about kids being put on the earth to test the patience of moms and dads. I wouldn't be surprised if that were true. My kids make me crazy! But when I have the patience to listen... the patience to encourage... the patience to lead, they are angels.

I wish there were a class on how to be a good parent or teacher. Although there ARE some books—and you can always ask your elders—it seems like we have to experience and learn as we grow, kind of like "on the job" training[3]. :) I am super duper lucky[4] to be surrounded by good teachers. I am also lucky to have wonderful parents. The truth is, since I make mistakes, I'm also lucky to have good kids and students that can put up with[5] me! I know no one is perfect. I can see the strengths and weaknesses of my elders, but I can learn soooooo much from them.

TALK ABOUT IT

1 What do YOU think are the most important ingredients when it comes to being a good teacher or parent?
2 What kinds of things should the ideal student have?
3 Do you have any good role models?
4 Are there any teachers you really respect and want to be like? Why?
5 What special qualities do they have?
6 Do you think you'd make a good teacher? A good parent?
7 What would you have to change about yourself to become a good teacher or a good parent?
8 What is the most challenging part about being a good parent or teacher?
9 Can you remember a teacher that you had that was not good? What prevented him from being good? What would you have changed to make him better?

1 **wear different hats** to have many different duties or responsibilities   2 **fall into** to be categorized   3 **"on the job" training** learning how to do something while simultaneously working; working and learning a job at the same time   4 **super duper lucky** very lucky   5 **put up with** to abide; to tolerate

Money Money Money Money... Money!

So much of what we do is related to money. It seems like people are always thinking about or talking about money.

Let's face it[1]. In the modern world, it's hard to get by without cash[2]. Everyone needs it. The deeper your pockets are[3], or the more money you have, the more you can do. Just like a car needs gas, we need money to go places and do things. Some people even say, "Money makes the world go around."

But cars are cars, and people are people. Is money THE most important thing to us? Don't we often get blinded by money?

"How much will I make?"
"How much is in it for me?"
"What's my share of the deal?"

I have seen relationships get hurt because... money got in the middle. There are many ways to have a great time without

spending a lot of money. You don't have to have "money to burn[4]" to have fun.

TALK ABOUT IT

1 Do you think it's wise to avoid doing business with friends and relatives?

2 Have you ever been hurt because of money?

3 Are you good at managing your money?

4 Are you satisfied with the money you make?

5 Do you consider yourself generous or cheap?

6 How much money do you really need every month?

7 Do you budget how much you spend?

8 Do you trust yourself when it comes to using credit cards?

9 Have you ever been in a "get rich quick" situation where you were hoping to make a lot by doing a little?

1 **face** to admit something is true; to not deny something   2 **it's hard to get by without cash** people can't live without money; everyone needs money   3 **the deeper your pockets are** the richer someone is; the more money a person has   4 **have "money to burn"** to have spending money; to be able to spend money freely

Trees do so many different things for us.

Trees, Plants, and Nature

My dad says that when I was just a toddler[1], I climbed a really high tree. Perhaps I'm part monkey! I like the smell of trees, the look of trees, and the idea that a small seed can grow to be a huge tree. Trees do so many different things for us:

Trees can provide shade on a hot summer's day.
Trees can give us fresh air.
Trees can give us fruit.
Trees can be homes for birds and small animals.

One of my favorite places to walk is in California in the Redwood Forest. The trees there are hundreds of years old and are really, really tall. In a word[2], the forest is breathtaking[3]. As a Boy Scout, I can remember camping in the forest. It was unforgettable walking and sleeping on the pine needles under the trees.

In my house, we have some small plants. The kids can see how

they grow as they water and take care of them. We live next to a hill where the air is chilly and clean. I feel lucky to be near nature, but I also feel bad that nature is getting more and more difficult to find. Rather than have a park with trees, we often choose to use land to put up a forest of buildings. Are we getting too separated from nature?

TALK ABOUT IT

1. How often do you get to spend time with nature?
2. How often do you go hiking?
3. When was the last time you planted something?
4. Have you ever had a chance to pick fruit or vegetables?
5. Do you have plants in your home?
6. Have you ever just sat under a tree and leaned back against the trunk and enjoyed the day?
7. Have you ever gone camping?
8. Do you feel more comfortable in the city or in the country?
9. How often do you visit the parks near your home?
10. What other activities can you do to get "back to nature"?

1 **toddler** a baby; a very young child   2 **in a word** briefly   3 **breathtaking** inspiring; awesome

Courage

One of my favorite movies growing up[1] was *The Wizard of OZ*. Did you ever see it? In Dorothy's adventures, she was accompanied by the Tin Man, who wanted a heart; the Scarecrow, who wanted a brain; the Lion, who wanted courage; and her faithful dog Toto.

At certain times in my life, I could relate to[2] each of those characters. I think we all can. In fact, that's probably one of the reasons why the movie is so popular. Sometimes we lack something. Often it's courage.

Because we interact with[3] people all day and we are often forced to be more "public" than we'd like, well, we have to muster our courage[4] and perform in front of others. It could be a job interview; it could be a presentation; or it could be standing in front of a group and simply introducing yourself.

I think some people are naturally courageous. They are great at public speaking. They don't seem to get too nervous. Others...

well, just the thought of speaking in front of others causes them to get butterflies[5]... to break out in a sweat[6]... to start stuttering[7]. Why is that?

TALK ABOUT IT

1 Are you shy?

2 Do you get flustered easily when people ask you a question?

3 When it's your turn to talk in a group, are you so focused on what you have to say that you don't listen to what others are saying?

4 Do you have any suggestions for those who get embarrassed easily?

5 Do you have any embarrassing moments you wish you could forget?

6 Have you ever wanted to ask someone out on a date but didn't have the courage?

7 How DOES one build courage?

8 Have you ever gotten "stage fright"?

9 Do you have any funny stories about a time you had to speak in public?

---

1 **growing up** while one was a child   2 **relate to** to understand something; to associate oneself with something; to feel a bond with someone or something   3 **interact with** to associate with; to socialize with   4 **muster one's courage** to become brave   5 **get butterflies** to get nervous; to become nervous   6 **break out in a sweat** to sweat; to start to sweat   7 **stutter** to repeat the sounds of words in an uncontrolled way because you are nervous

The Power of Music

In general, kids don't like to go to sleep. They always think up excuses and reasons why they don't want to go to bed. In our house, we have "quiet" time BEFORE bedtime. It's a time when the kids get to read and do things that are... quiet. They're not supposed to run around any more. Along with "quiet" time, the best way to get the kids ready for bed is to turn on some soothing music. It never fails to help them wind down[1] and eventually to go to dream land.

When I write, I like to listen to music that doesn't have any words. It helps me to focus. When I'm driving, I like ANY kind of music. I might be in the mood for[2] classical, or country, or pop, or whatever. I enjoy a wide variety of music.

Music is really powerful. It can lift your spirits[3] when you're

down. It can move you when your heart is cold. It can inspire you to push your limits[4] when exercising. It can help you relax after a stressful day.

Music is a big part of my life. I think our lives are like movies, and without the soundtrack to go along with it, the movie is a bit bland[5].

TALK ABOUT IT

1   Do you have any favorite musicians or groups?
2   Is there a certain genre of music that you tend to listen to more than others?
3   Is there a song that you always sing when you go to a Song Room?
4   Do you have an all-time favorite album?
5   Can you play an instrument?
6   If you could choose to learn a musical instrument, which one would it be?
7   Are you a good singer?
8   When do you like to listen to music?
9   Does the music you listen to depend upon your mood?
10 Do certain songs remind you of past memories?

1 **wind down** to relax; to rest   2 **be in the mood for** to feel like; to want to do something   3 **lift one's spirits** to make one become happier; to make one feel better   4 **push one's limits** to do one's best; to try as hard as one can   5 **bland** not interesting; boring

How We See and Judge Things

Did you ever see that drawing of an old lady... and as you look closer, you see that it can also be a picture of a young lady? I've seen a few of those "trick" pictures where things are sometimes hidden or not what they seem. It's always a great feeling when you figure out the trick[1].

I don't think our daily lives have lots of deliberately hidden things that we have to discover. But there are plenty of things that we fail to see if we don't look hard enough.

It's easy to analyze someone quickly.
It's easy to find yourself in a situation and rapidly rush to conclusions[2].
It's easy to judge a book by its cover[3].

But when we do, we may be missing something really good or something really beautiful. We could be making a big mistake.

Just by looking a little bit longer... just by digging a little bit deeper... just by asking a few more questions, it may be enough to find some hidden treasure. It may be enough to meet a wonderful person. It may be enough to sympathize with someone.

We should always make sure to examine things closely and not jump to conclusions.

1   Have you ever wrongly judged someone?

2   Do you tend to take your time and discover what the "real" situation is, or do you rush to conclusions?

3   Do you shy away[4] from trying new things, or do you like adventures and the unknown?

4   Do you think you are a "365 degree" person who looks at all the angles or as many as possible before deciding something?

5   Talk about a time when you thought someone was something that they weren't.

6   Have you ever thought someone was your dream guy or girl, but you turned out to be completely wrong about that person?

7   How do you know when you've met the right person?

8   Do you believe that people are innocent until proven guilty?

9   Have you ever been blamed for something that you did not do?

10   What does it mean to be a "good judge of character"? Do you think that you are a good judge of character?

1 **figure out the trick** to learn how to do something; to learn an easy way to do something
2 **rush to conclusions** to judge someone or something quickly   3 **judge a book by its cover** to decide something just by looking at it   4 **shy away** to avoid someone or be unwilling to do something

Words of Encouragement...
Paying Compliments

There are many things that I do but I'm not that great at. For example, I do the dishes at home whenever I can, but I know that I don't do them as well as my wife would like me to. Still, she says, "Thanks! Great job." Even though I didn't do the greatest job in the world, it's nice that she still appreciates my efforts.

Those simple words give me power. They inspire me to work harder and to do better. I know I can do a better job, and I want to. Parents, teachers, coaches, bosses, even friends, can say things that help or hurt.

These kinds of phrases give us positive energy:
"You're on the right track[1]!"
"You're doing a great job!
"Keep up the good work[2]!"
"You look great!"
"I'm glad you're part of the team."

THESE kinds of phrases can take away our energy:

"Can't you do anything right[3]?!"

"You did a terrible job!"

"What's wrong with you?"

"You look awful!"

"I wish you weren't on my team."

Think about the things that you say to others. Are you giving people positive energy... or, are you being negative, and taking away their energy?

TALK ABOUT IT

1 Have you ever said something you wish could take back?

2 Have you ever been on the receiving end of one of these negative phrases?

3 How did you feel?

4 Have you ever said something with good intentions, but it backfired?

5 What are some other good examples of "encouragement"?

6 Sometimes people say things because they want you to work harder or better, but they say it in a mean way. What kind of things do they say?

7 Do you often compliment people?

8 What do you compliment them for?

9 What do you criticize people about?

1 **on the right track** doing something the correct way   2 **keep up the good work** keep working hard; continue working hard   3 **Can't you do anything right?!** Why do you always make mistakes?

Staying Warm

I don't know if you have any secrets of how to keep warm, but if you do, please share them with others.

If there is a time to keep warm and healthy, it's winter! I know the common sense things[1] like wearing thermal underwear[2], but there must be more than that.

I've seen those hand-warmer things… like giant lighters that stay warm for hours.

I've also seen people with all sorts of clothing… wearing layers upon layers[3], but I want to know ALL the secrets. I want to hear all the theories.

I must be getting old because I'm starting to feel the cold more and more. At least I can enjoy warm floors here in Korea. Back in California, thick carpeting is nice, but

the floors aren't warm. But I do miss reading a book near the fireplace back home.

1   Do you recommend drinking anything special to help keep warm?

2   Does chewing on ginseng roots warm you up?

3   Does having pictures of the sun around the house make you feel warm somehow?

4   Oooh... how about eating SUNflower seeds? Does that do anything?

5   What part of your body gets cold the quickest?

6   Do you get cold quickly?

7   How low does the temperature have to get before you WON'T leave the house?

8   Do you ever wear multiple layers of clothing?

9   Would you rather feel hot or cold?

1 **common sense things** common knowledge; matters of general knowledge that everybody knows   2 **thermal underwear** long underwear; underwear that is warmer than normal and is often worn in winter   3 **layers upon layers** multiple layers

Staying in Touch with Old Friends

I recently met a friend I hadn't seen in ages[1]. He said that he'd been busy and also didn't really know how to contact me. I told him the same. The truth is, we have a few mutual friends, and if we had really wanted to contact each other, we could have, but with busy schedules, and family life—and all sorts of things going on—well, I guess we just lost touch.

So I got to thinking about the people I am in touch with now… and those I'd like to contact. I have a lot of friends and acquaintances[2], but I used to have many more. Somewhere along the line[3], we just lost contact with each other.

I'd like to contact some of my friends from high school. I'd like to say "hello" to some of the people I used to know in New York and California. I know I could do it. It wouldn't require me to bend over backwards[4], but I'm not sure if I should. I mean, I

have my hands full[5] right now with family and work. Plus, I have people that I'm in contact with NOW, and I feel kind of guilty that I'm not able to spend more time with them. Who needs more guilt? Not me!

TALK ABOUT IT

1   What kinds of things do you do to stay in touch with friends and family?
2   With my immediate family, I call and talk with them at least once a week. But what about distant relatives?
3   How often do you meet your old friends?
4   How about your close friends?
5   Do you find that your family life or work life prevents you from getting together as much as you'd like?
6   Do you mind writing "group" emails where you tell everyone all at once what is going on in your life?
7   What do you talk about when you contact an old friend?
8   Are you ever able to maintain contact with old friends?
9   What methods do you use to find your friends from high school or university?
10   Do you find that you still have things in common with your friends after not seeing them for a long time?

1 **in ages** for a long time   2 **acquaintances** people that one knows but is not friends with
3 **somewhere along the line** sometime in the past   4 **bend over backwards** to try very hard; to
make many attempts   5 **have one's hands full** to be very busy; to have lots of work

To Write or Not to Write

Writing isn't easy. I do it every day. And I can tell you, it's quite a challenge. But the more I do it, the easier it gets to just… write. Sometimes, that's the most difficult part—starting. When people ask me about writing—how they can write—I often suggest that they brainstorm first. Writing random ideas connected to a topic usually produces some great themes. If the themes get organized, perhaps through an outline, then you can write something really great.

Most of the writing I do is spontaneous[1]. I just start writing, and when I stop, I'm done. But I always go over what I wrote at LEAST two times. The first time I go over my writing… is to spell-check[2] the work. It's unacceptable to deliver a piece of writing with misspellings in it. The second time, I actually read what I wrote out loud and add things that I may have missed. It could be an idea that seems incomplete or something else.

If you have the time, it's good to put your writing down for a little while and read it again later and see how you like it. You may have something you wish to add... or subtract. If you have a serious paper to write, and you have completed all of the things I just talked about... the best thing to do BEFORE you turn in[3] your paper... is to have someone else read what you wrote and make comments on it.

There is no doubt that practice makes perfect[4]... or at least better, so if you want to be a better writer, in Korean or English, I recommend that you... write as much as you can.

TALK ABOUT IT

1 Do you like writing?

2 Do you keep a diary?

3 What do you do when you get "writer's block[5]" and the ideas are not flowing?

4 Do you keep a blog or a mini-homepage?

5 How often do you write to others "real letters" more than just a few sentences?

6 Do you think you're a good writer?

7 How can you improve as a writer?

8 How do you check your work after you finish writing?

9 How do you feel when people criticize your work?

10 What is the difference between getting a written letter or an e-mail?

---

1 **spontaneous** happening in a sudden and natural way   2 **spell-check** to check for misspellings; to check that all the words are spelled correctly   3 **turn in** to submit; to give something to someone   4 **practice makes perfect** one can become better by practicing   2 **get "writer's block"** cannot think of anything to write

Arguments... Verbal Fighting

I had an argument with someone I really care about the other day. I don't like to argue or get into verbal fights, but I do once in a while... when I'm really tired and stressed out, and I feel bad about something... or I want to get something off my chest[1]. So rather than sit the other person down—when it was convenient for him... and talk to him when he was in a good mood—I just got emotional and dumped on him.[2] I said some things without really thinking about how he would feel. Of course, the person didn't really accept what I had to say. He was upset—more at the WAY I said what I said as opposed to WHAT I said. Isn't that weird? WHAT I said was not a problem. It was HOW I said it that made it tough to digest. I guess the HOW can often be as important as the WHAT.

Growing up, I learned a phrase to say when other kids say things that are unkind, "Sticks and stones may break my bones, but words will never harm me." The truth is, cuts you may get from sticks and stones may heal more quickly than the wounds bitter words can inflict.

It's best to avoid fights of ANY kind. But sometimes I think it's also important to stand up for[3] what you believe. If you believe in a certain cause or if you need to defend someone... well, sometimes you have to take a stand[4] and let people know how you feel. But in general, I try to avoid all conflict. I don't think it's a sign of weakness. Do you?

TALK ABOUT IT

1 When was the last time you got into an argument?

2 Do you find that you argue more with people who are closer to you... so much so that the closer they are to you, like a brother or sister, the MORE you argue with them?

3 After an argument, who is usually the first to apologize and make up? In my family, it's me.

4 Do you find that arguing is good sometimes?

5 In negotiations, or in business, isn't it necessary to be tough once in a while?

6 The truth is, when I argue with someone, it's usually over something really small. What about you?

7 When you disagree with what people are saying, do you tell them to their face point blank?

8 How do you feel after you get in an argument?

9 What are some ways to control your temper to keep from getting into arguments?

10 What is the silliest thing you have had an argument about?

11 If you disagree with someone, how can you make your point in a nice, non-offensive way?

1 **get something off one's chest** to say something important; to say something, like a secret, that one has wanted to say for a long time   2 **dump on someone** to get very angry at someone; to yell at someone   3 **stand up for** to defend; to speak up in defense of something   4 **take a stand** to defend someone or something

Noticing Your Age... Getting Older

When do you feel like you are getting older? Is it when the songs you liked when you were young are now considered "oldies but goodies[1]" to the next generation? When I was younger, I RARELY liked classical music or jazz. Now I do. Does that mean that I'm "getting older"?

Have you noticed that an actor or an actress that you have liked for a long time is getting a lot of wrinkles or gray hair? Do you notice your age when you are with others... like at a reunion of some kind? Do you notice your age when you are looking in the mirror? Does that scare you? Do you find that the kinds of clothes you like are thought of as clothes for a "mature" person?

I respect people that age gracefully. It seems like many people fear getting older. They don't want their wrinkles to show. I have to confess... I have a few gray hairs! Oh no!!! Even though the body may get old, I think people can be young at heart[2]. My

father fits right in[3] when he plays with his grandkids. It's not awkward at all. He comes up with[4] the best games. He may not be able to jump on the bed like the kids do, but he can wrestle and dance and go for walks and play catch. His mind is deep and his heart is warm.

I hope I age gracefully... like Dad.

TALK ABOUT IT

1 Are you happy with your age? When I was really young, I couldn't wait to get older and drive and do things an adult could do. Now I kind of wish I could stop aging.

2 What kinds of things make you feel old?

3 How does your life change as you get older?

4 Have you noticed that your tastes in different things (clothes, music, movies, etc.) have changed as you have gotten older?

5 How does your body change as you get older?

6 What is your opinion of plastic surgery? Is it an acceptable way to fight the signs of aging?

7 Do you still look forward to your birthday, or is it just another day?

8 How have your priorities changed as you get older?

9 What are some advantages of getting older?

10 What are some strategies to keep looking and feeling young?

11 What is the worst part about getting older?

1 **oldies but goodies** old songs   2 **young at heart** having a lively, positive attitude to life   3 **fit in** to be similar to other people; to not stand out from others   4 **come up with** to think of; to create

Being Young: A State of Mind

I recently went on a family outing[1]. The kids were running around, being crazy like kids do, and my wife and I were taking care of them. My mother-in-law also came to have fun and help, and believe it or not[2], she was the most youthful person in the whole group. She was running around, having fun, and laughing all day. It was great to have such a bright, warm, and loving person around.

Some people worry about getting old. They do everything possible to age slowly. I can understand. I want to be able to move with speed and strength as long as possible. But watching my mother-in-law... my goodness, I hope I have her strength and speed when I'm her age. I hope my mind is as sharp as hers when I'm her age. I hope I am warm and giving like she is when I become a grandpa.

What makes us age? It seems to me that

it's more than physical. I've seen people in young bodies that seem VERY "old." They are inactive. They seem to be unhappy about life. What's the secret to staying young?[3] Some people say that we age once we lose our sense of curiosity. Some people say we get old when we stop learning new things. What do you think?

TALK ABOUT IT

1   How can we stay young "internally" AND "externally"... but naturally?
2   What can we learn from our elders? Who is the oldest person you know?
3   Are you afraid of getting older?
4   What scares you?
5   Would you want to live forever if you could?
6   What is something positive about getting older?
7   What is something negative about getting older?
8   How long do you hope to live?

1 **family outing** a family trip; a family picnic   2 **believe it or not** to either believe or not believe something; very surprising but true   3 **sense of curiosity** a feeling of wanting to know something

Trying New Things... Risk and Reward

When we try new things, there is always the risk that we will not be happy with our choice. We might try a food we have never tried before and end up disliking it[1]. It could be too sour or too salty. It could be too spicy. We might try a new sport like snowboarding and end up falling down a lot. We might try a new style of music and get a headache. We might check out a different kind of art and be totally disappointed. We might try to speak or write a different language and end up embarrassing ourselves. Who wants that? Sounds risky to me.

But if we take the risk, we might try a new food and end up loving it. It could be sweet or have a great flavor. It could be an experience that makes our taste buds feel like they are in heaven. We might try a new sport and fall down but we get back up and eventually experience exhilaration[2], even for a minute. We might see why people love that sport so much. We might try a new kind of music and regret that we didn't discover it sooner. We might see a new kind of art and be amazed. We might try to write or

speak a different language, and we might be a little embarrassed at first; but we don't let it bother us too much because we know that the only way to improve is to make mistakes and keep on practicing.

I say: Try a new food. Try a new activity. Try to listen to some new music. Walk into a gallery, just on a whim[3], and look around. Try writing and speaking that other language more. Try making some new friends. There are some risks involved, but I know there are rewards, too.

TALK ABOUT IT

1 Do you ever try new things? What kinds of new things do you try?

2 How do you feel when you try something new?

3 If you try doing something new and aren't that good at it at first, do you give up, or do you keep trying?

4 Have you ever said, "I don't like that" about a food that you've never even tried before? What was it?

5 Do you consider yourself to be a risk taker, or do you prefer to play it safe?

6 What stops us from taking risks?

7 What is a food you tried even though you thought that you might not like it?

1 **end up doing something** to do something in the end even though you did not originally intend to; to wind up   2 **experience exhilaration** to feel tremendously good   3 **just on a whim** suddenly; on the spur of the moment; spontaneously

231

Skin: Taking Care of It

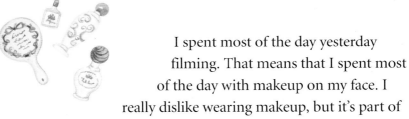

I spent most of the day yesterday filming. That means that I spent most of the day with makeup on my face. I really dislike wearing makeup, but it's part of the job. After the day was over and I finally wiped my face clean, I started to think about the importance of skin.

I've been lucky. I never really had pimples[1] in high school. Acne[2] was never an issue[3] for me. So my complexion[4] is not bad. But I have fairly thin skin, so I can get wrinkles pretty easily. Since I make strange and extreme facial expressions all of the time… well, I'm only speeding up the wrinkle process. What can I do? What do YOU do?

I put lotion on my face every single morning after I shave. Then I put some more cream on over that. I try to put even more on after a shower at night. Taking care of your skin is really important. I didn't think about it at all when I was younger. I would go out and play without thinking about getting a

sunburn[5]—and what that sunburn would do to me later on. They say that skin cancer is one of the most common types of cancer you can get. That's scary. So now, when it's summer time, I often wear a long sleeved shirt to protect my skin. Ten years ago, I didn't care about my skin. Now I do!

TALK ABOUT IT

1　Do you do anything special to protect your skin?
2　Have you ever tried a facial mask?
3　Have you ever had a facial massage?
4　Do you put skin block on before you go swimming on a bright day?
5　How often do you apply it to your body?
6　How do you prevent wrinkles?
7　Do you know of any special stuff to protect your skin?
8　Do you have any calluses on your body, like on your feet or hands?
9　When you work outside, do you wear gloves?
10　When you wash dishes, do you wear plastic gloves?

1 **pimples** acne; zits　2 **acne** pimples; a kind of skin problem　3 **never an issue** never a problem; nothing to worry about　4 **complexion** the condition of one's skin—usually facial skin
5 **get a sunburn** to become red from too much sun

Admitting Guilt

Giving advice is a lot easier than receiving it. Telling someone that he was "wrong" is a lot easier than admitting that you made a mistake. Writing a "Time Out" every day is not easy, but trying to live up to[1] all of my "Time Out" goals and ideals... gosh... it's almost impossible!

I know someone who is great at giving advice, but when you point out some area where he can improve, he gets defensive. The more you try and tell him about a mistake he made, the more defensive he gets. So for that person, I've given up trying. ALL of my friends have.

I can't give up on my kids though. If my son makes a mistake and I point it out[2], the first thing that comes from his lips is "No!"
It's a blatant[3] refusal to admit his mistake. It's never, "Yes, Daddy. You're right," or, "Okay, Mommy. Sorry." It's, "No, it's not my

fault!" or, "It wasn't me!" I do the same thing sometimes. Perhaps it's human nature[4]. Perhaps my son got his habit from me! No, it couldn't be my fault. Could it?!

TALK ABOUT IT

1   Are you good at accepting advice?

2   Are you quick to admit guilt?

3   Do you apologize quickly?

4   Have you ever defended your actions even though you KNEW you were wrong?

5   When you need to get something off of your chest, whom do you go to?

6   Do you know someone, maybe in your family, who tends to be great at giving advice, but terrible at receiving it?

7   Have you ever had a "teacher" say, "Do as I say, not as I do"?

8   Do you give good advice to your friends and family?

9   What kinds of problems do people talk to you about?

10 How does feeling guilty affect us?

11 How does it feel to be blamed for something that you did not do?

12 Did you ever take the blame for someone else?

---

1 **live up to** to equal; to match expectations   2 **point out** to show something; to point to something   3 **blatant** obvious   4 **human nature** instinct; human behavior

Confirming... Just Making Sure

I can't tell you how many times double-checking[1] something has saved me a LOT of pain. Likewise, there are many times when I haven't taken the time to double-check or confirm something, and I came to regret it later on.

Did you ever make reservations at a restaurant, a hotel, or for a flight, and not confirmed the details, only to find out there was "some confusion?"

Have you ever had a phone conversation and taken down[2] some information, but failed to read the info back to the person you were talking to—and because of that, you ended up getting some of the details wrong... like a phone number or a name?

When you plan to meet a friend at a place, do you just go? Or do you confirm the time and specific location more than once?

I find that it's a bit inconvenient when you double-check things,

but you can avoid an incredible amount of pain when you do. It's worth it. But making it a habit is no small task[3].

TALK ABOUT IT

1   What good and bad experiences have you had with double-checking information or failing to do so?

2   Do you always double-check things?

3   What do you think of people who don't double-check things?

4   Do people ever get upset at you when you double-check something?

5   What kinds of mix-ups can happen if we forget to double-check plans?

6   "Measure twice. Cut once." What does this mean? Do you agree?

7   Do you always check your alarm clock before you go to sleep?

8   Is it possible to be too much of a checker? How so?

9   Do you check bank statements or credit card balances to make sure they are correct? Have you ever found a mistake?

1 **double-check** to check again; to look at something one more time   2 **take down** to write down; to record   3 **no small task** not easy; very difficult

Holy Houseguests

If you are happily married and want to stay that way, avoid these words: "Honey, I'm on my way home with a few friends. You don't need to prepare anything. We'll order a pizza or something." That's the same as saying, "Honey, I want to sleep outside in the car for a few weeks." Why?... you may ask. Well, if you have ever surprised your wife with houseguests, you know what I'm talking about. It's nice to surprise your wife with roses... or chocolates... or even balloons... but NEVER, that's right... NEVER... surprise your wife with houseguests. Houseguests[1] are holy.

When we have guests over, the entire house gets cleaned from top to bottom[2]. Toys are put away[3]. Books get stacked. The kids get haircuts and into nice clothes. The plants get re-arranged. The best plates and silverware are used. Things are so different that I often wonder if I am at the right house when I bring guests over. And the food! Forget about it! It can't be something simple like pizza. It has to be a 25-course meal.

Okay... so I'm exaggerating a little, or maybe a lot. But the point is, houseguests are holy. They get special treatment. And if you want to have them over, you have to get permission in advance!

1   Have you ever brought over guests without getting permission first? Did it cause a problem?

2   How do you feel when you have to prepare for a guest? I've actually gotten really good at peeling fruit because when guests come over, that's my job while we sit and talk and eat as I peel away.

3   Do you order stuff when your friends come over, or does everything have to be home-cooked?

4   What do you do when you want to get rid of your guests? What kind of hints do you give them?

5   Is having guests something you look forward to or dread?

6   Do you often have guests over at your house?

7   What makes someone a good guest as opposed to a bad guest?

8   What extra preparations have to be made for overnight guests?

9   How many is too many guests?

1 **houseguests** visitors to a house   2 **from top to bottom** everywhere; completely   3 **put away** to store; to put in something's proper place

Cleaning... and Getting Your Hands Dirty

One of the best ways to avoid catching a cold from someone else is to wash your hands frequently. Of course, I wash my hands after going to the bathroom, but I wash my hands a few extra times during the day for good measure[1], just to make sure I don't get some unwanted germs.

Don't get me wrong. I'm not a clean freak[2]... I'm just trying to follow what the doctors suggest. But as I was washing my hands and thinking about whether or not people would think I was a clean freak, I got to thinking about people who REALLY do hate to get their hands dirty. Sometimes we call these people... neat freaks[3].

There are some people who refuse to wash dishes.
There are some people who have never changed a baby's diaper.
There are some people who have never planted a plant in the soil.

There are some people who have never played in the mud. There are some people who will absolutely NOT clean the toilet.

I have done all these things and more. I think it's important to get our hands "dirty" once in a while. Sure, we should protect our hands with gloves when we wash dishes or work outside, but it's the actual motion—of "lowering" the self, or going beyond the self[4] to clean, or whatever—that's the challenge. When you do it for others, it's truly a sacrificial act. That's why moms are so amazing.

TALK ABOUT IT

1   Did your mom clean up after you, or did you clean your own room?

2   When was the last time you cleaned your house or car by yourself?

3   Are there certain things that you'd rather NOT do when it comes to cleaning?

4   Do you have a problem getting dirty? I think it's fun. :)

5   Have you ever refused to do something because it was too "dirty"?

6   What do you think of people who believe that certain activities are "beneath" them?

7   How can you make cleaning more fun?

8   How do you feel when someone messes up something that you've just cleaned?

9   How often should we clean our houses?

10 Should kids get paid if they help out with the cleaning?

1 **for good measure** as a way of making something complete or better   2 **clean freak** a person obsessed with being clean   3 **neat freaks** people who like everything to be neat; people who always straighten things up   4 **go beyond the self** to do more than one is normally capable of

Crying... Tears

I don't cry much. Of course, when I was really young, crying was not a big deal[1]. But as one gets older, crying becomes a big deal. I was never a crybaby[2]. I mean, I never cried more than other kids. But I wasn't cold-hearted either.

The last time I really cried—I mean I wept—was when I saw the Korean movie "Jibeuro 집으로." I was bawling[3] when I saw that movie. I thought of my grandmother, who had passed away a few years before, and I missed her really badly. She was such a giving person.

I don't normally go and watch tearjerkers[4]. I prefer a good comedy or an action film. But once in a while, I'll see a movie that pulls on the heartstrings[5] and makes me tear up.

Some actors are good at making themselves cry. For some actors, it comes easier than others. Some actors force themselves to keep

their eyes open, and then their tears start welling up. I wonder if they ever use cut onions?

1 When was the last time you had a good cry?

2 Is it easy for you to cry?

3 Do you respect an actor more if he can make the tears flow easily?

4 Do you prefer a friend who gets emotional and maybe cries once in a while or a "tough friend" who is really consistent and never cries?

5 Did you ever see one of your parents cry?

6 What makes you cry?

7 Do you think less of a person when he is crying?

8 When is it okay to cry? When is it not okay to cry?

9 What does the expression "don't cry over spilt milk" mean?

10 Have you ever cried "tears of joy"?

1 **not a big deal** minor; nothing important   2 **crybaby** a person who cries a lot; a person who complains a lot   3 **bawl** to cry very hard; to sob   4 **tearjerker** something emotional (movie, TV program, story, etc.) that makes people cry   5 **pulls on the heartstrings** to make people emotional

New... and Renew

A new day... a new week... a new month... a new year... who cares? What's the big deal? Let's face it[1]... it's just another day. It's just another week. It's just another month... and year! Is it really special? Should it have more meaning just because it's new? Isn't it just part of life continuing and flowing onward[2]?

Perhaps it is.

Perhaps things have meaning because we give them meaning. Perhaps a day is special because we attach more significance to it than other days. Perhaps things really aren't "new." We just think they are. We just label them "new."

But because we have the power to call things "new"; because we can look at things with "new" eyes; because we can approach a situation with a "new" perspective, then there is hope for change if we want it. If I make a mistake and hurt my friend's feelings, I want a fresh start[3]. If I fail to reach my goal, I might change my

goal a little and start again rather than just give up. I can use all that I've learned and seen and experienced and make things "new." I can become fresh. I can become different. I can grow. I can be "new."

TALK ABOUT IT

1 What would you like to start over?
2 If you could change something this day, this week, this year, what would it be?
3 Is there someone you'd like to call and re-connect with?
4 Is there a relationship you'd like to renew?
5 What's stopping you?
6 Is it easy or difficult to start over? Why?
7 What time of year makes you think of new beginnings?

---

1 **Let's face it.** Admit it; To tell the truth.   2 **flow onward** to continue forward; to move forward
3 **fresh start** a complete change in your way of life or the way you do things

Good Ideas... Inventions... Designs

I recently had a little time to walk around and shop. As I slowly walked the aisles of the store, I was amazed at the variety of products. There were so many different types of food and things. Things we need... and things that are normally considered luxuries. But as I was looking at the seemingly endless amount of things to purchase, I got to thinking about how these things came from someone's ideas. All of the gadgets and products and concoctions[1] of food—they all came from someone's imagination... and creativity. I'm sure a few good things were created by accident... but most of the products I saw must have taken a long time to create.

Once in a while, I'll be walking along, and an idea will pop into[2] my head. It could be about clothes. It could be about the design of a building. It could be about a machine that could be more effective, or so I think. Does that ever happen to you?

Let me think... what would I like to invent? Ah, how about this?

You know the normal water dispensers in offices? There is usually a 5-gallon plastic thing of water upside down. You can choose "hot" or "cold" water, right? Well, I'd like to see a middle tap that simply offers you the choice of water at room temperature[3]. Most of the time, I don't want hot water OR cold water. I simply want water that I can gulp down[4]. If it's too hot, I burn my tongue. If it's too cold, I get a "brain freeze" headache[5]. So I would invent a middle tap that would allow people like me to take the water just as it is in the larger container. That's just an idea.

TALK ABOUT IT

1. Have you ever thought of inventing something?
2. Have you ever thought of a better way to do something?
3. Have you ever seen something and thought, "Gosh, I could make something like that?"
4. Are you good at making things with your hands?
5. Did you ever make a secret language or secret words with friends?
6. Have you ever created your own recipe or fusion food?
7. Can you sew?
8. Did you ever make a piece of clothing or think about it?
9. Do you ever get sick of the speed of technology?
10. Do you wish the world of inventions would slow down a little?
11. What do you do with your good ideas?

1 **concoctions** mixtures of something like food or drinks; creations   2 **pop into** to go somewhere quickly; to move something quickly   3 **room temperature** 68 degrees Fahrenheit; 20 degrees Celsius   4 **gulp down** to drink quickly   5 **"brain freeze" headache** a sudden headache one gets from eating or drinking something cold very quickly

I generally get overwhelmed when I go shopping.

Shopping: Too Many Things to Buy

The kids are about to start a new semester, so we did some "back-to-school shopping." We got pencils, color pen sets, erasers, and the latest bags on wheels. That's right, now they have little backpacks that you can pull behind you, like luggage, as you go to school. I think it's a great idea because most students carry bags full of books all day long. And I'm sure it messes up their backs[1].

Anyway, as the cashier rang up[2] the mound of goods, I started thinking about shopping in general.

I think I've mentioned this before, but I get tired when I shop. It doesn't matter if I take a nap in advance. I generally get overwhelmed when I go shopping, and I end up getting really tired. The only way for me to effectively shop is to write a shopping list in advance and quickly buy the things on the list before I get lost in the aisles. Really good stores have places for kids to play and places for men to sit.

I am always amazed at the way people fail to round prices up[3]

when they shop. When my wife tells me the price of something, she tells me the EXACT listed price. For example, a book might be 9,950 won. She will say, "Hey, let's get that book. It's only 9,950 won." I then reply, "Honey, it's 10,000 won." It may be cheap, but it's easier to calculate when you round up. AND you aren't fooled into thinking that it's cheap because 9 is less than 10. Whoever created the "999" rather than "1000" strategy of marketing was a genius.

Sales are also deceiving. People get excited about the percentage they are saving rather than the amount they are spending. Even if something is 90% off, the question you have to ask is, "How much am I spending?" NOT "How much am I saving." Shopping is not that easy. I wonder if it should be an Olympic event...

TALK ABOUT IT

1 Do you like to shop?
2 When you shop, what is the most important thing? Price, value, comfort, or name brand?
3 Where do you normally shop?
4 How often do you shop?
5 Do you shop alone, or do you prefer to shop with others?
6 Do you go bargain hunting, or do you just get what you want?
7 Do you purchase items over the Internet?
8 Do you watch home shopping channels and buy things that way?
9 Do you know any shop-a-holics?
10 Do you ever negotiate lower prices when shopping?

1 **mess up someone's back** to cause back problems; to hurt someone's back 2 **ring up** to add; to determine the price 3 **round prices up** not to use the exact number but to use the closest number that ends in zero

Welcome What Comes... or Run?

Some people say that we should welcome whatever comes our way. If unpleasant things, like criticism or unwanted change are directed at us, that's all the better[1]. The best way to deal with it is by absorbing it. If we can digest whatever hits us, then we can handle anything. There is no such thing as a "problem." There are only challenges for us to grab by the horns[2] and conquer. I admire people that are tough like that.

The truth is, it's much easier said than done[3]. If someone says something that isn't complimentary, we take it hard[4]. If an unwanted change faces us, we whine and try to avoid it. We would rather side step[5] a challenge if we can.

I guess it's possible to prepare for some challenges. In the same way that we take a practice test before we take a real test... or the way that we train before a race, we can also do some preparation for certain challenges. Before a speech, we can practice giving that speech to our friends. It's better to get criticism from a

friend who cares about you than from a person in your company who might want to take your job! Before an interview, we can do our best to prepare answers to questions we know will come our way.

I wish I could prepare for every challenge that comes my way. The motto of the Boy Scouts is "Be prepared." But life always throws us surprises, so we can only do our best. Having a good attitude and welcoming the challenges and changes... seems like the best way to go.

TALK ABOUT IT

1 Do you think humans are naturally lazy?

2 Is it because we dislike changes that we would rather not face a challenge?

3 Do you consider yourself a person who truly welcomes whatever comes your way?

4 Do you actively look for the "front line" where change takes place?

5 Are you the type of person who sets a trend or follows it?

6 OR... do you ignore trends completely?

7 How do you prefer to solve problems?

8 Do you like working on problems alone or with a partner?

9 How do you cope with sudden changes in your routine?

10 What are some ways to deal with harsh criticism?

1 **all the better** better; even better than before 2 **grab by the horns** to try something challenging; to try to solve a problem head on 3 **easier said than done** to be easy to talk about but difficult to solve 4 **take it hard** to be very upset about something 5 **side step** to avoid something; to move to the side

Pictures... Photos

They say that a picture paints a thousand words. I have to say I agree. I love photographs. I used to be crazy about taking pictures. I used to take a lot of black and white photographs and disappear into the dark room[1] for hours just to make pictures. I enjoy taking pictures and looking at pictures. One of my favorite photographers is Ansel Adams. But I don't like to take pictures of places or things without people I care about IN the photos.

Recently, because of my cheap digital camera, most of my family photos are saved in my computer. I haven't printed out photos or had them developed[2] for a long time. I should get some done because I have a bunch of empty albums ready. I also  have some nice wooden picture frames. I try to take pictures of the kids because they are growing up so quickly. I want to capture them while they are kids... before they grow up on me.

I often think about taking pictures with "famous" people that I sometimes work with, but I'm a bit embarrassed. But other than that, when it comes to[3] taking pictures, I'm really not that shy. I like to make funny expressions and have fun while taking pictures. I also don't have a problem asking someone to take a picture of my family and me. :)

TALK ABOUT IT

1 Are you photogenic?
2 Do you have a "better side"?
3 Do you have lots of photo albums at home?
4 Are you shy when it comes to asking people to take your picture?
5 How often do you look at your childhood pictures?
6 Are you good at taking pictures?
7 Do you have a digital camera?
8 Do you send digital pictures to your friends often?
9 Are you any good at those programs where you can manipulate digital photographs?
10 When was the last time you had a family photo taken?

1 **dark room** a dark place where pictures may be developed without ruining the film
2 **develop** to convert film into pictures   3 **when it comes to** as for

Our Environment... Being Influenced

The more science advances, the more we hear about our DNA... our blueprints[1]... the things that kind of make us what we are. The truth is... I usually don't spend too much time thinking about my DNA... I can't control my DNA. But I DO spend a lot more time thinking about my environment. My environment makes me what I am. I am influenced a lot by my surroundings. It pushes me in different directions. It helps to define who I am and how I do things.

If I am surrounded by warm-hearted people, chances are[2] I'll be a warm-hearted person. If I am surrounded by lazy people who would rather sleep than go for a walk, I too will find sleep a more attractive choice than a stroll through the park. My friends and family influence me. The people I work with influence me. The people I interact with influence me. The books I read and the Internet I see are also a part of my environment.

So if I have a goal of... let's say... learning a language like English, I need to make sure that my environment has some English in it. It could be a radio show, a television show, a book I take with me every day... good songs... good Internet sites... lots of things to help me improve and learn. My environment can help me. If I have a goal. BUT if my environment has nothing to do with[3] that goal... well, it's going to be hard to accomplish that goal.

TALK ABOUT IT

1 Is your environment helping you to accomplish your goals?
2 If not, what would you like to change?
3 Are you easily influenced by what people say and do?
4 Do you follow trends quickly?
5 Do you avoid certain people or things that you know will influence you in a way that make you feel bad?
6 The older we get, the less we get swayed—do you think that's true?
7 How have you been influenced by your friends in good and bad ways?
8 How do you think you are a "product" of your environment?

1 **blueprints** plans, usually of a building   2 **chances are** it's possible that...   3 **have nothing to do with** to be unrelated to something

Being an Influence...
Controlling the Environment

I am always amazed at myself at how I let myself get so worked up[1] about things that I can't change. There will always be things that bother us. There will always be things that we want to change. There will always be things that make us unhappy. But if they are outside our sphere of influence[2]... if they are things we can't change, why do we worry needlessly? Why do we get stressed? It's just a waste of energy. All I can do is worry about what I CAN change. I have to worry about my immediate surroundings and what I can do to change my environment.

We have a lot of power to influence those around us. Even if it's a smile—like the song says "when you smile... the whole world smiles back at you." If we say something unkind, we can ruin a person's day[3]. If we are a "plus" wherever we go, people will want us around. People will want us on their team. They'll want us to

be a part of THEIR environment. Wouldn't it be great to choose what kind of environment we have?

1 Have you been able to control your environment?

2 Is your "sphere of influence" clear?

3 Do you get frustrated about things you can't control?

4 Have you seen the ways you affect others?

5 Who do you influence the most? Your kids? Your co-workers? Your students?

6 How can you be a good influence on people?

7 Have you ever regretted influencing someone in a bad way?

8 Do people take your advice seriously?

9 Have you ever been influenced by peer pressure⁴?

10 Do you often worry about things that you cannot change? What do you worry about the most?

1 **get so worked up** to become upset about something; to get overly upset   2 **sphere of influence** an area in which one has influence; an area in which one can affect other's thoughts or actions   3 **ruin a person's day** to make a person very unhappy or upset   4 **peer pressure** the influence that other people of your own age or social class have on the way you behave

Time off... Vacation

I haven't had a vacation in a while. I think I'll take one soon. I'm not sure where I'll go or what I'll do, but I'm kind of leaning towards[1] a place where I can go for long walks, breathe fresh air, and take some nice pictures. When I was a kid, I really looked forward to vacations. Summer vacations were the best. It was a carefree time[2]. As I became older and had to pay for my vacations, planning became important. Time and money are always the big issues. After having a family of my own, vacations are more complicated. If I go, my boss decides "when," my wife decides "where," and my kids decide "how."

A vacation is supposed to be a time when you get away from work and re-charge. It's a time to see something new. It's a time to expand your horizons[3]... especially if you travel. But it's easy for the opposite to happen. You can come back from a vacation feeling really tired. You can finish a vacation thinking, "I can't wait to get back to work!" And rather than expand your

horizons, you might merely deepen your debt. Vacations aren't cheap.

It's been a while since I had a vacation. I might take one soon.

TALK ABOUT IT

1 When was the last time you had a vacation?
2 Do you look forward to your next vacation?
3 How long is your "ideal" vacation?
4 Do you prefer a vacation in the country or an urban touring vacation?
5 Do you mind traveling with a group of people on a "package tour"?
6 Would you rather design your own vacation?
7 Do you find that you are often more tired after a vacation than you thought you would be?
8 Do you prefer an active vacation of touring or just hanging out on the beach doing nothing?
9 Would you rather travel frequently and cheaply or save up for a rare and expensive trip?

1 **lean towards** to tend to choose or support   2 **carefree time** a time with no worries   3 **expand one's horizons** to become more experienced; to learn about new or unfamiliar things

Transportation... Coming & Going

I got my driver's license when I was 16, and I've been driving ever since. But when I first came to Korea, I did a lot of hitchhiking. It was really fun to meet new people and ride for free. I did it when I was teaching at Hanseo University. After a semester, I soon bought a used car. I'm not a bad driver... since I used to be the "designated driver[1]" when I was in university (because I don't like to drink). Even so... I can't lie. I've violated the law a few times. If I am in a hurry, I'll sometimes speed[2].

I found that driving in New York was tough. But driving in the back alleys of Korea is even more of a challenge. Without clear road signs, finding my way around is often a major adventure. But in Korea, the public transportation system is fantastic. And I'd rather take the subway than a car any day. When I take the subway, I can predict almost exactly when I will arrive somewhere. With a car, I can never be sure because of the traffic. The subway is my favorite form of public transport. It's smooth

and convenient. But sometimes, I have to take buses to out-of-the-way places[3].

Buses are always my second choice after those smooth underground centipedes[4]! Trains and buses are fine for travel between cities, but within the city, I would rather avoid buses. The biggest reason is my height. I'm a bit tall, and I end up dusting the inner roofs of buses with my curly hair. "Village buses" are the worst. I have to bend over when I ride. If I have time, I walk rather than take the bus. Anyway, I am happy to live in an age where public transportation is so convenient. I'm sure you'd agree.

TALK ABOUT IT

1 How often do you take public transportation?

2 Do you have a bus pass?

3 Do you have a driver's license?

4 Do you know any "backseat drivers" or people that nag the real driver about their driving?

5 Have you ever received a ticket for breaking the law?

6 If you are late for a meeting, do you sometimes speed?

7 Do you mind paying for parking, or do you sometimes park illegally?

8 Have you ever been in a car accident? If so, whose fault was it?

9 What kinds of things make someone a "good" or "bad" driver?

10 Can you think of any ways public transportation could be improved? How about the roads?

---

1 **designated driver** a person who does not drink but drives for people who are drinking
2 **speed** to go faster than the speed limit; to drive too fast   3 **out-of-the-way place** a place that is hard to get to; a place that is not located near other places   4 **centipede** a small insect with a long, narrow body and many pairs of legs

Phones... and Calls

I recently met a friend who had a mobile phone that was so amazing it would have made James Bond green with envy[1]. It had so many functions... from an Internet hook-up, camera, and MP3 player, to a navigation system. In a nutshell[2], it was a portable computer that could make phone calls. Wow! What a tool. There is no doubt in my mind that Korea is one of the most cutting-edge[3] countries when it comes to technology. But has our ability to communicate improved and developed as much as technology has? I don't know about that.

Sometimes, rather than being a tool to help us communicate, our phones become something that get in the way. They hurt rather than help. For example, we might be so focused on our phone that we miss something beautiful around us. We might forget to turn off our phone during a movie and disturb others. We often become dependent on our phones and take calls when it might be better to wait... and call someone back after our conversation. Do we have to interrupt our conversation just to take a call?

I have "caller ID[4]," and I always call people back, but I wish people would leave more messages. Leaving a message for someone on his answering machine is a lot less common in Korea than it is in the West. And when people do leave messages, they often leave their contact information too quickly, so I have to listen to the message several times to understand it.

Sometimes, I like to turn my phone off even for the day. I wish more people would put their phones on "vibrate" mode or even "light" mode, so I don't have to listen to phones going off all day. I clearly have a love-hate relationship[5] with these fabulous phones. :)

TALK ABOUT IT

1   Do cell phones ever disturb you?
2   Are you ever inconvenienced by your "convenient" phone?
3   What part of the cell phone culture would you like to see changed?
4   Do you think it's rude to talk loudly on your cell phone in a subway?
5   What do you do when you get an important phone call in a place where you don't want to talk?
6   Did you ever take a phone call while you were watching a movie?
7   What do you like the most about your phone?
8   What do you dislike the most?
9   How long can you "live without" your cell phone?
10 Are you concerned that your cell phone might have a negative effect on your health?

1 **green with envy** jealous; envious   2 **in a nutshell** briefly   3 **cutting-edge** very new; high-tech; advanced   4 **"caller ID"** a function that allows a person to see which telephone number is calling   5 **love-hate relationship** a relationship where one's feeling about someone or something often change between love and hate; a relationship where two people often argue

Man vs. Animal

I always enjoy watching nature shows. Since I rarely get to see animals in their natural habitat in person, seeing them doing what they normally do on television is the next best thing[1]. I was recently watching a show on animals in Africa thriving when the weather is good and surviving when the weather is not so good. Then I got to thinking about us... humans... and how in some ways we thrive or survive depending on the social or economic climate that surrounds us.

Then I thought, "What makes us so special? How are we different from animals?" Of course, we are like animals. We eat, drink, sleep, grow, make families, and pass on. We are at the top of the food chain[2]. We can kill other animals for food if we want. But animals kill for need. Humans sometimes kill out of anger. We can tame animals, but animals can't tame us. :) Humans can help other humans and animals in need. Sure, some pets are known to have rescued their owners, but it's rare for an animal to save a human.

If animals think much, they don't really show it. Humans, on the other hand, sure do a lot of thinking. We dedicate thought to philosophy. We contemplate our own deaths. We write books.

We create art. We spend leisure time doing things… just for fun, Just to enjoy life, not because we have to do those things to survive.

It seems like humans are not really satisfied with themselves. We are into self-improvement[3]. We also go overboard[4] and go to extremes because we are hard to satisfy. We get surgery and change the way we look. Animals know how to live harmoniously in their natural environment. We shape our environment to fit our needs… and sometimes destroy that natural environment. There are few famous animals in history. There are many famous people who are remembered for what they have done. Human history is full of triumphs of doing what was thought to be impossible. Humans can do amazing things, but so can animals. :)

TALK ABOUT IT

1   How are humans and animals different?
2   When do you feel special?
3   Have you ever felt that you have done something that was almost divine?
4   How about the opposite?
5   Have you ever felt treated like an animal by other humans?
6   Do you know any famous animals?
7   How have animals helped humans?
8   If you could be an animal, which animal would you become?
9   Which animal do you think is the smartest… or the least intelligent?
10 How have humans negatively affected the lives of animals?

1 **the next best thing** the second best thing   2 **food chain** the animal hierarchy   3 **into self-improvement** interested in making oneself better   4 **go overboard** to do too much; to overdo something

Graduation... and Moving on

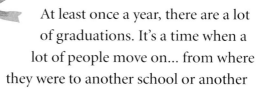

At least once a year, there are a lot of graduations. It's a time when a lot of people move on... from where they were to another school or another class.... or out into the real world. "To graduate" means to take a step forward—to move onward and upward. I can remember my high school graduation, my graduation from university, and even my graduation from graduate school. Each of those graduations was nice. I took pictures. I got flowers. I hugged my parents. I had mixed emotions[1] about moving on. I wanted to stay and have more fun, but I also wanted to move on.

When we hear the word "graduation," we naturally think of graduating from school. But I think it's possible to graduate from different places or stages in life. I worked in a company in New York for about 3 years. At one point[2], I felt that I could not learn anything else from the company or the people I was working with, that I had hit a ceiling[3]. I felt that it was time to move on. The way that I describe that "moving on" is... a

"graduation."

Sometimes we are thrown out into the world or to the next level, whether we are ready or not. Other times, we get to choose when we want to move on. I have experienced both. I prefer the second one, where I have a choice. I like to choose "when" and "how." But we don't always get what we want. Since we can learn from every experience that we have, each experience can be a "stepping stone[4]" for us to be better people. I know that I take lessons with me every time I graduate... but sometimes I can be a slow learner! I wonder when my next graduation is going to be...

TALK ABOUT IT

1 How many times have you graduated?

2 How have you felt when you graduated?

3 Do you wish you could go back and change some things from school? If so, what?

4 Some people don't like to talk about the school they graduated from, why is that?

5 Have you ever chosen to "graduate" or move on from a company? Why?

6 Did you ever go to a class reunion? How was it... or why didn't you go?

---

1 **have mixed emotions** to have positive and negative feelings   2 **at one point** once; at a certain time   3 **hit a ceiling** to be unable to improve; to be unable to rise higher   4 **stepping stone** something that helps one as a person tries to improve

아이작의 테마토크 120

Isaac's Theme Talk: 120 Topics to Talk About

Comprehension
Guide 해설편

001   What's New?

새로운 일 없어요?

'새로운' 것을 냄새 맡거나, 보거나, 들을 수 있을까요? 그럴 수 있을 것 같은데요.

'신학기용' 새 옷이나 가방, 공책, 연필 등의 냄새를 맡아본 적 있으세요? 학교에서는 온갖 새로운 것들과 새로운 일정, 또 선생님들을 볼 수 있죠.

친구들이 모여서 여름방학 동안 뭘 했는지 얘기하는 소리를 들을 수 있고요. 라디오에서 새로운 소식들을 들을 수도 있지요!

사람들과 인사를 할 때 쓰이는 표현 중 "What's new?"라는 말이 있습니다. 사람들은 항상 새로운 소식을 듣고 싶어하죠. 친구들의 생활에 뭔가 새로운 일은 없는지 궁금합니다. 새로운 패션도 좋아하고요. 새로운 기술을 즐깁니다. 또 하나 빼놓을 수 없는 것, 좋아하는 영화 배우들에 관한 '새로운' 최신 뉴스도 잊으면 안 되지요!

새로운 것은 멋집니다. 신나죠. 하지만 새로운 것 때문에 불안한 경우도 있습니다. 저는 동창생들 그리고 제가 늘 보고 들었던 사람들이 그립습니다. '새로운' 것이란 어떤 것에 익숙해져야만 하는 것을 뜻하니까요. '새' 신발이 좋기는 하지만 발이 불편한 경우도 있잖아요. 익숙해지려면 시간이 필요하죠.

'새로운' 하루, '새로운' 일주일, '새로운' 계절까지. '새로운' 태도를 가지고 '새로운' 것들을 맞이해야 할지도 모르겠군요. 이제 '새로운' 모험을 해야 할 때입니다.

새로운 하루가 기다리고 있습니다. 그 하루를 내 것으로 만들어야지요.

여러분도 그렇게 생각하면 좋겠네요!

TALK ABOUT IT

1. 여러분은 새로운 것들을 좋아하나요?
2. 어떤 새로운 것을 좋아하나요?
3. '새로운'이라는 말을 들으면 뭐가 생각나요?
4. 최근에 했던 새로운 일에 대해서 말해볼래요?
5. 앞으로 어떤 새로운 일을 하고 싶어요?
6. 새로운 곳에 가는 것을 좋아하나요?
7. 새로운 것에 적응하는 데 얼마나 걸려요?
8. 새로운 것이 편한가요, 아니면 불편한가요?
9. 새로운 사람들을 만나는 것을 좋아하나요?

---

1 **back to school** 신학기의   2 **all sorts of** 온갖 종류의, 여러 가지의   3 **What's new?** 뭐 새로운 일 없어요?; 별일 없어요?   4 **get used to something** 어떤 것에 익숙해지다

002 Mom... the Toughest Job in the World

엄마는 세상에서 가장 힘든 직업

저를 아시는 분이라면 제가 언제나 '엄마' 또는 '가사 공학자'를 세상에서 가장 힘든 일이라고 표현한다는 것을 알고 있을 겁니다. 엄마들은 정말 많은 역할을 맡고 있고 또 그 일을 동시에 해내야 합니다.

요리, 청소, 물건 사기, 아이들 교육, 기타 등등.

문제는 그것이 반드시 세상에서 가장 힘든 직업이어야 하느냐 하는 겁니다. 그렇게 힘들어야만 하는 걸까요?

저는 지금보다 쉬워질 수 있다고 생각합니다. 먼저 아빠들이 더 많이 도우면 되죠. 그거야 뭐 말할 것도 없는 사실이고요. 제 생각엔 아이들도 더 많이 도울 수 있을 것 같아요. 엄마들은 아이들을 위해 너무 많은 일을 해줍니다. 그건 아이들 버릇을 망치는 일이에요. 아이들에게 조금이라도 청소하는 것을 가르쳐야 합니다. 자신이 어질러 놓은 것은 자신이 치울 수 있는 나이가 됐는데도 왜 엄마가 계속해서 그 일을 해주죠? 저는 이해할 수가 없습니다.

물론 아이들은 공부를 해야 하죠. 하지만 자기가 어질러 놓은 것을 치우는 것도 그들의 책임입니다. 아이들을 버릇없게 만들면 '세상에서 가장 힘든 일'이 더욱 어려워질 수 밖에 없습니다. 아이에게 정리하는 버릇을 가르치는 것은 아주 중요한 기술을 가르치는 것입니다. 자기자신을 돌보고 더욱 책임감을 가지도록 하는 거지요.

현자가 말씀하길 "사람에게 물고기를 주면 하루 동안 먹지만, 물고기 잡는 법을 가르쳐주면 평생 먹게 할 수 있다."고 했습니다. 저도 그 말에 동의합니다. 그러고 보니 이 말을 생각해낸 사람이 어머니였는지도 모르겠네요.

TALK ABOUT IT

1. 여러분의 어머니는 어떤 분이세요?
2. 여러분도 '엄마'가 세상에서 가장 힘든 직업이라고 생각하나요?
3. 여러분은 매일 엄마를 어떻게 도와드리나요?
4. 아빠들은 엄마를 돕기 위해 어떤 일을 할 수 있을까요?
5. "사람에게 물고기를 주면 하루를 먹지만, 물고기 잡는 법을 가르쳐주면 평생 먹게 할 수 있다."는 말을 여러분은 어떻게 생각하나요?
6. 힘든 직업에는 또 뭐가 있을까요? 왜 힘들까요?
7. 여러분의 어머니에게는 여가 시간이 있나요? 마지막으로 휴가를 다녀오신 때는 언제입니까? 혹은 마지막으로 아버지와 데이트를 한 때는요?
8. 여러분의 어머니는 여러분을 버릇없이 기르시나요?
9. 여러분이 대신할 수 있는 일을 어머니가 하고 계신 일에는 무엇이 있나요?
10. 어머니가 여러분을 위해 하시는 모든 일에 어떻게 감사의 표현을 하나요?

1 **many hats to wear** 여러 가지 많은 일[역할]을 하다   2 **on and on** 계속해서, 쉬지 않고
3 **no doubt** 의심할 여지가 없음   4 **come up with** 생각해내다

Teaching and Learning Responsibility

책임감에 대해 가르치고 배우기

"물고기 잡는 법을 가르쳐주면 평생 먹게 할 수 있다."

이론상으로는 그럴듯해 보이지만 아이들에게 '일하도록' 만드는 일이 현실적으로 가능할까요? 아이들은 공부도 해야 하고, 놀기도 해야 하고, 아무튼 '일' 외에도 할일이 많으니까요. 아이들의 미래를 위해 '일'을 하는 것은 부모가 아닌가요? 하지만 바로 그렇기 때문에 아이들도 조금쯤 일을 해야 해요. 책임감을 배우는 것이지요. 그것이 그들의 미래를 위해 좋습니다. 아이들은 장난 감이나 책 등 자기들이 어지른 것을 뒷정리하는 정도는 할 수 있어야 해요. 다음과 같은 일들도 할 수 있겠죠.

쓰레기를 버린다. 재활용품을 분리한다. 빨래 개는 것을 돕는다. 집안의 먼지를 턴다. 바닥을 닦는다.

좀더 큰 아이들은 식탁을 차리거나 설거지를 할 수도 있죠. (사실 우리집에서 설거지는 제 몫입니다.) 위에 열거한 것은 아이들이 할 수 있는 일의 몇 가지 예입니다.

물론 이 얘기를 듣고 '신데렐라' 얘기가 제일 먼저 떠오를 수도 있겠지만, 아이들에게 하루종일 일만 하라는 것은 아닙니다. 자신이 맡은 '집안일'은 하루에 한 번 할 수도 있고 일주일에 한 번 할 수도 있습니다. 어쨌든 그것이 엄마의 일이 아니라 자신의 일이라는 것을 기억하는 것이 중요합니다. 아이들 교육은 즐거워야 한다는 것에 대부분 동의합니다. 아니면 아이들이 지겨워할 테니까요.

집안 청소를 할 때 우리는 가끔 음악을 틀어 놓습니다. 가족 모두 함께 청소를 하기도 하고요. 예를 들어 바닥을 닦을 때는 젖은 걸레를 각자 두 개씩 준비해서 '스케이트'를 타고 방안을 돌아다닙니다. 또 우리는 세차도 함께 하지요. 이렇게 같이 청소를 하면 서로 에너지를 주고받을 수 있습니다.

하지만 책임감을 기르기 위해서는 어떤 일을 혼자 하는 것이 매우 중요합니다. 언제나 '의존적인' 아이는 부모를 힘들게 합니다.

TALK ABOUT IT

1. 아이들에게 집안일을 시키는 것이 가혹한 일일까요?
2. 여러분의 아이들이 맡아서 하고 있는 집안일이 있나요?
3. 흔히 하는 집안일에는 어떤 것이 있을까요?
4. 집안일을 함으로써 아이들은 무엇을 배울 수 있을까요?
5. 집안일을 좀더 쉽게 하는 방법에는 뭐가 있을까요?
6. 아이들이 얼마나 자주 집안일을 하는 것이 좋을까요?
7. 아이들이 해서는 안 될 집안일은 뭘까요?
8. 집안일을 하지 않는 아이들에 대해서 어떻게 생각하나요?
9. 여러분은 어렸을 때 어떤 집안일을 했나요?
10. 그 일을 하는 것에 대해 어떻게 생각했나요?

---

1 **in theory** 이론상으로   2 **clean up after oneself** 뒷정리하다   3 **fold the laundry** 빨래를 개다
4 **come to mind** 생각나다, 떠오르다

004 Nice Surprises

뜻밖의 반가운 일

여러분은 뜻밖의 일을 좋아하나요? 물론 뜻밖의 '나쁜' 일도 있습니다. 선생님이 갑자기 쪽지시험을 낸다든가 예상치도 못한 청구서가 날아온다거나 하는 일 말이에요. 그런 건 정말 달갑지 않은 일입니다.

하지만 뜻밖의 반가운 일들도 있죠. 누가 깜짝 파티를 해준 적 있나요? 친구들과 가족들이 그렇게 놀라게 해서 정말 기분 좋지 않았나요? 특히 그들이 내 생일을 잊어버렸다고 생각하고 있을 때 말이죠.

어떤 사람에게 전혀 예상치 못한 선물을 준 적이 있나요? 선물을 주었을 때 어떤 표정이던가요? 아주 기쁜 표정이었겠지요.

깜짝 전화는 어때요? 예상치 못한 뜻밖의 전화 말이죠.

그런 일들이 가장 반갑고 기분 좋은 뜻밖의 일입니다. 별 이유 없이 누군가에게 전화를 걸었던 적 있나요? 그냥 그 사람의 목소리가 듣고 싶어서 혹은 옛날 그리운 얘기를 하고 싶어서 혹은 그냥 안부를 전하고 싶어서….

그런 일들이 제가 가장 좋아하는 뜻밖의 일들이랍니다.

깜짝 파티나 깜짝 선물, 깜짝 전화 같은 것은 아무래도 예상했을 때보다는 더욱 큰 기쁨을 줍니다. 왜 그런지 모르겠어요.

저는 가족들에게도 그런 깜짝 선물을 하려고 노력합니다. 아내에게 꽃을 사다주기도 하고 아이들에게 무언가 주기도 합니다. 그럴 때 그들의 표정을 한번 봐야 해요. 저까지 기분이 좋아진다니까요.

여러분도 한번 다른 사람들을 깜짝 놀라게 해보세요. 여러분 덕에 그들은 아주 즐거운 하루를 보내게 될 테니까요. 그럼 여러분의 하루도 즐거워지죠.

TALK ABOUT IT

1. 최근에 누군가에게 즐거운 깜짝 놀랄 일을 해준 것이 언제인가요?
2. 여러분은 뜻밖의 일을 좋아하나요?
3. 깜짝 파티를 한 적이 있나요?
4. 누군가 여러분을 깜짝 놀라게 해준 적은요?
5. 여러분이 경험한 기분 좋은 뜻밖의 일은 무엇인가요?
6. 좋지 않았던 뜻밖의 일은요?
7. 누군가에게 깜짝 선물을 준 적이 있나요?
8. 그 사람의 반응이 어떠했나요?
9. 깜짝 전화를 한다면 누구에게 하고 싶은가요?
10. 그런 깜짝 놀랄 일에 대한 사람들의 반응은 대개 어떤가요?

1 **pop quiz** 예고 없이 보는 쪽지시험 2 **out of the blue** 뜻밖에, 불시에 3 **catch up on old times** 옛 이야기를 하며 회포를 풀다 4 **the look on one's face** ~의 얼굴 표정 5 **make one's day** ~을 즐겁게 해주다

Quality Time on the Weekend

주말에 가족과 보내는 소중한 시간

주말에 계획이 있나요? 있으면 좋겠네요. 없다면, 지역 신문이나 인터넷에서 문화란을 한번 살펴보세요. 아니면 그냥 앉아서 뭘 할지 생각해보세요.

저는 이번 주말에 간단한 자동차 여행을 갈까 생각하고 있습니다. 몇 군데 마음에 두고 있는 곳은 있지만, 아내와 저는 어디로 갈지 아직 확실히 정하지 못했어요.

주말에 뭘 할지는 날씨에 크게 좌우됩니다. 날씨가 좋고 따뜻하면 물놀이를 종종 하죠. 집 밖에서 물총을 쏘면서 놀 수도 있고요, 바다에 가서 첨벙거리며 놀 수도 있습니다. 아주 추운 날은 썰매를 타고 노는 것을 좋아합니다. 인공 슬로프에 가서 돈을 내고 썰매를 탈 수 있지요. 하지만 상자 하나를 주워 와 이웃집 아이들과 미끄러운 언덕을 미끄러져 내려오는 것도 재미있습니다.

이번 주말은 어떻게 계획하고 있습니까? 볼링이나 쇼핑, 박물관을 둘러보는 등 실내 활동을 할 계획입니까, 아니면 하이킹이나 자전거타기, 걷기 등 야외 활동을 할 계획입니까? 물론 집에서 보드게임을 하거나 가족 모두와 함께 비디오를 볼 수도 있겠죠. 가끔 우리는 조각그림 퍼즐을 사다가 식탁에서 맞추기도 한답니다. 그러면서 대화도 나누고요. 팀을 나눠 하면 좋죠.

저는 짧은 시간이라도 가족과 함께 가치 있는 시간을 보내려 합니다. 질적인 면을 신경 쓰지요. 여러분도 사랑하는 가족들과 양질의 퀄리티 타임을 가지길 바랍니다. 얼마나 많은 시간을 함께 보내느냐보다 얼마나 질적으로 좋은 시간을 보내느냐가 더 중요합니다. 중요한 것은 질이지 양이 아닙니다.

아셨죠, 아직 주말 계획이 없다면 잠시 생각해보고 하나 만드세요!

TALK ABOUT IT

1. 주말에 어떤 계획이 있나요?
2. 주말에는 대개 뭘 하나요?
3. 실내 활동을 좋아하나요, 아니면 야외 활동을 더 좋아하나요?
4. 운동이나 활동을 혼자 하는 편인가요, 아니면 다른 사람들과 함께 하는 편인가요?
5. 가족들과 어떤 활동을 하나요?
6. '퀄리티 타임'을 어떻게 생각하나요?
7. '퀄리티 타임'을 가질 수 있는 활동에는 뭐가 있을까요?
8. 계획을 세워서 뭔가를 하나요, 아니면 그냥 하고 싶을 때 하나요?
9. 가족과 함께 어디든 갈 수 있다면 어디를 가겠어요?

1 **check out** 확인하다   2 **road trip** 자동차 여행   3 **squirt gun** 물총   4 **quality time** 잘 보내는 시간, 가족과 함께하는 재미있고 가치 있는 시간   5 **focus on** ~에 집중하다

006 Red
빨강

영어를 배울 때 기억력이 좋으면 도움이 되지요. 하지만 상상력이 좋은 것이 더욱 큰 도움이 될 수 있습니다. 예를 들어, 영어에는 색깔을 나타내는 단어가 많지 않은 대신 표현하는 방법은 다양합니다.

가령, '체리처럼 빨간'이라든지 '피처럼 붉은'이라는 말도 있고요, '입술처럼 붉은'이라는 표현도 있습니다. 하지만 어쨌든 빨강은 빨강이죠.

여러분은 빨강 하면 뭐가 떠오릅니까?
저는 여러 가지가 떠오릅니다. 예를 들어,

맛있는 빨간 사과,
비싼 빨간 스포츠 카,
반짝이는 붉은 루비, 혹은
붉은 장미.

또 여러 가지 이미지도 떠오르는데요.

'적자'를 내고 있는 회사라든가, VIP고객에 대한 극진한 '붉은 카펫'예우라든가 하는 것 말이지요.

햇볕에 아주 심하게 타서 랍스터처럼 빨갛게 된 모습도 떠오릅니다.

또 화가 난 사람은 얼굴이 붉게 변하죠.

단어를 연상하는 연습은 영어 공부를 하는 데 도움이 됩니다. 자, 여러분도 연습하고 싶어하면 좋겠습니다.

TALK ABOUT IT

1. '빨강' 하면 뭐가 떠오르나요?
2. 가장 좋아하는 색깔이 뭔가요?
3. 빨간색은 어떤 기분이 들게 하나요?
4. 빨간 것에는 뭐가 있을까요?
5. 단어연상 게임을 해본 적이 있나요? 있다면 어떤 것을 연상했나요?
6. 상상력이 좋은 것이 언어를 배우는 데 도움이 되나요?
7. 상상력이 어떻게 도움이 될까요?
8. 영어를 학습하는 데 어떤 방법을 쓰나요?

1 **in the red** 적자 상태인 2 **"red-carpet" treatment** '붉은 카펫' 예우, 정중한 환대, 극진한 예우
3 **be in the mood to do something** ~할 마음이 내키다

Green

초록

날이 바뀌었으니 색도 바꿔보죠.

초록 하면 뭐가 떠오르나요?

저는 다음과 같은 것들이 떠오릅니다.

친구와 함께 거닐 수 있는 시원한 초록빛 숲,
음식을 싸 먹을 수 있는 초록색 상춧잎,
사람들과 나눠 먹을 수 있는 초록색 수박,
개굴개굴하며 도망가는 초록색 개구리.

또 이런 이미지가 떠오르기도 합니다.

남의 떡이 크다고 생각하는, 시기하는 (green with envy) 사람.

혹은

원예에 재능이 있어서 (a green thumb) 식물을 잘 키우는 삼촌, 그의 정원은 정말 아름답죠.

혹은

내게 프로젝트를 진행해도 좋다는 허락 또는 'go'사인 (a green light) 을 주는 상사.

혹은

아직은 아무런 경험이 없는 (green) 신입 사원.

TALK ABOUT IT

1. '초록'이라는 말을 들으면 뭐가 생각나요?
2. 초록은 어떤 기분이 들게 하나요?
3. 초록색인 것에는 뭐가 있을까요?
4. 'green'이 들어가는 숙어 아는 것 있어요?
5. 감정과 연관이 있는 색깔에는 (예를 들어 green with envy처럼) 뭐가 있을까요?
6. 초록색은 많은 것을 나타냅니다. 어떤 사람이 'green(돈, 지폐)'을 많이 가지고 있다면 그 것은 무슨 뜻일까요?

1 **green with envy** 시기하는, 질투가 난   2 **think that the grass is always greener on the other side** 옆집 잔디가 더 파래 보인다, 남의 떡이 더 커보인다   3 **have a green thumb** 원예의 재능 이 있다   4 **green** 경험 없는, 풋내기의; 돈, 지폐

Yellow

노랑

"오래된 참나무에 노란 리본을 매주세요…."

노랑 하면 뭐가 떠오르나요?

노란색은 제게 따뜻한 느낌을 줍니다. 태양의 색이니까요.

물론, 그 외에도 생각나는 것이 많지요. 예를 들어,

커다란 유리잔 속의 시원한 노란 레모네이드,
노랗고 커다란 바나나 송이,
혹은 오래되어 책장이 누렇게 변해가는 낡은 책.

하지만 또 이런 것도 떠오릅니다.

노란 해바라기가 가득한 들판,
아침에 떠오르는 노란 태양,
헤엄쳐 돌아다니는 형광 노란색 열대어,
삐약거리는 노란 병아리들.

왜 쉽게 겁을 먹는 사람을 'yellow (겁 많은)'라고 표현하는지 잘 모르겠어요. 때로는 'yellow-bellied (겁 많은)'라고 하기도 합니다. 그 또한 이유는 잘 모르겠어요.

노랑은 황금색에 가장 가까운 색입니다. 그러니 굉장히 좋은 색 아니겠어요? 하지만 전 부자가 아니니 노랑으로 만족하렵니다.

TALK ABOUT IT

1. '노랑' 하면 뭐가 떠오르나요?
2. 노란색은 어떤 기분이 들게 합니까?
3. 노란색인 것에는 뭐가 있을까요?
4. 'yellow'가 들어가는 숙어 아는 것 있나요?
5. 노란색과 비슷한 색에는 뭐가 있을까요?
6. 노란색은 뭘 상징할까요?
7. 노란색과 관련된 소설의 등장 인물을 몇 명 얘기해 볼래요?
8. 노란색은 문화마다 다른 것을 의미한다고 생각하나요?

1 **tropical fish** 열대어　2 **yellow** 겁 많은　3 **yellow-bellied** 겁 많은, 소심한　4 **settle for** ~으로 만족하다

Blue

파랑

"블루, 블루, 사랑은 블루⋯."

파랑 하면 뭐가 떠올라요?

파란색은 시원한 색깔이죠. 꼭 차갑지는 않지만, 시원한 색임에는 틀림없다고 생각합니다.

가을의 청명한 푸른 하늘은 정말 좋죠.

열대 섬 주위의 짠 푸른 바다. 누구 수영할 분 없어요?

차가운 물에서 너무 오래 수영을 하면 입술이 새파래질 수도 있어요! 저런!

파란색은 우울한 기분과도 연관 지을 수 있습니다. 누가 오늘 'feeling blue' 하다고 하면 기분이 우울하다는 뜻이지요.

다른 날보다 특히 더 힘든 월요일에는 'Monday blues (월요병)'에 걸릴 수도 있습니다.

친구가 오랫동안 전화를 안 하면 기분이 우울해질 수도 있지요.

아! 그렇지만,

전혀 생각지도 않았는데 친구가 전화를 하면, 그것은 'out of the blue (뜻밖의)'일이 됩니다. 기분 좋은 뜻밖의 일이 되겠지요.

오늘 누군가에게 전화나 한번 해볼까 해요. 한동안 연락 못했던 친구에게 말입니다. 그냥 그 동안 밀린 얘기나 하면서요. 흠⋯.

TALK ABOUT IT

1. '파랑' 하면 뭐가 떠오르나요?
2. 파란색은 어떤 기분이 들게 하나요?
3. 파란색으로 된 것에는 뭐가 있을까요?
4. 'blue'가 들어가는 숙어 아는 것 있어요?
5. 파랑과 비슷한 색에는 뭐가 있을까요?
6. 'out of the blue'가 무슨 뜻일 거라고 생각해요?
7. 'I'm feeling blue.'는 무슨 뜻일까요?
8. 'Monday blues (월요병)'에 걸린 적 있어요?

1 **being down** 우울한 2 **feel blue** 우울하다 3 **Monday blues** 월요병 4 **be in low spirits** 기분이 푹 가라앉다, 불쾌하다 5 **out of the blue** 난데없이, 뜻밖에

010 Black and White

흑백

모든 색깔은 특별합니다. 하지만 검은색과 흰색에는 뭔가 특별한 것이 있습니다. 제가 여기서 말하는 것은 둘의 조합입니다. 그것은 진짜 힘이 있지요.

흑백은 사람들을 집중하게 합니다.

대부분의 사람들은 흑백으로 꿈을 꾼다고 하지요. 왜 그럴까 궁금합니다. 저의 이론은 이렇습니다. 꿈의 세부적인 부분은, 예를 들어 누군가의 양말 색깔 같은 것은 꿈의 의미에 비해 별로 중요한 게 아니기 때문이라는 것이지요. 하지만 저는 전문가는 아닙니다.

다시 흑백의 얘기로 돌아가죠. 여러분은 흑백 사진을 좋아하나요? 저는 중학교 1학년 때 흑백 사진에 관심을 가지기 시작했습니다. 몇 시간이고 암실에서 제가 찍은 사진을 현상하곤 했지요. 고등학교 이전에 흑백의 매력에 빠지게 된 겁니다.

흰색이나 검은색 각각에 대해서도 얘기할 것이 수없이 많지만 두 색은 신문이나 흑백 영화, 미국 경찰차의 색깔에서처럼 따로 쓰였을 때보다 함께 쓰였을 때 더욱 강한 힘을 발휘하는 것 같습니다.

저는 모든 색이 다 그럴 거라고 생각합니다.

색깔은 각기 다른 뜻을 가지고 있습니다. 하지만 함께 쓰였을 때 그 의미는 완전히 다르게 변하기도 하죠.

TALK ABOUT IT

1. '검은색'이나 '흰색'하면 뭐가 떠오르나요? 또 두 색의 강력한 조합인 '흑백'하면 떠오르는 것은요?
2. 흑백인 것에는 뭐가 있을까요?
3. 'black and white'라는 말이 들어가는 숙어에는 뭐가 있을까요?
4. 흑백 사진을 어떻게 생각해요?
5. 흑백 사진을 더 좋아하나요, 아니면 컬러 사진을 더 좋아하나요?
6. 흑백 영화나 흑백으로 된 TV 프로그램을 본 적이 있어요?
7. 사람들 중에는 '색맹'인 사람이 있습니다. 색맹이 뭐지요?
8. 갑자기 색깔을 구분하는 능력을 잃게 된다면 여러분은 어떨 것 같아요?
9. 좋아하는 색상 조합이 뭔가요?

1 **there is something about** ~에는 뭔가 특별한 것이 있다   2 **black and white photography** 흑백 사진   3 **develop pictures** 사진을 현상하다   4 **fall in love with** ~와 사랑에 빠지다

Writing: Just a Letter
편지 쓰기

현대에는 아주 다양한 방법으로 의사소통을 할 수 있습니다.

문자 메시지,
이메일,
팩스,
전화.

하지만 편지에는 뭔가 특별한 것이 있습니다.

마지막으로 누군가에게 편지를 받아본 때가 언제인가요? 달랑 한두 줄 쓰여 있는 카드 같은 것 말고요. 요즘에는 다 만들어진 카드도 있지요. 이미 메시지가 가득 쓰여 있어 'To (누구에게)', 'From (누구로 부터)'만 채워 넣으면 되는 그런 카드 말이죠.

저는 최근에 아버지께 드릴 카드를 만들었습니다. 곧 생신이거든요. 가끔씩 시간을 내서 직접 손으로 편지를 쓰는 것은 여러분의 관심과 배려를 보여줄 수 있는 아주 좋은 일이라고 생각해요. 아버지께 드릴 카드를 만들면서 기분이 좋았습니다. 다시 초등학교 때로 돌아간 느낌이었거든요. 스티커를 붙이고 여기저기 색칠도 했지요. 그리고, 물론, 아버지가 제 아버지라서 얼마나 좋은지 모르겠다고 썼습니다.

지금은 타자 치는 것에 너무 익숙해져서 손으로 글씨를 쓰는 것이 힘듭니다. 천천히 쓰지 않으면 글씨가 아주 엉망이지요.

누군가에게 뭔가를 쓸 일이 있다면, 또 시간이 허락된다면 저는 직접 카드를 '쓰라고' 권하고 싶네요. 카드를 만들 필요까지는 없습니다. 하지만 '예전 방식으로' 메시지를 전하면 새로운 기분을 느낄 수 있을 겁니다. 보통우편은 도착이 느리긴 해도 기다리는 보람이 있답니다!

TALK ABOUT IT

1. 아직도 편지를 이용하나요?
2. 보통 어떤 방식으로 사람들과 의사소통을 하나요?
3. 어떤 방법으로 의사소통하는 것을 좋아하나요?
4. 얼마나 자주 편지를 쓰나요?
5. 마지막으로 편지를 쓴 것이 언제예요?
6. 글씨를 예쁘게 쓰나요?
7. 손으로 글씨 쓰는 것을 더 좋아해요, 아니면 타자 치는 것을 더 좋아해요?
8. 편지를 받으면 기분이 어때요?
9. 이메일은 얼마나 자주 체크하나요?

1 **text messaging** 휴대폰 문자 메시지 보내기 2 **snail mail** 보통우편(물), 편지 3 **fill in** (서류에) 써 넣다 4 **the old-fashioned way** 옛날 방식

012 Power Walk: Getting More Exercise

파워 워크: 운동 더 많이 하기

운동을 좀 해야겠다는 생각은 하는데, 또 그에 대한 얘기도 하고 글도 쓰는데, 사실 아직 별다른 시행은 하지 못했습니다.

그래서 지난번에 라디오 방송이 끝나고 좀 걸었습니다.

보통 때보다 조금 빨리 걸었습니다. '파워 워크'라고 할 수 있었지요. 그렇다고 너무 빨리 걷지는 않았어요. 그래야 걷는 것도 즐기고 '운동한다'는 느낌이 들지 않으니까요. 예쁜 꽃이 많이 피어 있더군요. 초록색 식물들도 제가 지날 때 한들한들 손을 흔들었어요.

걷는 것은 좋은 운동일 뿐만 아니라 밖에 있는 시간을 주기도 합니다. 가끔 너무 실내에서만 지내는 것이 아닌가 하는 생각이 들 때가 있거든요. 밖에서 걷는 동안은 '모든 일에서 잠시 떠나 있을' 수가 있지요. 일에 대해서, 또 골치 아픈 문제에 대해서 잠시 동안은 잊을 수 있습니다. 또 자연을 만끽할 기회가 되기도 하지요.

저 말고는 걷는 사람이 별로 없어서 길을 거의 혼자 차지했습니다.

고향 버클리에서는 산책을 나가면 걷고 있는 다른 사람들과 자주 마주칩니다. 그러면 "안녕하세요?"라든지 "걷기 좋은 날씨예요."라고 인사를 하지요. 지나치면서 간단히 목례를 하며 미소만 짓기도 하고요.

어제는 혼자라 조금 외로웠습니다. 하지만 그렇게 밖에 나가서 운동을 하니 좋더군요. 여러분도 한번 해보세요. 강력 추천합니다. 그리고 혹시 알아요, 걷다가 서로 만나게 될지!

TALK ABOUT IT

1. 산책 나갈 때가 있나요?
2. 어디서 걷나요?
3. 주로 누구와 걸어요?
4. 빨리 걷나요, 천천히 걷나요?
5. 옆에서 걷고 있는 사람들에게 말을 걸어본 적 있어요?
6. 뭐라고 말을 걸어요?
7. 걷는 동안 경치를 즐기나요?
8. 운동하기 위해 걷나요, 아니면 다른 이유가 있나요?
9. 보통 얼마나 오래 걸어요?
10. 걸으면 기분이 어때요?

1 **the other day** 저번에, 일전에   2 **power walk** 빠르게 걷기   3 **get away from everything** 모든 일로부터 벗어나다, 세상만사 다 제치고 떠나다   4 **get the blood pumping** 운동을 시작하다

Asking Questions

질문하기

질문하는 법을 아는 것은 굉장히 중요합니다. 저는 영어수업을 할 때 칠판에 다음과 같은 단어들을 먼저 적어두곤 하지요: 누가 (who), 무엇을 (what), 언제 (when), 어디서 (where), 왜 (why), 어떻게 (how), 어느 (which).

단순하기 그지없는 대화도 질문으로 이루어져 있습니다. 대화가 이루어지려면 그리고 원활하게 이어지려면 질문이 필요합니다. 질문은 큰불을 일으키는 불씨와도 같습니다. 질문은 대화를 계속 움직이게 만드는 휘발유와도 같습니다. 질문은 '대화라는 자동차'를 원하는 방향으로 움직이게 만드는 운전대와도 같습니다.

혹 알고 싶은 게 있나요? 사물의 원리가 궁금하지 않나요? 저는 인간의 호기심은 끝이 없다고 생각해요. 우리 막내가 제일 좋아하는 말은 '왜?'라는 말입니다. 질문하는 걸 너무 좋아해서 가끔은 아주 미칠 것만 같아요! "학교에는 왜 가야 돼요? 신발은 왜 신어야 해요? 아빠 코는 왜 그렇게 커요?" 저는 최선을 다해 대답해주려고 노력합니다. 제발 그렇게 많은 걸 묻지 말아주었으면 하고 바랄 때도 있지만 왕성한 호기심을 가지고 있다는 사실은 기쁩니다. 세상은 놀라움 (wonder)으로 가득 차 있는 원더풀 (wonder-full)한 곳이죠.

질문은 원활한 의사소통과 훌륭한 대화의 비결이랍니다!

제가 했던 질문 중 최고의 질문이 뭔지 알고 싶으세요? 12년 전, 저는 누군가에게 이런 질문을 했죠. 그런데 대답이 "Yes!"여서 얼마나 기뻤는지 모릅니다. 그 질문은… 정말 알고 싶으세요? 그것은 "저와 결혼해 주시겠어요?"였습니다.

저는 지금, '해피 아이작'이랍니다.

TALK ABOUT IT

1. 여러분은 사람들에게 질문하는 것이 쉬운가요?
2. 누군가에게 어떤 질문을 한 뒤 하지 말걸 하고 후회한 적이 있나요?
3. 질문 후 물어보기를 정말 잘했다고 생각한 적이 있나요?
4. 질문을 함으로써 큰 오해를 피한 적이 있나요?
5. 호기심이 많은 편인가요?
6. 어떤 것이 궁금하면 해답을 찾으려고 하는 편인가요?
7. 누군가의 질문에 대답하고 싶지 않을 때는 어떻게 하나요?
8. 'Curiosity killed the cat (호기심이 지나치면 위험하다).'이라는 표현이 있습니다. 무슨 뜻일 것 같아요? 그 말이 맞다고 생각하나요?

1 **flow smoothly** 원활히 흐르다, 진행되다   2 **steering wheel** 자동차 운전대, 핸들
3 **have a burning sense of curiosity** 강렬한 호기심을 가지다

014 Self-Improvement: Upgrading Your Life
자기개선: 삶의 질 높이기

만약에 아파트나 집을 고칠 수 있는 돈이 생긴다면 여러분은 뭘 하겠어요? 벽지를 구입하겠어요? 조명 장치를 새로 사겠어요? 아니면 새로운 가구를 사겠어요? 이런 것들을 '집 개조'라고 하지요.

그럼 여러분 자신을 '업그레이드'할 수 있는 시간과 돈이 주어진다면 무엇을 하겠습니까?

새로운 언어 배우기?
운동 더 많이 하기?
새 구두 사기?
다이어트 하기?
새로운 취미 시작하기?
노래 교실 다니기?

자기개선에 대해서 어떻게 생각합니까? 저는 새로운 것을 시도하거나 새로운 기술을 배우는 것을 아주 좋아합니다. 새로운 것을 배운다는 그 느낌이 좋거든요. 뭐랄까, 좀더 완전한 사람이 되는 기분이 듭니다.

뭔가 거창한 것이 아니더라도 상관없습니다. 작은 것이라도 중요한 의미를 지닐 수 있으니까요.

예를 들어, 저는 오랫동안 치과에 가야겠다고 생각하고 있었거든요. 그런데 최근에야 용기를 내어 갔습니다. 마침내 이를 깨끗이 청소하고 나니 기분이 좋더군요.

어쨌든 이런 모든 일들이 자기개선과 관련이 있습니다.

해야 할일 목록 중 '자기개선'을 위해 첫머리에 올라와 있는 일이 있습니까?

TALK ABOUT IT

1. 여러분은 자신의 어떤 점을 개선하고 싶은가요?
2. 인생을 '업그레이드'하기 위해 무슨 일을 할 수 있을까요?
3. 자기개선을 하려면 항상 돈이 많이 들까요?
4. 저렴하게 자기개선을 할 수 있는 방법으로 무엇이 있을까요?
5. 여러분의 인간관계 중 좀더 개선시킬 수 있는 것이 있나요?
6. 어떻게 하면 집을 개량할 수 있을까요?
7. 건강을 증진시키기 위해 여러분이 할 수 있는 일이 있다면요?
8. 자기수양에 관한 책을 어떻게 생각하나요? 그런 책을 읽어본 적이 있나요?
9. 자신을 개선시킬 수 있는 방법에 대해 자주 생각하는 편인가요?

1 **fix up** 수선하다, 고치다   2 **get up the courage** 용기를 내다   3 **at the top** 맨위에, 첫번째의
4 **list of things to do** 해야 할일 목록

015 Pet Peeves
불평거리

저는 그다지 불평을 많이 하지 않습니다. 원래 불평을 많이 하는 스타일이 아니예요. 하지만 가끔은 속에 있는 불만을 시원하게 털어놓고 싶을 때가 있습니다. 어쩌면 오늘이 저의 불평거리를 얘기하기 좋은 날인지도 모르겠네요. 오늘 불만을 조금 '토로'해보겠습니다. 여러분이 싫어하지 않기를 바랍니다.

여러분은 불평거리가 있나요? 자주 불평하게 되는 것들, 여간해서는 해결되지 않는 골칫거리, 혹은 끊임없이 여러분을 괴롭히는 문제 같은 거요.

예를 들어서,

영화관에서 휴대폰으로 통화하는 사람들. 정말 저를 짜증나게 합니다!

혹은

좌회전이나 우회전을 할 때 또는 차선을 바꿀 때 깜박이를 켜지 않는 사람들! 대체 무슨 생각들인지?!!

혹은

저를 또 짜증나게 만드는 게 뭔지 아세요? 지하철에서 선글라스를 쓰는 사람들입니다! 뭡니까, 그게?!

혹은

화장실 갔다가 손 안 씻는 사람들! 제발 좀!!!

혹은

아무데나 쓰레기 버리는 사람들. 쓰레기는 쓰레기통에 버리세요. 그게 그렇게 어렵습니까!!!

TALK ABOUT IT

  1. 여러분을 자주 짜증나게 만드는 것들이 있나요?
  2. 친구들에게 털어놓을 수 있는 불평거리가 있나요?
  3. 'pet peeve'란 뭘까요?
  4. 누가 여러분을 짜증나게 만들면 어떻게 반응하나요?
  5. 자주 불평하나요?
  6. 큰 일에 대해서 불평하나요, 작은 일에 대해서 불평하나요?
  7. 어떤 사소한 일들이 여러분을 짜증나게 하나요?
  8. 여러분은 불평거리가 있을 때 어떻게 해결하나요?
  9. 함부로 쓰레기를 버리는 사람을 보면 짜증이 나요?
 10. 운전할 때 어떤 사람들이 짜증나게 하나요?

---

1 **get what's bothering me off my chest** 내 속에 있는 불만이나 고민거리를 다 털어놓다　2 **pet peeve** 불평거리, 사소하지만 거슬리는 것　3 **vent** (감정 등을) 터뜨리다, 발산하다　4 **bug** 괴롭히다 5 **turn signal** 방향 지시등[깜박이]　6 **aggravate** 괴롭히다　7 **What's up with that?** 뭡니까, 그게?; 대체 그게 뭐야?　8 **litterbug** 쓰레기를 함부로 버리는 사람

016 Been There, Done That

다 해봤지

'Been there done that'이라는 표현 들어본 적 있나요?

친구에게 어떤 일을 이미 경험한 적이 있다는 것을 알려주고 싶을 때 쓰는 말입니다. 특히 그 경험이 별로 좋지 않았음을 강조하는 말이죠. 그리고 이제 그런 경험은 하고 싶지 않다는 뜻으로요.

예를 들어, 친구가 "이봐 아이작, 배 타고 바다낚시 해본 적 있어?"라고 물었다고 합시다. 그때 "Been there, done that! (다 해봤지!)"이라고 대답하고서 바다낚시를 해본 적이 있는데 뱃멀미를 심하게 했다고 설명하는 겁니다. 당분간은 다시 하고 싶지 않은 일이라고요.

여러분도 "Been there, done that!"이라고 말할 수 있는 경험이 있나요?

어쩌면 극도로 긴장되었던 취직 면접이라든가,

가족들과 긴 자동차 여행을 하는데 차가 꽉 막혔던 경험,

또는 캠핑 여행을 갔는데 모기에게 잔뜩 물렸던 일.

이런 일들이 이미 제가 경험했고, 앞으로 다시는 겪고 싶지 않은 몇 가지 경험입니다. 이미 다 해봤잖아요.

TALK ABOUT IT

1. 앞으로 당분간은 다시 경험하고 싶지 않은 그런 상황에 처한 적이 있나요?
2. 'Been there, done that.'과 비슷한 표현을 알고 있나요?
3. 이 표현을 쓸 수 있는 상황이 있었나요?
4. 다시 경험하고 싶은 일에는 뭐가 있나요?
5. 해도 해도 질리지 않을 경험에는 뭐가 있을까요?

¹ **Been there, done that.** 다 해봤다; 전혀 새로울 것 없는 일이다.   ² **get seasick** 뱃멀미가 나다
³ **get stuck in traffic** 길이 막혀 꼼짝 못하다

"No" Is a Hard Word to Say
'No' 라고 말하기는 어려워

엘튼 존의 'Sorry Seems To Be The Hardest Word (미안하다는 말이 가장 어려워)'라는 노래 들어본 적 있으세요? 좋은 노래지만, 제목에는 동의할 수가 없습니다. 물론, '미안하다 (sorry)'는 말이 하기 쉬운 말은 아니죠. 하지만 아주 작은 단어, 단 두 글자로 된 'no'라는 말이 더 하기 힘듭니다.

생각해보면 여러분도 제 말에 동의하게 될 겁니다.

분명, 이미 커피를 마시고 있는데 누가 커피를 권한다든가 하는 경우에는 'no'라는 말을 하기가 쉽겠죠. 그때는 "아니오. 괜찮습니다. 이미 마시고 있어요."라고 말할 수 있습니다.

하지만 누군가 별로 가고 싶지 않은 파티에 여러분을 초대했다고 합시다. 그런 경우에는 "아니오, 말씀은 고맙습니다."라는 말이 쉽게 떨어지지 않습니다.

거절하거나 사양해야 할 때, 하지만 상대방의 기분을 상하게 하고 싶지는 않을 때 'no'라고 하고는 싶지만 다른 말을 하고 맙니다. 때로는 'YES'라고 말하기도 하죠. 그 편이 더 쉬우니까요.

정중히 거절할 때는 다음과 같이 말하면 됩니다.

"그러고는 싶지만 시간이 없어서요."

혹은

"그러면 좋겠지만 누구를 만나야 돼요."

혹은

"저 사람 혹시 송혜교 아니야, 이럴 수가, 가봐야겠어요!"

단지 'N-O, 'no'라고 말하기는 어렵습니다.

TALK ABOUT IT

1. 거절해야 할 때, 누군가에게 'No'라고 말하고 싶을 때, 하지만 상대방이 기분 상하지 않을까 걱정될 때, 여러분은 뭐라고 말해요?
2. 'No'라고 말하는 것을 어려워하는 편인가요?
3. 어떤 때 'No'라고 말하기 어려운가요?
4. 'No'라고 말하고 싶었으나 'Yes'라고 말해버린 경우에 대해 얘기해보세요.
5. 'No'라고 거절할 때 어떤 변명을 하면 좋을까요?
6. 얼마나 자주 사람들에게 'No'라고 하나요?
7. 상대방이 기분 상하지 않게 거짓말한 적 있어요?
8. 누군가 여러분의 기분이 상하지 않도록 거짓말을 했다면 어떤 기분이 들 것 같아요?
9. 여러분은 도와주겠다는 제안을 거절하기가 어려운가요?
10. 제안을 거절할 때 어떻게 말하는 것이 가장 적절할 것 같아요?

1 **itsy-bitsy** 매우 작은   2 **for clarity** 분명   3 **end up doing somthing** ~하게 되다, 결국 ~이 되다
4 **got to run** 가봐야 한다

<u>018</u> Your Place: Somewhere to Be Alone
나만의 공간: 혼자 있을 수 있는 곳

"나는 샤워를 하며 노래를 하지요, 그래요, 샤워를 하면서 노래를 해요…."

저는 정말로 샤워를 하면서 노래를 합니다. 여러분 중에도 저 같은 분 있나요?

샤워 중에는 뭐랄까, 소리가 달라요. 음향효과가 말이죠. 수증기 때문인지도 모르겠네요. 아무튼 샤워 중에는 소리가 더 좋게 들립니다. 하지만 제가 샤워를 하면서 노래를 하는 것은 그런 이유가 아닙니다. 노래를 하면 기분이 좋아지기 때문이죠.

저는 공인이기 때문에, 또 가족이 있기 때문에, 사적인 공간이 매우 적습니다. 집안에서도 마찬가지예요. 아이들이 제 방을 줄곧 들락거리니까요.

하지만 하루 일이 끝나면, 몸과 마음으로부터 세상 걱정을 씻어낼 최적의 장소로 샤워실만한 곳이 없죠.

사실 몸을 푹 담그고, 목욕을 하고 싶지만, 제가 좀 긴 편이라서요. 우리집 욕조에 맞질 않는답니다. 정말 스트레스 받아요.

모든 사람에게는 자신만의 공간이 필요합니다. 저에게는 샤워실이 바로 저만의 공간이 되죠. 그런 공간은 사람들마다 다릅니다.

예를 들어,

침실이 될 수도 있고,
사는 지역의 공원이 될 수도 있고,
깊은 숲 속의 외딴 곳일 수도 있습니다.

그 곳이 어떤 곳이든 사람들에게는 혼자 있을 수 있는 공간이 필요합니다. 혼자 생각도 하고, 또 외부 세계에서 잠시 떠나 있을 수도 있는 그런 공간 말이죠.

TALK ABOUT IT

1. 여러분은 혼자 있을 수 있는 장소가 있나요?
2. '명상'을 할 수 있는 장소가 있나요?
3. 그곳에 있으면 세상 걱정이 사라지는 그런 장소가 있나요?
4. 매일 갈 수 있는 장소인가요?
5. 혼자 있으면 어떤 기분이 들어요?
6. 혼자 있는 시간이 많은가요?
7. 혼자 있으면 뭘 하나요?
8. 홀로 있는 것이 정신 건강과 자신의 행복에 어떤 영향을 준다고 생각하나요?
9. 홀로 있는 것이 자신에게 좋다고 생각하나요?

1 **acoustics** 음향효과   2 **public person** 공인   3 **after the day is done** 하루 일이 끝나고
4 **stress me out** 스트레스 받게 하다

289

019 Thanks... Giving: What Are You Grateful for?

추수감사절: 어떤 것에 감사하나요?

곧 큰 명절 추석이 다가옵니다. 'Thanksgiving holiday (추수감사절)'이라고도 하죠. 추석은 오랫동안 5일 연휴였습니다. 대부분의 사람들이 적어도 4일은 쉬죠. 정말 끝내주지 않습니까!

그래, 여러분은 뭘 할 예정인가요? 매년 하는 그런 일? 운전하고, 요리하고, 먹고, TV 보고, 오랫동안 만나지 못했던 가족들과 함께 웃고…. 틀림없이 즐거운 시간이 될 거라 믿습니다.

저는요, 가족, 건강, 따뜻한 집 등 제가 가진 모든 것에 대해 감사드릴 생각을 할 때마다 이런 생각이 듭니다. "와, 정말 감사해야 할 일이 많구나!"

가끔 저는 제가 가진 것들에 대해 별 생각을 하지 않고 넘어갈 때가 있습니다. 때로는 제 주변의 사람들과 소유한 것들을 당연하게 여기곤 하죠.

긴 연휴가 다가오면서 제 인생의 소중한 분들에게 진심으로 '감사하다'는 말을 전하고 싶었습니다.

저는 매일 정말로 감사하게 생각합니다, 제가 가진 모든 것들에 대해서요. 여러분도 대개 그러리라 생각합니다.

이번 추수감사절 혹은 추석에는 잠시 시간을 내서 사람들에게 지금까지 그들이 해준 모든 일과 앞으로 해줄 일에 대해 감사드려보세요. 저는 그렇게 할 겁니다!

TALK ABOUT IT

1. 여러분은 특별히 감사드리고 싶은 분이 있나요?
2. 추석에는 주로 뭘 하나요?
3. 추석은 여러분에게 특별한 날인가요?
4. 여러분의 고향은 어떤가요?
5. 고향에 가면 뭘 하나요?
6. 인생에서 감사하게 생각하는 것은 뭔가요?
7. 가끔 어떤 것 또는 어떤 사람을 당연하게 생각하는 때가 있나요?
8. 어떤 이에게 여러분이 얼마나 감사하고 있는지 보여주려면 어떻게 해야 할까요?

1 **take someone or something for granted** 어떤 사람 또는 사물을 당연하게 여기다 2 **from the bottom of my heart** 진심으로, 마음속으로부터 3 **thank one's lucky stars** 행운에 대해 감사하게 생각하다 4 **take a moment or two** 얼마동안 시간을 갖다

290

020 Moving Scenes

감동적인 장면

어제 친구와 좋아하는, 감동적이었던, 그래서 기억에 남는 영화 장면에 대해서 얘기했습니다. 어떤 장면들인지 감이 옵니까? 아주 강렬한 장면들, 너무 인상 깊어서 쉽게 떠오르는 장면들, 그런 장면들 말이에요.

몇 가지 예를 들어보지요….

<킬링 필드>라는 영화 본 적 있나요? 그 영화를 보면 두 남자가 아주 오랜 헤어짐 후에 마침내 다시 만나게 되는 장면이 있습니다. 존 레논의 노래 'Imagine'이 배경으로 깔리고요. 정말 감동적인 장면이죠.

<포레스트 검프>를 보면 톰 행크스가 어린 아들의 건강하고 멋진 모습을 보고 너무나 기뻐하며 안도하는, 또 동시에 놀라워 하는 장면이 있습니다. 그 장면도 감동적입니다.

제가 가장 좋아하는 영화 중 하나에 가장 좋아하는 장면 중 하나가 나오는데요, 고전인 <멋진 인생>을 보면 주인공이 자기가 죽지 않았다는 것을, 그리고 자기에게는 친구들과 가족들이 있다는 것을, 그들이 자기를 사랑한다는 것을, 그리고 그것이 인생에서 가장 중요한 것이라는 것을 깨닫는 장면이 나옵니다. 정말로 강렬한 장면이죠.

기억 나는 영화 장면이 있나요? "돈을 보여줘 (show me the money)'나 '다시 돌아올게 (I'll be back)'와 같은 대사 한두 줄 말고, 여러분에게 감동을 줬던 영화의 한 장면 말이죠.

가장 좋아하는 영화 장면이 있습니까? 책이나 TV 프로그램 중에서 기억 나는 장면이 있을지도 모르겠습니다. 혹은 실제 삶에서도 잊어버리고 싶지 않은 멋진 장면이 있을 수 있죠.

TALK ABOUT IT

1. 기억 나는 감동적인 영화 장면이 있나요?
2. 어떤 장면이었나요?
3. 그 장면을 봤을 때의 기분이 어땠는지 말해볼 수 있어요?
4. 잘 감동하는 편인가요?
5. 자주 감정을 드러내나요?
6. 감정을 대개 어떻게 표현하나요?
7. 감상적인 기분이 될 때는 언제인가요?
8. 영화를 보거나 책을 읽을 때 자주 우는지요?
9. 가장 좋아하는 영화 장면은 무엇인가요?
10. 왜 그 장면이 기억에 남았나요?

1 **stick in one's brains** 뇌리에 박히다   2 **easy to recall** 회상하기 쉬운, 쉽게 떠오르는
3 **touching scene** 감동적인 장면

Keeping a Diary: Recording Precious Moments

일기 쓰기: 소중한 순간의 기록

일기를 써본 지 참 오래됐습니다만, 하루 일과를 정리하는 일기 같은 것의 중요성을 점점 더 생각하게 됩니다.

일기를 매일 쓴다는 것은 쉬운 일은 아니지만 좋은 습관이지요. 특히 외국어를 배울 때나 글 쓰는 직업을 가지고 싶을 때는요. 매일 조금씩 글을 쓰는 습관을 들이는 것은 작가에게는 아마도 가장 중요한 일 중 하나가 아닐까 싶습니다.

어제 영화의 멋진 장면을 생각해봤는데요, 그러다보니 제 인생의 멋진 순간들을 생각하게 되더군요. 기억해 두어야 할 순간들, 기록해 두어야 할 순간들 말이죠. 시간이 흐를수록 그런 순간들은 점차 잊게 되죠. 시간이 흐를수록, 그런 순간들이 흐릿해집니다. 또렷했던 기억들이 점점 바래고 마는 것입니다.

그래서 더 많은 것들을 써 두려고 합니다.

하루 동안 혹은 한 주일 동안 얼마나 많은 것들을 경험하게 되는지… 정말 놀랍죠. 하지만 시간을 내서 그런 일들을 기록해 두지 않으면 기억이 흐려지고 맙니다.

그 날이 이 날이었는지, 이 날이 그 날이었는지 구별하기가 힘들어집니다. 시간은 정말로 화살처럼 빠르니까요.

글로, 작은 이야기로, 우리 인생의 소중한 순간들을 기록해 두는 것은 인생을 좀더 다채롭게 만드는 데 필요한 일인 듯싶습니다. 다소 우울한 때도 그 순간들을, 그 추억들에 대한 기록을 다시 들추어 보면 기분이 좋아질 거예요. 여러분도 같은 생각이었으면 좋겠네요.

TALK ABOUT IT

1. 여러분은 일기를 쓰나요?
2. 얼마나 자주 쓰나요?
3. 무엇에 대해 쓰나요?
4. 자신만이 보는 비밀 일기인가요, 아니면 다른 사람에게 공개하나요?
5. 글 쓰는 것을 좋아해요?
6. 자신만의 블로그를 가지고 있나요? 없다면 하나 만들 생각이 있어요?
7. 아주 오래 전 쓴 것을 다시 읽어 보기도 하나요?
8. 어떻게 하면 작가로서 발전할 수 있을까요?

1 **get into the habit** 습관을 들이다   2 **as time goes by** 시간이 갈수록   3 **lose focus** 흐릿해지다
4 **Time truly DOES fly by.** 시간이 쏜살같이 지나간다.

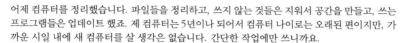

Making Changes: Getting Rid of Bad Habits

변화: 나쁜 습관 버리기

어제 컴퓨터를 정리했습니다. 파일들을 정리하고, 쓰지 않는 것들은 지워서 공간을 만들고, 쓰는 프로그램들은 업데이트 했죠. 제 컴퓨터는 5년이나 되어서 컴퓨터 나이로는 오래된 편이지만, 가까운 시일 내에 새 컴퓨터를 살 생각은 없습니다. 간단한 작업에만 쓰니까요.

아무튼, 저는 이런 생각을 하게 됐습니다. 만일 나 자신에서 무언가를 지울 수 있다면, 무엇을 지울 것인가? 또 어떤 것을 더할 수 있다면 무엇을 더할 것인가? 신체적인 특징에서 뭔가 더하거나 빼는 것은 가능할 것 같습니다. 성형수술을 하거나 지방흡입 수술 등을 하는 사람들이 많으니까요. 하지만 저는 그런 것보다는 습관 쪽으로 생각해봤습니다. 만약 내가 나쁜 습관을 하나 지워버릴 수 있다면, 그리고 좋은 습관을 하나 더할 수 있다면, 무엇을 지우고 무엇을 더할 것인가?

먼저 제가 가지고 있는 나쁜 습관 목록을 훑어봤죠. 3,471개까지 보고서 저는, '자, 그쯤하고, 하나만 골라, 아이작!!'하고 생각했습니다. 그렇게 고른 하나가 손가락 관절을 꺾는 것입니다. 그게 제가 없애고 싶은 습관입니다. 마치 요술처럼 습관을 하나 더할 수 있다면, 매일 아침 일하러 가기 전 운동을 하는 것으로 선택하고 싶습니다.

모든 사람들이 나쁜 습관을 가지고 있죠. 그 중엔 그렇게 나쁘지 않은 것도 있습니다. 예를 들어, 방을 나갈 때 불을 끄지 않는 습관이라든지 TV를 너무 많이 보는 것이라든지 말이죠. 하지만 좀 더 심각한 나쁜 버릇을 가진 사람들도 있습니다. 술을 과하게 마신다거나 흡연을 한다거나 하는 것이죠. 저는 그런 습관은 없어서 다행이에요.

좋은 습관들도 많습니다. 다른 사람에게 더 잘해주려 노력한다든지 정크 푸드를 그만 먹는다든지 혹은 약속에 매번 늦는 습관을 고치고 시간을 잘 지키려고 노력한다든지 하는 것이요.

물론 모든 사람들이 나쁜 습관은 버리고 좋은 습관은 붙이고 싶겠죠. 여러분은 어떻습니까? 여러분 인생에서 무엇을 '더하고' 무엇을 '빼고' 싶습니까?

TALK ABOUT IT

1. 여러분은 어떤 좋은 습관을 가지고 있나요?
2. 나쁜 습관은요?
3. 버리고 싶은 나쁜 습관이 하나 있다면요?
4. 좋은 습관을 하나 만든다면 무엇으로 하고 싶어요?
5. 자신의 어떤 부분을 변화시키고 싶어요?
6. 남들과 다르거나 특이한 습관이 있나요?
7. 나쁜 습관을 버릴 때 흔히 'quit cold-turkey' (나쁜 습관을 딱 끊다)라는 표현을 씁니다. 이 표현이 무슨 뜻인지 알고 있나요?
8. 나쁜 습관을 버리는 데 가장 좋은 방법이 뭐라고 생각해요?
9. 어떤 행동을 얼마나 자주 해야 습관이 될 수 있을까요?

---

1 **plastic surgery** 성형수술 2 **liposuction** 지방흡입(술) 3 **run through one's list** 목록을 훑어보다 4 **knuckle cracking** (뚝뚝 소리를 내며) 손가락 관절 꺾기 5 **junk food** 햄버거, 감자칩 등의 패스트 푸드, 인스턴트 식품

More Changes: Changing the World
더 큰 변화: 세상 바꾸기

내 자신에 대해 고치고 싶은 점들을 생각하다 보니까 우리 가족이나 심지어 이웃에 대해서도 변화시키고 싶은 부분들을 생각하게 되었습니다.

직장에 관련해서도 '더하거나' '지우고' 싶은 부분들을 생각해볼 수 있습니다. 사람들은 자신의 직업이나 상사, 직장 등에 대해 불평을 자주 하니까요. 사실, 다른 무엇보다 직장에 대해서 이런 부분이 고쳐졌으면 하고 바라는 것이 많은 것 같습니다.

여러분도 집이나 이웃, 직장, 혹은 그보다 더 큰 규모에서 고치고 싶은 것이 있나요? 만약 여러분이 UN의 책임자라면 어떻게 하겠어요? 어떤 '대의'를 위해 투쟁하겠습니까?

무언가를 바꾸기 위해 꼭 한 나라의 대통령이나 회사의 사장이 될 필요는 없다고 봅니다. 가장 먼저 변화를 줄 수 있는 곳은, 제 생각에는 가정인 것 같습니다. 하루종일 집안에 있지 않다는 게 문제지만요!

우리가 변화를 줄 수 있는 것에는 물론 한계가 있습니다. 그리고 변화를 주는 '방식'도 중요합니다. 제안을 하는 것만으로 누군가를 기분 나쁘게 할 수 있으니까요.

하지만 그렇다고 해서 우리가 전혀 변화를 일으킬 수 없다거나 적어도 시도조차 해볼 수 없는 것은 아닙니다. 때로는, 변화를 준다는 것은 좋은 일이라고 생각해요. 여러분은 어떻게 생각하세요?

TALK ABOUT IT

1. 변화를 준다는 것은 아주 대단한 도전입니다. 동의하나요?
2. 변화를 주려다 실패한 적이 있나요?
3. 어떤 변화를 주려고 시도해보았나요?
4. 어떤 변화를 만들고 싶어요?
5. 여러분이 한국의 대통령이라면 뭘 바꾸겠어요?
6. 여러분이 UN의 책임자라면 무엇을 바꾸고 싶은가요?
7. 변화는 다 좋은 것일까요? 왜 그렇게 생각하죠? 혹은 왜 그렇지 않다고 생각해요?
8. 여러분은 가정에서 일어나는 변화와 결정에 대해 발언권이 있나요?

1 **be in charge of** ~을 책임지고 있다　2 **cause** 대의, 목적　3 **fight for** ~을 위해 싸우다, 투쟁하다
4 **rub someone the wrong way** ~을 화나게 하다, 안달하게 하다

Making Judgments
판단

여러분은 쉽게 판단하는 타입인가요? 저는 누군가에 대해 너무 쉽게 판단하는 실수를 종종 저지르곤 합니다. 이런 말 들어봤을 겁니다. '겉 모습만 가지고 판단하지 말라 (Don't judge a book by its cover).' 하지만 그러지 않긴 쉽지 않죠. 모든 것이 더욱 빨라지기만 하는 너무도 빠른 인스턴트 세상이잖아요. 그런데 아직도 사람들은 만족하지 못합니다. 그러니 성급한 판단을 내리지 않는다는 게 쉬운 일은 아니죠. 빠르게 채널을 돌리는 것처럼 사람들도 빠르게 보고 넘어가죠!

다른 사람들을 비판하는 것은 쉬운 일이죠. 우리 자신을 비판하는 것도요. 저는 제 자신에 대한 평가에 굉장히 짠 편입니다. 꽤 가혹하죠. 여러분은 어떠세요? 자신이 어느 정도 이해심이 넓은 편이라고 생각하나요?

자신을 약간 비판하는 것은 괜찮습니다. 사실 저는 자기 자신을 비웃는 것이 중요한 일이라고 생각합니다. 자신을 놀려도 괜찮습니다. 그것이 다른 사람을 놀리는 것보다는 나으니까요!

로드니 데인저필드라는, 사망한 지 그다지 오래되지 않은 미국의 유명한 코미디언이 있습니다. 그는 자신을 비하하는 내용의 한 줄짜리 짤막한 농담을 많이 남겼죠. 그가 남긴 농담 하나 들어볼래요?

그가 말하길 "제가 정신과의사에게 모두가 날 미워한다고 말했더니 그가 그러더군요. 웃기는 소리 말라고. 아직 만나보지 않은 세상 사람들이 많지 않냐고."

최근 저는 다른 사람들을 비판하는 것을 자제하려고 노력하고 있습니다. '비판하고 싶은 기분'일 때는 좀 웃어보려고도 노력합니다. 여러분은 어떻게 하나요?

TALK ABOUT IT

1. 여러분은 비판적인 사람인가요?
2. 주로 무엇에 대해서 비판하나요?
3. 다른 사람들이 여러분을 비판하면 어떤 기분이 드나요?
4. 자신을 비웃는 일에 능숙한가요?
5. 첫인상은 여러분에게 얼마나 큰 비중을 차지하나요?
6. 만나기 전에 누군가를 판단해본 적 있나요?
7. 어떤 사람에게서 받은 첫인상을 나중에 바꿀 수도 있나요?
8. 좋은 첫인상을 주기 위해 어떻게 하나요?
9. 자신에 대해 뭔가를 바꿔야 할지 말아야 할지 어떻게 결정하나요?
10. 가까운 친구나 친척이 결점을 지적해주면 그 점을 고쳐보도록 노력할 건가요?

1 **be quick to judge** 성급히 판단하다   2 **Don't judge a book by its cover.** 외모로 사람[사물]을 판단하지 말라.   3 **I'm my worst critic.** 나는 자신에 대해 다른 사람보다 가혹한 평가를 내린다.   4 **be hard on oneself** 자신에게 모질게 굴다   5 **one-liner** 한 줄짜리 농담   6 **put someone down** ~을 비난하다

025 Sight

시각

때때로 주말에 저는 가족들과 함께 근처 공원에 가서 작은 불꽃을 쏘아올립니다. 그런 다음 스파클러에 불을 붙여서 다 탈 때까지 들고 뛰어다니죠. 아이들이 스파클러를 가지고 뛰노는 것을 보는 것은 즐거운 일입니다. 사실 어둠 속에서 누가 누군지 분간하기가 쉬운 일은 아니지만, 불꽃의 높이를 보면 알 수 있답니다. 또 웃음소리를 들어도 알 수 있죠. 만약 불꽃은 없고 웃음소리만 있다면, 와, 뭔가 큰 것이 빠진 셈이죠.

만약 감각 중 하나를 포기해야 한다면, 뭘 포기해야 할지 잘 모르겠지만, 하나 분명한 것은 시각은 절대 포기하지 않겠다는 것입니다.

뭔가를 볼 수 있다는 것은 굉장한 축복입니다. 이 세상에는 너무나 멋진 볼거리들이 많으니까요.

여러 가지 색깔의 꽃들과 나뭇잎,
멋진 구름들,
햇빛이 비치는 모습.

이런 것들이 제가 즐겨 보는 것입니다.

읽는 것도 그렇습니다. 저는 항상 뭔가를 읽습니다. 볼 수 있기 때문에 편리하게 읽을 수가 있지요. 저는 눈으로 정말 많은 것을 합니다.

완벽한 시력을 가지고 있는 것은 아니지만, 그래도 볼 수 있다는 것이 기쁩니다, 굉장히요.

TALK ABOUT IT

1. 감각 중 하나를 포기해야 한다면 무엇을 포기하겠어요?
2. 눈은 여러분에게 얼마나 중요하지요?
3. 시력이 좋은가요?
4. 안경이나 콘택트렌즈를 착용하는 것에 대해 어떻게 생각하나요?
5. 눈이 보이지 않는다면 어떤 기분일까요?
6. 북미 지역에서는 많은 장애인들이 사회생활을 위해 동물에 의존합니다. 여러분은 맹도견에 대해 어떻게 생각해요?
7. 시각 장애인들이 편하게 일하고 생활할 수 있도록 하는 방법에는 무엇이 있을까요?
8. 많은 장애인들이 다른 감각이 발달하는 것을 경험합니다. 여러분은 이에 대해 어떻게 생각하나요?

1 **shoot off** 쏘아올리다, 발포하다 2 **sparklers** 불꽃, 스파클러 (불을 붙이면 작은 불꽃이 튀는 길고 가는 막대) 3 **burn out** 다 타다

026 Hearing

청각

여러분은 독순술을 잘하나요? 그리 쉽지 않답니다. 언제 한번 해보세요. TV 소리를 죽이고 사람들이 뭐라고 말하는지 알아들을 수 있나 시험해보세요. 내용 전개가 느린 드라마를 보고 있다면 알아들을 수 있는 부분이 더 많을 겁니다. 말이 빠른 뉴스를 본다면, 어휴, 볼륨을 키우고 들어도 어려운데 듣지 않고 이해하기란 거의 불가능하죠.

하지만 여러분이 독순술의 대가라 해도 말하는 사람이 여러분을 마주보고 있지 않으면, 어떻게 그 사람이 하는 말을 알아들을 수가 있겠어요? 듣지 못한다면 말이죠.

다른 감각과 마찬가지로 사람들은 청력을 당연한 것으로 여기는 듯싶습니다. 최소한 저는 그렇습니다.

우리가 매일 듣는 아름다운 음악,
인사를 건네는 말소리,
매일 듣는 라디오 프로그램,
즐겨 듣는 멋진 영화 사운드트랙.

배경음악 없는 영화는 정말 싱겁죠. 소리가 없는 인생은 정말 재미없을 겁니다.

물론 때로는 사람들이 흔히 말하듯 침묵이 '금'이기도 하죠. 하지만 사운드트랙이 없다면 제 인생은 너무도 힘들고 재미없을 것 같습니다.

TALK ABOUT IT

1. 독순술에 능한가요?
2. 언제 독순술이 유용할까요?
3. 청력이 좋은가요?
4. 만약 소리가 없다면 인생이 어떨까요?
5. 정적을 좋아하나요?
6. 'Children should be seen and not heard (아이들은 눈에는 보여야 하지만 떠들면 안 된다)'는 옛 속담이 있습니다. 무슨 뜻일 것 같아요?
7. 청력을 잃는다면 가장 아쉬울 것 같은 것은 무엇일까요?
8. 청력을 보호하기 위해 어떤 방법을 쓰나요?
9. 조용히 하는 것이 중요한 때는 언제일까요? 몇 가지 상황을 얘기해보세요.

1 **lip reading** 독순술   2 **turn off the volume** (전등, TV 등을) 끄다   3 **the world's best** 세상에서 제일가는   4 **bland** 김빠진, 재미없는   5 **silence is "golden"** 침묵은 '금'

Smell

후각

저는 큰 코를 가지고 있고 후각도 상당히 예민한 편입니다. 그건 축복인 동시에 재앙이기도 하죠. 코가 다른 사람들에 비해 좀더 예민하기 때문에, 장점도 있고 단점도 있습니다.

예를 들어, 뭔가 맛있는 것이 주위에 있으면 제가 제일 먼저 냄새로 알게 됩니다. 뭔가 고약한 냄새가 나는 것이 옆에 있어도 제가 가장 먼저 알아챕니다. 갈아주지 않은 아기의 기저귀 같은 것 말이죠.

여름엔 대체적으로 냄새 나는 것이 더 많은 것 같습니다. 저는 잔디 깎은 냄새를 좋아합니다. 제일 처음 했던 아르바이트 중 하나를 생각나게 하죠. 제 어린시절을 떠올리게 하는 냄새입니다. 저는 신선한 빵과 페스트리 냄새도 좋아합니다. 꽃 향기와 몇 가지 향수 냄새도 좋아하죠.

하지만 가끔은 별로 좋지 않은 냄새를 맡을 때도 있습니다.

저는 너무 진한 향수 냄새를 싫어합니다. 그런 사람들 옆에서 일해본 적 있어요? 왜 그렇게 짙게 향수를 뿌리는지 모르겠지만, 많이 뿌리는 사람들이 있더라고요. 또 향은 왜 그렇게 강한지. 집중하기가 힘들다니까요! 또 저는 담배 냄새도 싫어합니다. 하지만 바비큐 냄새는 좋아하죠. 여러분도 좋아하는 냄새가 있나요?

TALK ABOUT IT

1. 후각이 좋은 편인가요?
2. 어떤 냄새를 좋아하나요?
3. 싫어하는 냄새는요?
4. 과거의 일을 기억 나게 만드는 냄새가 있나요?
5. 좋은 기억인가요, 나쁜 기억인가요?
6. 어떤 동물들은 아주 예리한 후각을 가지고 있습니다. 그 점이 동물들에게 어떤 도움이 될 것 같아요?
7. 후각이 좋아야만 하는 직업에는 뭐가 있을까요?
8. 향수나 화장수를 쓰나요? 향수를 너무 많이 뿌렸다는 것을 어떻게 알 수 있죠?
9. 후각은 미각과 밀접한 관련이 있다고 여겨집니다. 여러분도 그렇게 생각하나요?
10. 코를 막고 음식을 먹어본 적이 있나요?

1 **have a fairly keen sense of smell** 예민한 후각　2 **unchanged diaper** 갈지 않은 (더러운) 기저귀
3 **put on heavily** (향수 따위를) 아주 많이 뿌리다

028　Feeling

촉각

"우리는 마술의 힘을 가지고 있어요, 바로 촉각이죠…."

네, 그렇습니다. 정말 멋진 일 아닙니까?

저는 여러 가지 것들을 만지고 느낄 수 있다는 게 참 좋습니다. 모든 것들이 저마다 다른 감촉을 가지고 있거든요. 예를 들어,

부드러운 털이 난 강아지나 토끼의 감촉,
샌드페이퍼의 거친 감촉,
혹은 면도를 하지 않은 턱의 껄끄런 느낌,
아기 피부의 보드라운 느낌,
선인장의 따끔따끔한 느낌,
테이프나 풀의 끈적끈적한 느낌,
뱀장어의 미끈미끈한 감촉.

여러 물건의 감촉을 느낄 수 있기 때문에 우리는 주변 환경을 더욱 잘 이해할 수 있습니다. 어떤 것이 너무 뜨겁다거나 너무 차갑다거나 하는 것을 우리 피부와 신경이 알려주거든요.

여러분은 간지럼을 타세요? 겨드랑이 밑이나 발바닥 같은 부분 말이죠.

무언가 감촉을 느낄 수 있다는 것은 참 재미있습니다.

아무런 감촉도 느낄 수 없다면 정말 이상하지 않겠어요?

TALK ABOUT IT

1. 촉각이 좋은 편인가요?
2. 만지는 것에 대해 감각이 예민한가요?
3. 간지럼을 잘 타요? 어느 부분이요?
4. 가장 좋아하는 촉감은 무엇인가요?
5. 만지기 싫어하는 것들에는 뭐가 있나요?
6. 촉각은 아주 유용한 감각입니다. 어떤 때 그럴까요? 한 가지 예를 들어볼래요?
7. 손으로만 만져서 어떤 물체가 뭔지 알아낼 수 있어요?

---

1 **prickly** 가시투성이의, 따끔따끔한　　2 **Are you ticklish?** 간지럼을 잘 타요?

029 Taste

미각

잠깐 제가 어제 뭘 먹었는지 생각해볼게요.

아침에는 신선한 주스를 마셨습니다. 사과와 당근을 섞은 주스였지요. 그리고 밥과 국을 먹었죠.

스튜디오에 도착해서는 맛있는 커피 한 잔을 했고요.

점심으로는 소금 간을 한 닭구이와 신 자몽 주스를 마셨습니다.

저녁으로는 담백한 생선과 맑은 국, 밥, 매운 김치, 또 톡 쏘는 새콤한 크랜베리를 먹었답니다.

어제는 마치 황제처럼 식사를 했지요. 단지 많은 종류의 음식을 먹었기 때문만이 아니라, 음식의 놀라운 맛 덕분입니다. 제 혀의 미뢰들이 다양한 맛을 느끼고 뇌로 메시지를 보내 저를 기쁘게 만들어 주었지요. 배부름과 함께 말이죠.

그게 음식의 멋진 점 중 하나죠. 음식에는 굉장히 많은 종류가 있을 뿐 아니라 맛도 아주 다양합니다.

달고, 시고, 맵고, 짜고, 이런 맛들은 제가 좋아하는 여러 다양한 맛들 중 극히 일부죠.

TALK ABOUT IT

1. 가장 좋아하는 음식이 있나요?
2. 아주 싫어하는 음식은요?
3. 처음에는 좋아하지 않았는데 갈수록 맛을 들이게 된 음식이 있나요?
4. 어떤 맛을 좋아하나요?
5. 어떤 맛을 싫어하나요?
6. 단 것을 좋아해요?
7. 매운 음식을 어떻게 생각해요?
8. 문화마다 여러 다양한 저마다의 요리를 가지고 있습니다. 뭐든지 한 번은 맛볼 의향이 있나요?
9. 한국 음식 한 가지를 외국인에게 권한다면 어떤 음식을 권하겠어요?
10. '컴포트 푸드 (comfort food)'란 집 생각이 나게 하는, 몸과 마음을 편안하게 해주는 음식을 말합니다. 여러분에게는 어떤 음식이 컴포트 푸드인가요?

1 **for a second** 잠시   2 **tangy** (맛이) 톡 쏘는   3 **taste buds** 혀의 미뢰   4 **fill someone up** ~을 만족시키다, 채우다

030 Pain

고통

'No pain, No gain.'이라는 말이 있습니다. 지도자나 선생님, 부모님들이 즐겨 쓰는 말이죠. 좋은 것은 쉽게 얻어지지 않는다는 뜻인데요, 좋은 것을 얻으려면 노력을 해야 한다는 말입니다. 노력을 많이 기울일수록 보상은 크죠. 여기서 고통은 정신적인 것이 될 수도 있고 육체적인 것이 될 수도 있습니다.

가끔 힘들거나 '괴로운' 상황에 처했을 때, 우리는 그 일로 인해 성숙할 수 있습니다. 하지만 때로는 그 괴로움이 사라지지 않고 짐이 되어 우리를 짓누르기도 하죠. 괴로움이 너무 심하면 사람은 부정적이 되고 어두워집니다.

저는 어제 뛰어다니다가 발목을 삐었습니다. 며칠 후면 괜찮아지겠지요. 전에도 이런 경험이 있습니다. 키 큰 사람들은 모두 겪는 재앙인 것 같아요. 하지만 이는 제게 건강의 소중함과 아프지 않은 순간의 고마움을 일깨워주는 기회가 되기도 합니다.

항상 편두통에 시달리는 사람을 한 명 알아요. 그 사람은 편두통으로 고통 받을 때는 아무런 일도 못합니다. 그건 아마 지옥 같을 거예요. 그에 비하면 저는 양호한 편이지요.

어떤 사람들은 고통을 느끼는 한계점이 높아서 아픔을 잘 참습니다. 아파도 별로 개의치 않죠.

하지만 고통을 견디지 못하는 사람들도 있습니다. 그런 사람들은 아주 약한 부상에도 불평을 하죠. 별로 심하지 않아 보이는 데도 말이에요.

사람마다 아픔을 견디는 방법이 다른 것 같습니다. 저는 지금까지 살아오면서 그다지 아플 일이 없었습니다. 정말 다행이라고 생각해요.

TALK ABOUT IT

1. 다친 적 있어요?
2. 뼈가 부러져본 적은요?
3. 이틀 이상 '정말로' 앓아본 적이 있나요?
4. 응급실에 실려간 적이 있나요? 어땠어요?
5. '고생 없이 얻는 것 없다 (No pain, No gain)'는 말에 동의하나요?
6. 어떤 육체적 혹은 정신적 고통을 경험해봤나요?
7. 고통을 잘 느끼지 않는 편인가요, 잘 느끼는 편인가요?
8. '좋은' 아픔의 예를 하나 든다면요?
9. 아기를 낳을 때의 고통은 매우 극심한 것으로 알려져 있습니다. 남성과 여성이 아픔을 느끼는 한계에 차이가 있다고 생각하나요?

1 **no pain, no gain** 고생 없이 얻는 것도 없다   2 **weigh down** 의기소침하게 하다, 압박하다, 괴롭히다
3 **migraine headache** 편두통   4 **have a high threshold of pain** 심한 고통을 참을 수 있다

Books: An Important Pastime

책: 중요한 오락

저는 예전부터 읽기를 좋아했습니다. 잘 시간이 '훨씬' 지난 시간에 이불 속에 들어가 손전등을 켜고 책을 읽던 기억이 납니다. 재미있는 이야기만한 게 또 있을까요. "옛날 옛적에, 아주 아주 오래 전에…."

요즘은 몇 가지 책을 같이 읽습니다. 논픽션인 교육적이고 '진지한' 책 하나와 상상력과 창조력을 자극하는 '재미있는' 책을 동시에 읽죠.

저는 시간이 되면 아이들에게 책을 읽어주려고 노력합니다. 읽어주면서 여러 가지 다른 목소리로 책 내용을 연기하는 것을 좋아하죠.

소리를 내어 글을 읽는다는 것은 쉬운 일이 아닙니다. 하지만 좋은 연습이 되죠. 자신의 목소리를 듣고 부족한 점이 무엇인지 알아볼 수 있으니까요. 자신을 모니터할 수 있는 기회는 그다지 많지 않습니다. 대학과 대학원 시절 저는 대충 훑어 읽기나 속독을 많이 한 것 같습니다. 그 이후로 저는 읽는 속도를 좀 늦추고 내용을 즐기려는 노력을 해오고 있습니다. 그렇게 하는 것이 머리 속에도 더 잘 들어오는 것 같아요.

우리집에서는, '잘 시간' 전에 '책 읽는 시간'이 있습니다. 단 15분 동안이지만 모두 즐겁게 책을 읽어야 하죠. 하루종일 소리지르며 뛰어 놀던 아이들이 차분해지는 시간입니다. 책은 대단해요!

TALK ABOUT IT

1. 여러분은 얼마나 자주 책을 읽나요?
2. 도서관에 수시로 가나요?
3. 더 많이 읽는 분야의 책이 있나요?
4. 읽을 시간이 더 많았으면 좋겠나요?
5. 지하철이나 버스 안에서 책을 읽나요?
6. 가장 좋아하는 책이 뭔가요?
7. 책을 쓰고 싶다는 생각을 해본 적 있나요?
8. 어떤 책을 쓰고 싶은가요?
9. 어떤 곳에서 책을 읽는 것을 제일 좋아하나요?
10. 책 한 권을 읽는 데 보통 얼마나 걸리나요?

1 **act out a story** 이야기를 연기하다, 연기하듯이 읽다   2 **read out loud** 소리 내어 읽다   3 **skim** 대충 훑어보다, 건너뛰고 읽다

Honesty

정직

"정직은, 너무도 외로운 단어."

자, 여러분이 한 가게에 있다고 칩시다. 물건을 몇 개 사고 계산을 하려는데 점원이 실수했다는 것을 알아차립니다. 실제 금액보다 훨씬 적게 계산을 한 거예요. 자, 여러분은 어떻게 하겠습니까? 점원에게 알리겠습니까?

규모가 작은 가게이냐 큰 가게이냐 하는 것도 문제가 될까요? 큰 가게라면, 로빈 후드처럼 이렇게 생각할지도 모르죠, 큰 가게인데 뭐. 이까짓 거 뭐 별 차이가 있겠어? 겨우 몇 달러인데. 하지만 작은 가게라면, 어떤 가족의 가게일 거고, 그 가족에게 해를 입히고 싶지는 않다고 생각하겠죠. 혹은 어느 경우라도 항상 정직하게 얘기하나요?

만약 컨디션이 몹시 안 좋을 때 누가 기분이 어떠냐고 물어보면 어떻게 합니까? 몸이 안 좋다고 솔직히 말하나요, 아니면 그냥 "좋습니다. 물어봐줘서 고마워요. 당신은 어떠세요?"라고 하십니까?

만일 아내가 "여보, 나 좀 살 찐 것 같아?"라고 물어보면 절대로 살쪘다고 솔직하게 말씀하지 마세요. 집에 못 들어갈지도 모릅니다, 다시는요. :(

언제나 정직하기란 힘듭니다. 때로는 정직하게 말함으로써 다른 사람의 기분을 상하게 할 수도 있으니까요. 그런 경우에는 '선의의 거짓말 (white lie)'을 하세요. 거짓말이긴 하지만, 누구에게도 해가 되지 않으니까요.

하지만 거짓말을 하면 안 되는 경우가, 정직이 최선인 경우가 있습니다. 그런 경우에는 어떻게 하세요?

TALK ABOUT IT

1. 정직이 최선의 방책이라고 생각하나요?
2. 솔직히 말하는 것보다 선의의 거짓말로 다른 사람의 기분을 상하지 않도록 하는 게 더 낫다고 생각하나요?
3. 여러분은 정직한 사람인가요?
4. 어떤 상황에서 선의의 거짓말을 사용하겠어요?
5. 누군가에게 진실을 말함으로써 그 사람의 기분을 상하게 한 적 있나요?
6. 거짓말을 하는 편이 나았을 거라고 생각하나요?
7. 가까운 친구나 친척이 거짓말했다는 것을 알면 어떻게 하겠어요? 왜 그랬냐고 따지겠어요?

1 **make a difference** 영향을 미치다 2 **put on weight** 살이 찌다 3 **white lie** 선의의 거짓말
4 **the best thing** 최선의 것, 가장 좋은 것

Trust

신뢰

여러분은 다른 사람을 쉽게 신뢰하나요? 그렇다면 속아본 경험이 없기 때문일 가능성이 큽니다. 제가 말하는 속아본 경험이란, 다른 사람을 믿은 데서 비롯한 나쁜 경험을 말합니다.

비밀을 지켜줄 것으로 믿고 어떤 사람에게 비밀을 털어놓았는데 그 사람이 다른 사람에게 비밀을 말해버리고, 나중에 그 사실을 알게 되는 겁니다, 그게 바로 속은 거죠. 그렇게 해서 마음에 일종의 상처를 입게 됩니다. 또 두 사람의 관계도 상처를 입었으니, 심한 경우에는 두 사람 사이를 이어주는 '다리가 다 타버렸다'고 말할 수도 있죠.

이런 일은 사람들 사이에서는 흔히 일어나는 일입니다. 저도 경험한 적이 있죠. 친한 친구를 믿고 비밀을 얘기했는데 제 신뢰를 저버리고 다른 사람에게 얘기해버린 것입니다. 그가 그런 것을 알고 난 후엔, 우리 사이가 결코 전 같지 않더군요.

다른 사람을 신뢰하는 일에 있어 그런 나쁜 경험이 많지 않길 바랍니다. 또 믿을 수 있는 친구가, 그리고 여러분을 신뢰해주는 친구가 많길 바랍니다.

하지만 다른 사람의 신뢰를 얻는 것에 대해서 생각해봤는데요, 결코 쉽지 않더군요.

다리를 세우거나 우정을 쌓아가는 것처럼요. 작은 약속들을 만들고 지키면서 신뢰가 쌓여가는 겁니다. 신뢰가 쌓여갈수록 더 큰 약속들을 만들 수 있죠. 그렇게 약속을 하고 지키는 일을 계속해 나가면 신뢰는 점점 자랍니다.

TALK ABOUT IT

1. 속아본 적 있습니까?
2. 여러분은 성급히 신뢰 관계를 만들려는 타입인가요?
3. 자신이 신뢰할 만한 사람이라는 것을 보여주기 위해 여러분은 어떻게 합니까?
4. 일부러 한 것은 아니지만 신뢰 관계를 무너뜨리고 관계를 회복하기 위해서 정말 오랜 시간이 걸린다는 것을 경험한 적이 있습니까?
5. 비밀을 잘 지키는 편입니까?
6. 사람들은 여러분이 신뢰할 만한 사람이라고 생각합니까?
7. 언행일치라는 말을 믿습니까?
8. 누군가의 신뢰를 얻기 위해서는 어떻게 해야 할까요?

1 **be burned** 속다 2 **take someone into one's confidence** 남에게 비밀을 털어놓다 3 **the bridge has been burned** (두 사람을 이어주는) 다리가 타버리다, 신뢰가 무너지다
4 **never the same again** 결코 전 같지 않은

일과

저는 매일 5시 30분에 일어납니다. 면도를 하고 세수를 하고 간단히 뭔가를 먹죠. 6시 반쯤에는 차에 타고 있습니다. 스튜디오에 도착해서 커피를 마시고, 그리고 일들이 이어지죠.

모든 사람에게는 매일 반복하는 일과가 있습니다. 마치 규칙처럼 하게 되는 일들이죠.

그런 반복적인 일상이 아주 좋을 수도 있습니다. 일련의 운동 과정처럼 따라하기만 하면 되니까요. 궤도를 크게 벗어나지 않도록 도와주죠.

저는 부모님과 남동생에게 매주 금요일 전화를 겁니다. 일주일마다 한 번 하는 저의 일과죠.

하지만 반복되는 일상은 인생을 다소 재미없게 만들 수도 있습니다. 혹은 풍미가 덜하다고나 할까, 좀 너무 평범한 나날들이 될 수 있는 거지요. 하루하루 살아가지만 특별한 것은 없는 겁니다. 일상적인 일만 하면 인생이 그냥 흘러가버리기 쉽습니다.

기회가 되면 매일 반복되는 일상에서 벗어나 다른 일을 해보세요.

버스 정류장까지 다른 길로 걸어가보세요.

점심을 먹을 새로운 식당을 찾아보세요.

평소에는 전화하지 않는 시간에 사랑하는 사람들에게 전화를 해보세요.

일상에서 크게 벗어나지 않는 일이지만 이런 작은 변화가 우리 인생에 작은 즐거움이 될 수 있답니다.

TALK ABOUT IT

1. 여러분의 일상에 대해 말해보세요.
2. 일상이 달라지는 경우가 있습니까? 어떻게요?
3. 어떻게 하면 매일의 일상을 바꿀 수 있을까요?
4. 변화를 좋아합니까?
5. 어떤 변화를 좋아하나요?
6. 반복되는 일상의 좋은 점은 뭘까요?
7. 나쁜 점은요?
8. '변화는 인생의 양념이 된다.'고 말하는 사람들이 있습니다. 여러분은 이 말을 어떻게 생각하나요?

1 **quick bite to eat** 간단히 먹을 수 있는 것   2 **keep on track** 궤도를 벗어나지 않다   3 **stick to ~** 을 고수하다, ~에 달라붙다   4 **spice up** 흥취를 돋우다

"Please"... a Magic Word

plEASE '플리즈' 는 마법의 말

'플리즈 (please)'는 최고의, 가장 강력한 '마법의 말'로 여겨집니다. 서구의 가정에서 제일 먼저 가르치는 말이죠. 일반 가정에서 식사 도중에 아이가 "엄마! 우유 줘요!"라고 말하면 엄마는 즉시 이렇게 대꾸할 겁니다. "마법의 말이 뭐지?"라고요. 이때 "아브라카다브라" 또는 "수리수리마수리"라고 말하는 아이는 없습니다. 모두가 "Please."라고 말하죠.

'please'는 무뚝뚝하고 격식 없는 문장 또는 요구를 가장 손쉽게 듣기 좋고 사려 깊게 만들어 주는 말입니다. 'please'가 들어간 말을 듣고 화를 내는 사람은 만나본 적이 없는 것 같습니다. 반대로 그 단어가 빠진 말을 듣고 기분 나빠하는 사람은 많이 봤지요.

"방 치워… 방 좀 치워줘." "숙제 해… 숙제 좀 하렴." "도와줘… 좀 도와줘."

'please'라는 말을 썼을 때와 쓰지 않았을 때의 사람들의 반응이 어떻게 다른지 잘 살펴보세요. 저는 누구한테 뭘 해달라고 부탁할 때 'please'라는 말을 하면서 부탁하면 더 잘 도와주는 것을 느낍니다.

그것은 강력하고도 마법 같은 말입니다. 사람들을 감동시키고 마음을 움직이죠.

'please'라는 말을 쓰도록 노력해보세요. 그 말이 얼마나 큰 마법을 일으키는지 놀라게 될 테니까요.

TALK ABOUT IT

1. 'please'라는 말을 쓰지 않은 것을 후회해본 적 있어요?
2. 'please'라는 말을 쓸 필요가 없다고 느끼는 순간은 언제인가요?
3. 'please'라는 말이 어색하게 느껴지는 때는요?
4. 'please'라는 말을 자주 쓰나요?
5. 다른 사람이 'please'를 쓰면 어떤가요? 혹은 'please'를 쓰지 않으면요?
6. 'Pretty, pretty, please, with sugar on top.'은 아이들이 무언가를 간절히 원할 때 쓰는 표현입니다. 이 표현을 언제 쓸 수 있을지 한번 생각해보세요.
7. 아이들에게 바른 예절을 가르치는 게 얼마나 중요한 일이라고 생각하나요?
8. 공손함을 나타내는 다른 말이나 표현은 무엇일까요?

1 **What's the magic word?** 마법의 말이 뭐지? ('please'라는 말을 하도록 묻는 말)
2 **help someone out** ~을 거들다, 돕다 3 **tugs on someone's heartstrings** ~의 심금을 울리다

"Thank You"... More Magic

'고맙습니다' 는 더 큰 마법의 말

마법의 말은 아주 많습니다. 영어에서 또 다른 마법의 말을 하나 살펴봅시다.

누군가 무슨 일을 해주면 고맙다고 말하는 것이 예의로 여겨집니다. 'Thank you.' 혹은 'Thanks.'라는 말은 간단하지만 아주 유용합니다. 비즈니스 세계에서는 사장으로부터, 부장으로부터, 혹은 동료 직원으로부터의 감사의 말이 중요한 의미를 갖습니다. 그 사람의 일에 관심을 가지고 있으며 고맙게 생각하고 있다는 뜻이니까요.

우리는 가까운 사람들을 당연하게 생각하기 쉽습니다. '나는 직장에서 일하고 아내는 집에서 일하니 당연히 아내가 저녁을 만들어야지.'라고 생각하기 쉽죠. 그런데 여러분, 저녁을 먹고 "고맙다."고 말합니까? 저는 가끔 잊습니다. 저는 가끔 아이들에게 "오늘 착하게 지내줘서 고맙다."라고 말하는 것을 잊습니다. 또 가끔 버스 운전사나 통행료를 받는 분에게 "고맙습니다! 좋은 하루 보내세요."라고 말하는 것을 잊습니다.

고마워요.
고맙습니다.
정말 고맙습니다.
너무 너무 고마워.
정말 감사하게 생각해요.
당신이 해주신 일 대단히 고맙게 생각해요.

고마움을 전하는 말은 많습니다.

TALK ABOUT IT

1. '고맙다'는 말을 하지 않은 것을 후회해본 적 있습니까?
2. 고맙다고 말할 필요가 없다고 생각되는 때는 언제인가요?
3. '고맙다'는 말이 어색하게 느껴지는 때는요?
4. '고맙다'는 말을 자주 하나요?
5. '고맙다'는 말을 하지 않는 사람들에 대해서 어떻게 생각하나요?
6. 누군가 고맙다고 말하는 것을 잊으면 기분이 어때요?
7. 고마움을 지나치게 표시할 수도 있을까요?
8. '고맙다'는 말 대신 감사의 마음을 표현할 방법은 뭐가 있을까요?
9. 감사 카드나 쪽지를 보낸 적 있나요? 있다면 무슨 일에 감사했나요?

¹ **go a long way** 매우 유용하다, 크게 도움이 되다   ² **the person who collects one's toll** 통행료를 받는 사람   ³ **Thanks a million.** 정말 고마워요.

Sorry... Even More Magic

SORRY '미안합니다' 는 훨씬 더 큰 마법의 말

마법의 말 한 가지만 더 얘기할게요. 아마도 이 말이 가장 강력한 마법의 말이 아닐까 싶네요. 바로 '미안하다'는 말입니다.

완벽한 사람은 없습니다. 모두 실수를 하지요. 실수를 했을 때는 그것을 통해 무언가를 배우고 빨리 잊고 넘어가는 것이 중요한 것 같습니다. 그러기 위해서 단지 사과하는 것으로, '미안하다' 는 말을 하는 것으로 충분합니다. 내가 저지른 실수로 누군가를 기분 나쁘게 했다면요.

아이고 이런! 미안하게 됐습니다!
이런. 제가 생각이 없었어요. 사과드립니다.
죄송해요. 제가 무슨 생각이었는지 모르겠어요.

미안하다는 말을 전하는 방법은 아주 많습니다.

어떤 식으로든 '미안하다'는 뜻을 전하지 않으면 우리가 남긴 상처는 오래 남습니다. 치유되지 않죠. 사라지지 않습니다.

가장 하기 어려운 말이 'no'라면 그에 버금가는 말이 'sorry'입니다. 왜 그럴까요? 실수를 인정하기가 힘들어서일까요? 자존심이 상해서일까요? 약해보이기 싫어서일까요?

TALK ABOUT IT

1. 사과하지 않은 것을 후회해본 적 있나요?
2. '미안하다'고 말할 필요가 없다고 생각되는 때는 언제인가요?
3. 사과를 잘하는 편인가요, 아니면 그 반대인가요?
4. 사과하는 것이 힘들 때는 언제일까요?
5. 실수를 인정하는 것이 쉬운가요, 어려운가요?
6. 누군가 사과하면 그 사람을 용서해주나요?
7. 사과를 받고 난 뒤에도 감정을 쌓아 두나요?
8. '미안하다'는 말을 지나치게 많이 할 수도 있을까요?
9. 미안하다는 말은 얼마나 있다가 해야 할까요?
10. 미안하다는 말은 언제나 직접 만나서 해야 할까요?

1 **learn from mistakes** 실수를 통해 배우다 2 **in order to** ~하기 위해서 3 **get in the way** 방해가 되다

Saying, "I Love You"

'사랑합니다' 라고 말하기

서양에서는 '사랑한다'는 말을 늘 합니다. 사실 너무 많이 해서 '사랑한다'는, 너무나도 소중한 말의 가치가 좀 바랜 듯한 느낌입니다.

너무 많이 써서 별로 특별하게 느껴지지 않는 거죠. 다이아몬드가 귀중한 것은 희소가치 때문인데 말이에요. '사랑한다'는 말도 귀중합니다.

동양에서는 서양에 비해 '사랑한다'는 귀중한 말을 보거나 듣기가 힘든 것 같습니다. 틀림없이 어딘가 있을 텐데, 꼭꼭 숨어 있단 말이죠. 제 생각에는 어떤 균형이 필요할 것 같습니다. 너무 많지도, 적지도 않게 말이죠.

이따금씩 가장 소중하게 생각하는 사람들에게 그들을 사랑하고 있다는 것을, 내게 정말 소중한 사람이라는 것을 말해주는 것은 좋은 일입니다.

어떻게 그 마음을 전할 건가요? 물론, 행동으로 보여주는 것도 좋죠 (그래야 하고요). 하지만 사랑한다는 한 마디 말도 감동적입니다. 글로 전해도 괜찮고 말로 전해도 상관없습니다.

사랑해요.
당신은 내게 이 세상 전부예요.
당신은 나를 완전하게 만들어요.
당신 때문에 나는 더 좋은 사람이 돼야겠다는 생각이 들어요.

사랑하는 마음을 전하는 방법은 많습니다.

TALK ABOUT IT

1. 사랑한다는 고백을 하지 않은 것을 후회한 적이 있나요?
2. '사랑한다'는 말이 어색하게 들리는 때는 언제인가요?
3. 여러분은 요즘 사람들이 '사랑한다'는 말을 너무 많이 한다고 생각하나요, 너무 적게 한다고 생각하나요?
4. 여러분은 소중히 여기는 사람들에게 사랑한다는 것을 보여주기 위해 어떤 일들을 하나요?
5. 어떤 이들은 '사랑한다'고 말하는 것을 어려워합니다. 왜 그럴까요?
6. 쉽게 사랑에 빠지는 편인가요?
7. 누군가에게 사랑을 표현하는 방법으로 뭐가 있을까요?
8. 여러분 인생에서 사랑하는 사람들은 누구인가요?
9. 'love at first sight (첫눈에 반한 사랑)'라는 말이 무슨 뜻일까요? 첫눈에 반하는 사랑을 믿나요?

1 **in the West** 서양에서는   2 **lose some of its shine** 다소 그 빛을 잃다   3 **it doesn't hurt to** ~해서 손해볼 것 없다   4 **You mean the world to me.** 당신은 내게 굉장히 소중합니다; 당신은 내게 그 어떤 것보다 소중합니다.

"Love" Is a Verb

'사랑'은 동사다

단어의 쓰임새를 생각해본 적이 있나요? 단어 중에는 여러 가지 다른 방식으로 쓰이는 것들이 있습니다. 어떻게 쓰이느냐에 따라 몇 가지 다른 의미를 갖지요.

'사랑 (love)'이 그 한 예입니다.

사랑은 왔다가 사라지는 감정의 한 가지이기도 하지만 동시에 동사이기도 합니다. 어떤 사람을 정말로 사랑하면 그 사람에게 시간과 정성을 들이게 되는데요, 그것은 사랑을 보여주는 '행동'을 요구합니다.

'사랑한다'고 말하는 건 굉장히 멋진 일입니다. 하지만 누군가에게 사랑한다는 것을 보여준다는 것, 글쎄요, '말보다 행동이 중요하다'는 말을 들어본 적이 있죠? 저는 그 말이 맞다고 생각해요.

여러분은 '사랑한다'는 것을 보여주기 위해 어떤 일들을 합니까?

할머니의 손을 잡아드릴 수도 있고요,
아이들의 머리를 빗겨주거나, 안아줄 수도 있고요,
아빠의 구두를 닦아드릴 수도 있지요.
남편의 서류가방에 '좋은 하루 보내요.'라는 쪽지를 넣어 둘 수도 있습니다.

사랑한다는 것을 보여주기 위해 할 수 있는 행동은 많습니다. 하지만 중요한 것은 행동뿐만이 아니라 그 행동 뒤에 숨어 있는 마음이지요.

다음 번에 사람들에게 얼마나 사랑하는지 보여주고 싶을 때는 그것을 한번 생각해보세요.

TALK ABOUT IT

1. '말보다 행동이 중요하다'는 말을 믿나요?
2. 그 몇 가지 예를 들자면요?
3. 여러분은 누군가를 사랑한다는 것을 보여주기 위해 어떤 일을 했나요?
4. 반대로 다른 사람이 여러분을 사랑한다는 것을 보여주기 위해 한 행동이 있다면요?
5. 그때 기분이 어땠나요?
6. 낯선 사람에게 친절을 베푼 적이 있나요?
7. 낯선 사람이 어려운 상황에 있는 여러분을 도와준 적이 있나요? 어떻게 도와주었나요?
8. 사랑과 미움, 어떤 감정이 더 강할까요?
9. 사랑 없는 결혼이 성공할 수 있을까요?

1 **Actions speak louder than words.** 말보다 행동이 중요하다: 행동은 말보다 설득력이 있다.
2 **polish ones' shoes** ~의 구두를 닦다, 윤 내다   3 **the heart behind something** 어떤 행동 뒤에 숨은 마음

310

Fighting a Cold
감기 이겨내기

여러분은 감기를 어떻게 이겨냅니까? 저는 병이 나면 병과 싸울 수 있는 가능한 모든 전략을 생각합니다. 아마 여러분은 제게 어떻게 감기를 이겨내는지 몇 가지 비결을 알려주거나 혹은 제가 다음에 감기에 걸리면 쓸 수 있도록 제가 안 써본 방법을 말해줄 수 있을 겁니다.

옷을 따뜻하게 입고요.
가습기를 쓰기도 하고요.
차를 마십니다.
목을 안 아프게 하는 감기 드롭을 빨아먹기도 합니다.
수프를 많이 먹습니다.
소금물로 입안을 헹굽니다.
비타민 C를 많이 섭취합니다.
이것이 효과가 없으면, 병원에 가서 진찰을 받습니다.

이따금 목욕탕에 가서 사우나 안에 들어가 있기도 합니다. 아픈 목에 뜨거운 김을 쐬는 거지요. 한번은 사우나 안에서 수건으로 내내 머리를 가리고 있은 적이 있는데요, 사우나실에 전신에 용 문신을 한 남자들이 가득했거든요!

무엇보다도 저는 휴식을 취하려고 노력합니다. 잠을 자고 있을 때 몸이 어느 정도 자연 치유가 되는 것 같거든요.

이정도 하면 충분한지 모르겠네요.

다시 한 번 말씀 드리지만, 제가 혹 빠뜨리거나 잘못하고 있는 게 있으면 알려주세요! 다음에 감기에 걸리면 정말 도움이 될 테니까요.

TALK ABOUT IT

1. 여러분은 얼마나 자주 아프나요?
2. 아프면 병원에 가나요?
3. 얼마나 오래 앓아요?
4. 아파도 직장이나 학교에 가나요?
5. 감기를 어떻게 치료하나요?
6. 감기 치료에 관한 민간요법 아는 것 있어요?
7. 감기에 걸리면 가장 나쁜 점이 뭔가요?
8. 감기를 예방할 수 있는 방법에는 뭐가 있을까요?

1 **fight a cold** 감기 걸리지 않도록 애쓰다, 감기를 이겨내다   2 **get over** 극복하다   3 **suck on lozenges** 감기 드롭을 빨아먹다 (lozenges = cough drops 목을 안 아프게 하는 감기 드롭)   4 **gargle with salt water** 소금물로 입을 헹구다

041 Beware of the Con Artists!

사기꾼을 조심하세요!

자, 이런 상황을 생각해보세요. 집을 약간 손보고 싶어서 한 업체를 고용합니다. 도배를 새로 하고 조명을 몇 개 갈고 방 인테리어를 조금 고치기 위해서죠. 이 달 말까지 작업을 모두 끝내는 것으로 합의를 보고 끝나는 날 대금을 지불하기로 합니다.

그 달 마지막 날이 되었을 때 작업은 95%가 끝납니다. 문 옆에 쓰레기 봉지가 몇 개 굴러다니고 도배는 잘 된 것 같지만 몇 시간 더 손을 봐야 합니다. 바닥은 한 군데를 덜 붙였고 일꾼들과 마지막으로 한 번 더 얘기를 하는 동안 마지막 조명 장치가 작업 중에 있습니다.

마지막 회의는 별탈 없이 끝납니다. 업체의 '사장'도 회의에 참석해서 몇 시간 후면 모든 일이 다 마무리될 거라고 보증합니다. 또 그는 회사의 청소 담당 직원들이 아침에 와서 쓰레기를 모두 처리할 거라고 말합니다. 작업에 만족하여, 또 아침에는 집이 100% 새로운 모습으로 깨끗이 정리될 거라는 확신에 사장에게 대금을 지불하고 식구들과 함께 축하파티 겸 점심을 먹으러 나갑니다. 점심을 먹고 집에 돌아와보니 사장은 가버리고 난 후입니다. 그에게 대금을 지불하자마자 일꾼들은 작업을 중단하고 가버렸습니다. 집은 몇 시간 전 집을 나서기 전과 전혀 달라진 것이 없습니다.

사장에게 전화를 걸어보지만 받지 않습니다. 사무실에 전화를 해봐도 사장님이 없다고 합니다. 다음날 아침 청소 담당 직원들은 모습을 드러내지 않습니다. 그때서야 생각합니다, "내가 왜 그에게 잔금을 지불했지? 일이 100% 다 끝날 때까지 기다렸어야 하는 건데!!!"

이제 어떻게 해야 하죠? 사장이라는 사람과 연락이 될 때까지 얼마나 기다려야 하는 걸까요? 이 사람을 신고해야 하는 걸까요? 혹시 아주 질이 안 좋은 사람일 수도 있으니 그냥 잊어버려야 하는 걸까요? 여러분이라면 어떻게 하겠습니까?

TALK ABOUT IT

1. 사기를 당해본 적 있나요?
2. 위와 같은 상황에 처해본 적 있나요?
3. 흔한 사기 수법에는 뭐가 있을까요?
4. 다른 사람들에게 사기 치는 사람들을 어떻게 생각하나요?
5. 같이 사업을 하는 사람들에게 사기를 당하지 않기 위한 대책으로 어떤 것들이 있을까요?
6. 계약 조건을 서면으로 작성하는 것이 얼마나 중요하다고 생각하나요?
7. 구두계약으로 충분한 경우는 언제일까요?
8. 다른 사람들이 사기를 당하지 않도록 어떻게 도울 수 있을까요?
9. 사기 사건으로 경찰에 신고를 하거나 법적 조치를 취해야 했던 경험이 있나요?

1 **redo the wallpaper** 도배를 새로 하다　2 **the light fixtures** 조명 설비　3 **he's unavailable** 그는 부재중이다　4 **report** 신고하다　5 **scam** 사기

042 Rain
비

비에 관한 좋은 추억이 있나요?

저는 추운 날에는 비를 만나는 것이 싫습니다, 실내에 있을 때는 상관없지만요. 어디 들어가서 책을 읽거나, 친구와 얘기를 하거나, 차를 마시거나 하면 되죠.

또 비가 마구 쏟아질 때는 운전하는 것을 좋아하지 않습니다. 하지만 차를 세워놓고 지붕에 떨어지는 빗소리를 듣는 것은 좋아해요. 차로 물웅덩이 위를 지나가는 것도 재미있죠.

대머리를 유발하는 산성비는 싫지만 가랑비가 내릴 때는 빗속을 걷는 것을 좋아합니다. 비가 억수 같이 내리는 장마철에는 우비를 입고 돌아다니는 것을 좋아하죠.

비가 너무 많이 오는 것은 싫습니다. 사람들이 홍수로 고통받으니까요. 하지만 땅을 식혀주고 호수를 채워주고 강에 새 생명을 불어넣어주는 상쾌한 비가 내리는 것은 좋아합니다.

비구름이 갑자기 갈라져 그 사이로 태양이 비치는 것도 좋아합니다. 마치 큰 손전등 빛 같지요.

TALK ABOUT IT

1. 비에 관한 좋은 추억이 있나요?
2. 모르는 사람에게 우산을 씌워준 적 있나요?
3. 일기예보를 듣고 우산을 가지고 나가는 타입인가요, 아니면 준비를 해가는 경우가 거의 없어 집에 값싼 우산이 많이 쌓이는 타입인가요?
4. 비오는 날은 기분이 어떤가요?
5. 비가 오는 날 밖에 나가서 논 적이 있나요?
6. 장마철을 어떻게 생각하나요?
7. 비오는 날은 주로 무엇을 하나요?
8. 비오는 날 가장 싫은 점은요?
9. 비가 와서 미리 세웠던 계획을 변경한 적 있나요?
10. 비의 가장 좋은 점은 무엇인가요?

1 **get caught in the rain** 비를 만나다, 비를 맞다   2 **pour** 비가 쏟아지다, 퍼붓다   3 **drizzle** 이슬비
[가랑비]가 내리다   4 **monsoon season** 장마철   5 **rain cats and dogs** 비가 억수같이 내리다

Drinking
음주

사람들은 종종 "이봐요 아이작, 술 얼마나 마셔요? 주량이 어떻게 돼요?"라고 묻곤 합니다. 저는 "5병쯤이요!"라고 대답합니다. 사람들은 소주 5병이라고 생각하지만 사실은 농담으로 물 5병을 얘기하는 거랍니다!

실은, 저는 맥주 '한' 잔 정도밖에 못 마셔요. 그 다음에는 어지러워지기 시작하죠. 조금만 마셔도 속이 울렁거립니다. 아마도 알레르기가 있거나 뭐 그런 모양이에요. 저는 술을 잘하지 못합니다. 술고래처럼 마시고도 취할 기미조차 보이지 않는 사람들도 있지만 저는 정반대입니다. 한 잔만 마셔도 곧 취해버리죠.

적포도주는 심장과 혈액순환에 좋다고 하지만, 알코올은 유익함보다는 해가 더 많다고 생각하는 것이 안전할 것 같습니다. 건강을 위해 술을 마시는 사람은 거의 없으니까요. 그보다는 스트레스를 풀거나 사람들과 어울리기 위해 마시죠. 하지만 걱정 근심을 해소한다는 명목으로, 또 사람들과 유대관계를 맺고 친구를 사귄다는 명목으로 사람들은 종종 자신의 몸과 가족과 또 지갑에 타격을 줍니다.

회식 등의 모임에서 저는 술보다는 무알코올 음료를 마십니다. 또 안주를 잔뜩 먹죠. 하지만 술을 많이 마시는 사회에서 술을 안 마시는 사람은 힘듭니다.

TALK ABOUT IT

1. 술 마시는 것을 피할 수 없는 상황에 처한 적 있나요?
2. 여러분은 거의 먹은 것이 없는데 술값이 굉장히 많이 나왔을 때 그것을 계산해야 했던 적이 있나요? 그럴 만한 가치가 있었다고 생각하나요?
3. 술을 마시기 좋은 때는 언제일까요?
4. 평일에 회사에서 저녁 늦게 회식을 하는 것이 괜찮은가요?
5. 늦게까지 술을 마시면 다음 날 업무에 지장이 있나요?
6. 술 마시는 것을 좋아하나요?
7. 술을 잘 견디는지요?
8. 술 마신 날 일어난 재미있는 얘기나 부끄러운 얘기가 있나요?
9. 주로 어디서 술을 마시나요?

1 **can't handle one's liquor** 술을 잘하지 못하다　2 **drink like a fish** 술고래이다, 술을 많이 마신다　3 **tipsy** 얼근히 취한, 취해서 비틀거리는　4 **sober** 술 취하지 않은, 맑은 정신의　5 **blow off steam** 스트레스[걱정, 근심, 짜증]를 풀다

Yeoyu 여유: Just a Bit More

조금만 더 '여유'를

제가 가장 좋아하는 한국말 중 하나가 '여유'입니다. 문제는, 영어로 번역하기가 참 어렵다는 것이지요. 때에 따라 'spare'나 'extra'도 되고 'leeway'도 되니까요. 이는 감정이나 시간에 대한 여유를 의미하기도 하고 금전적인 여유를 의미하기도 합니다. 어떻게 쓰이느냐에 따라 그 뜻이 달라지지요. 하지만 어떤 경우이든 좋은 의미인 것 같습니다! 가만있어보자, 영어로 어떻게 쓰면 될까? 어휴, 먼저 한국말을 볼까요. 다음과 같이 쓸 수 있죠.

'그는 여유로워 보인다.'

감정적인 여유라면, 영어로 이렇게 말할 수 있습니다: He looks so relaxed (그는 편안해 보인다; 여유로워 보인다). 혹은 He looks at peace with the world (그는 여유롭고 행복해 보인다).

시간적인 여유라면, 이렇게 말할 수 있겠죠. He looks like he's got some time on his hands (그는 시간적인 여유가 있어 보인다).

또 금전적인 여유라면, 이렇게 말할 수 있겠죠. He looks like he's doing well for himself (그는 형편이 좋아 보인다; 여유로워 보인다).

그럼 반대로 '여유가 없어 보인다'는 어떨까요?

이 경우도 각 상황에 따라 생각한다면, 감정적인 여유인 경우에는 이렇게 말할 수 있겠죠. He looks so uptight (그는 굉장히 초조해 보인다).

시간적인 여유인 경우는 이렇게 말할 수 있습니다: He looks like he doesn't have any spare time at all (그는 시간적인 여유가 전혀 없어 보인다).

금전적인 여유의 경우는 It looks like he's just making ends meet (겨우 생계를 유지하고 있는 것 같다). 혹은 It looks like he's just getting by (근근이 살아가고 있다). 이렇게 말할 수 있습니다.

한 단어인데 너무 복잡하죠? 하지만 이 말은 제가 가장 좋아하는 단어 중 하나입니다. 여러분이 '여유'를 느낄 때는 언제인가요?

TALK ABOUT IT

1. '여유'는 여러분에게 어떤 의미인가요?
2. 여유로운 시간이 있나요?
3. 여유 시간에는 뭘 하나요?
4. 여유 시간이 더 많다면 무엇을 하고 싶은가요?
5. 여러분은 좋아하는 단어가 있나요?
6. 여유에 대해서 얘기하기도 하나요?
7. '여유'라는 말을 모르는 사람에게 그 말을 어떻게 설명하겠어요?
8. 여러분의 삶에는 여유가 있나요? 있다면, 예를 하나 들어볼래요?
9. 어떤 경우 여유가 가장 필요할까요? 또 가장 적게 필요한 경우는 언제일까요?

---

1 **leeway** (시간, 공간, 돈 등의) 여유, 여지 2 **at peace with the world** (인생에 만족해) 여유롭고 행복한 3 **be doing well for oneself** 형편이 좋다, 사업이 잘 된다 4 **look so uptight** 굉장히 초조해[긴장되어] 보이다 5 **make ends meet** 근근이 생활하다, 겨우 생계를 유지하다 6 **get by** 그럭저럭 지내다, 버티다

Falling Asleep
잠들기

영화나 TV 프로그램에서 최면술사가 손가락으로 딱 하는 소리를 내면 곧바로 환자가 잠에 빠지는 장면을 본 적이 있나요? 그것처럼 잘 시간이 되면 곧바로 곯아떨어지는 사람들이 있습니다. 멀쩡히 깨어 있다가 "잘 자."라는 말이 떨어지자마자 푹, 그대로 잠들어버리는 거죠.

저는 잘 시간이 되었을 때 곧바로 잠들 수 있는 사람들이 부럽습니다. 전 자려고 누웠을 때 몸을 뒤척이는 스타일은 아니지만 그렇다고 곧바로 잠들지도 못하거든요.

하지만 대신 불면증에 시달린 적도 거의 없습니다. 잠이 들기까지 시간은 조금 걸리지만, 다행히 자고 싶은데도 밤새 잠이 안 왔던 적은 없답니다. 가끔 불면증에 걸리는 친구가 한 명 있는데요, 그 친구는 잠을 자지 못한 다음날은 마치 좀비 같습니다.

또 좋은 것은, 제가 쉽게 깨는 스타일이 아니라는 것입니다. 작은 소리정도로는 잘 깨지 않습니다. 일단 잠이 들면 아침까지 꿈나라에 있죠.

자고 있을 때 소리에 민감하게 반응하는 사람들이 있습니다. 무슨 소리만 들리면 즉시 깨버리죠. 그리고 나서 다시 잠이 들지 못하는 경우도 있습니다.

저는 그렇지 않습니다. 자명종이 울기 전까지 깊게 자는 편이죠. 깊이 자는 정도가 좀 심한 사람들도 있습니다. 너무 깊이 잠들어서 일어나기가 쉽지 않은 사람들이죠.

TALK ABOUT IT

1. 여러분은 깊게 잠드는 편인가요, 아니면 쉽게 깨는 편인가요?
2. 꿈을 많이 꿔서 아침에 일어나면 피곤한 적이 있나요?
3. '잠을 잘 자서' 다음날 아침 상쾌한 기분을 느끼는 때가 일주일에 몇 번이나 있나요?
4. 잠이 잘 드는 비결이 있나요?
5. 꿈을 많이 꾸나요?
6. 무슨 꿈을 주로 꾸나요?
7. 아침에 개운한 기분이 들기 위해서는 밤에 몇 시간이나 자야 하나요?
8. 잠을 자지 않고 몇 시간까지 버텨봤나요?
9. 밤을 샌 적 있나요? 다음 날 아침 어땠어요?

1 **hypnotist** 최면술사   2 **conk out** 잠들다   3 **toss and turn** (잠을 이루지 못하고) 뒤척이다
4 **hit the hay** 잠자다, 잠자리에 들다 (서부 개척시대에는 침대가 없어서 건초더미에서 잠을 잤다고 함)
5 **insomnia** 불면증   6 **zombie** 좀비   7 **light sleeper** 잠을 깊게 자지 못하는 사람, 쉽게 깨는 사람

<u>046</u> Waking up... and Staying up!

깨어나기 그리고 깨어 있기!

쉽게 잠이 들지 않아 고생하는 사람들이 있습니다. 하지만 그보다 더 많은 사람들이 잠에서 깨는 것을, 그리고 깨어 있는 것을 더 힘들어 합니다.

저는 원래 아침형 인간은 아닙니다. 하지만 다년간의 훈련으로 일찍 일어나는 것이 가능해졌습니다. 그러나 늦잠을 자지는 못합니다. 절대 불가능하죠. 자명종 시계가 3개거든요, 조금만 더 자려는 유혹에 빠졌을 때를 대비해서요.

또 저는 아이들 때문에라도 아침에 늦잠을 잔다는 것이 어렵습니다. 아침에 일어나 학교 갈 준비를 하는 동안, 정말 시끄럽거든요. 더 잔다는 것은 불가능합니다.

또 깬 후에도 '깨어 있는' 것 같지 않은 때가 있는데요. 무슨 말이냐 하면, 몸은 일어나서 돌아다니는데 뇌는 아직 작동을 하고 있지 않은 느낌인 거죠. 뇌는 아직 잠들어 있는데 몸만 그저 무의식 중에 움직이고 있는 겁니다.

045
046

어떤 사람들은 선잠 버튼(snooze button)을 여러 번 누른 다음에야 겨우 일어납니다. 일단 일어나면 커피부터 마시는 사람들이 많죠. TV나 라디오를 켜기도 하고요. 운동을 하는 사람들도 있습니다. 아침에 샤워를 하지 않으면 잠이 깨지 않는 사람들도 있지요.

TALK ABOUT IT

1. 여러분은 아침에 일어나기 위해 어떤 일들을 하나요?
2. 낮에는 어때요? 거한 점심을 먹고 난 후에는 잠이 오나요?
3. 깨어 있기 위해 어떤 노력을 하나요?
4. 장거리 운전을 할 때는요? 창문을 내리거나 노래를 부르나요?
5. 졸음을 쫓고 피곤함과 싸우는 여러분만의 비결이 있다면요?
6. 깊이 잠드나요, 그 반대인가요?
7. 아침에 완전히 '깰' 때까지 얼마나 걸리나요?
8. 여러분은 아침형 인간인가요, 저녁형 인간인가요?
9. 낮잠을 자기도 하나요? 얼마나 자면 낮잠으로는 너무 긴 걸까요?

---

¹ **sleep in** 늦잠자다 ² **get a little more shut-eye** 조금만 더 자다 (shut-eye 잠, 수면)
³ **go through the motions** 어떤 일을 습관적으로 하다 ⁴ **hit the snooze button** 선잠 버튼을 누르다 (잠깐 잘 때[조금 더 자고 싶을 때] 쓰는 버튼. 누르면 얼마 후 알람이 또 울린다.) ⁵ **get some caffeine into one's system** 카페인이 들어 있는 것(커피)을 마시다

Focus: Trying to Concentrate
집중하기

한 유명한 운동선수가 이런 말을 한 적이 있습니다. "중요한 것은 연습에 얼마나 많은 시간을 들였느냐가 아니라 연습 때 무엇을 했느냐 하는 것이다."

공부든, 연습이든, 무엇이든, 시간을 들여도 집중하지 못하면, 즉 질적인 면이 충족되지 않으면 시간을 낭비하는 셈이 되고 맙니다.

그러니 깨어 있기는 하지만 집중이 잘 안 된다고 할 때, 여러분은 그 '상황을 바꾸기' 위해 어떻게 합니까? 그 상황을 변화시킬 수 있도록 어떤 일을 하나요?

물론 그냥 여유를 가지고 빈둥거리는 것도 가끔씩은 괜찮겠죠. 휴식 시간을 가지는 것처럼요. 하지만 어떻게 하면 집중을 잘 할 수 있을까요?

어떤 일을 꼭 해야 할 때, 정말로 집중할 필요가 있을 때 여러분은 어떻게 합니까?

아이가 있거나 또는 아이를 가르칩니까? 그렇다면 아이들이 활기는 넘쳐 나지만 집중하는 시간은 짧다는 것을 아실 겁니다. 그 두 요소가 합쳐지면 집중시킨다는 것은 정말 힘든 일이죠. 그럴 때 어떻게 아이들의 집중력을 높이세요? 회초리를 들어서? 사탕을 뇌물로 줌으로써? 여러분만의 비결 같은 거 있나요? 집중이라는 것은, 자신이 집중하는 것도 그렇지만 다른 사람이 집중하도록 만드는 것은 정말 힘들죠!

TALK ABOUT IT

1. 여러분은 시간을 현명하게 쓰나요?
2. 여러분은 어떤 연습 (혹은 공부) 방식을 쓰나요?
3. 쉽게 집중력을 잃어버리나요, 아니면 집중력이 높은가요?
4. 쉬는 시간은 얼마나 자주 가지나요?
5. 쉬는 시간에는 뭘 하나요?
6. 쉬고 난 후 다시 일에 집중하기가 어려운가요?
7. 일이나 공부, 연습을 더욱 열심히 하기 위해 어떤 자극을 주지요?
8. 하루 중 가장 집중하기 쉬운 때가 있나요?
9. 어떤 환경에서 가장 집중하기 쉬운가요?
10. 조용한 곳에서 집중하기가 더 쉬운가요? 어떤 소리가 방해되나요?

1 **shift gears** 기어를 바꾸다, 방법을 바꾸다　2 **goof around** 빈둥거리다　3 **have a short attention span** 집중하는 시간이 짧다, 주의력이 낮다　4 **bribe them with candy** 그들에게 뇌물을 쓰다, 뇌물로 사탕을 주다

048 TV: Useful or Useless?

텔레비전: 유익한가, 무익한가?

TV를 없애버려야 할지 말아야 할지 종종 고민하나요? 가끔 이런 생각이 들 때가 있습니까? "이 걸 없애버리든지 해야지! 아이들이 TV를 너무 많이 봐. 가족들도 TV만 보는 대신 대화를 하거나 뭐 다른 일을 해야 하는데."

또 이런 생각이 들 때도 있을 겁니다. "TV가 있어서 얼마나 다행인지. 정말 최고의 베이비 시터야. 게다가 세상이 어떻게 돌아가는지 알 수 있잖아. 재미있는 프로그램도 많이 볼 수 있고. TV는 정말 좋아. TV가 없으면 인생이 따분할 거야."

가정에서 이런 비슷한 토론을 한 적이 있나요? '얼간이 수상기(boob tube)'나 '바보상자(idiot box)'라고 불리는 TV가 없었으면 하고 바란 적이 있나요?

저는 TV를 볼 시간이 별로 없습니다. 하지만 보게 되면 뭐라도 하려고 노력합니다. 스트레칭을 한다든지 그 자리에서 걷는다든지, 뭐든지요. 아무것도 하지 않고 무의미하게 보내거나 소파에 누워 TV만 보는 카우치 포테이토가 되기는 싫거든요. TV를 볼 시간은 별로 없지만 보게 되면 머리를 거의 쓰지 않습니다. 그저 멍하니 앉아만 있게 되는 위험이 도사리고 있는 거죠. 그래서 TV에 관해서는 좀 복잡한 마음입니다.

친구 몇 명은 TV를 전혀 보지 않습니다. TV를 보는 대신 여러 가지 다른 활동을 하죠. 하지만 다른 친구들은 대부분의 여가 시간을 TV 앞에서 보냅니다. 최신 프로그램을 모두 꿰고 있죠. 제 생각에 저는 그 중간정도인 것 같습니다.

여러분은 어떠세요? TV 시청을 어떻게 생각하나요?

TALK ABOUT IT

1. 여러분은 TV를 보나요?
2. 얼마나 자주 TV를 보나요?
3. 어떤 프로그램을 보나요?
4. 가장 좋아하는 TV 프로는 뭔가요?
5. TV를 너무 많이 본다는 생각이 든 적이 있나요?
6. 여러분은 카우치 포테이토인가요?
7. 사람들이 TV를 보는 대신 뭘 해야 한다고 생각하나요?
8. 시청자들에게 나쁜 프로그램이라고 생각하는 TV 프로가 있나요?
9. 어떤 프로그램인가요?
10. TV 시청이 유익한 점이 있을까요?

¹ **debate with** ~와 토의하다, 논의하다   ² **boob tube (= idiot box)** TV   ³ **veg out** 한가롭게 보내다, 아무것도 하지 않다, 무의미하게 보내다   ⁴ **couch potato** 소파에 앉아 감자칩을 먹으며 TV만 보는 사람   ⁵ **have mixed emotions** 어떤 일에 대해 좋은 감정과 나쁜 감정이 뒤섞여 묘한 감정을 느끼다, 복잡한 마음이다

Superstitions: What Do You Believe?

 미신: 무엇을 믿나요?

여러분은 미신을 믿어요? 사람 이름을 빨간색으로 쓰지 않으려는 타입인가요? 실내에서 우산을 펴는 것은요? 검은 고양이를 보면 피합니까?

아주 근사한 아파트에서 살 수 있는데 호수가 444호라면, 혹은 반대로 별로 좋지 않은 아파트인데 호수가 777이라면, 4가 들어간 아파트를 피하겠습니까?

시험을 앞두고는 특정 음식을 피하죠. '미끄러져' 시험을 망칠까 봐요. 또 답을 잘 '찍으라고' 엿으로 만든 도끼 같은 선물을 주기도 합니다.

어떤 사람이 다른 사람에 대해 무언가 불길한 말을 하면 저는 그 사람에게 그 말을 '취소하라'고 말합니다. 나쁜 일이 일어나지 않도록 말이죠. 이성적인 생각은 아니죠. 그 사람에게 저주를 내린 것도 아니고, 그냥 나쁜 말을 한 건데. 하지만 그 나쁜 말을 '말하지 않은' 상태로 하지 않으면 기분이 풀리지 않는다니요.

사람들은 아무것도 아닌 작은 일들에 커다란 의미를 부여하는 것 같습니다. 그 일들이 혹 이런 의미를 갖지는 않을까 하는 생각 때문에 실제보다 더 큰 중요성을 부여하는 것 같아요. 이것도 사람들이 가지는 미신 중 하나입니다.

이런 작은 일들이 어떻게 해서든 영향을 끼치게 될까요? 정말로 어떤 의미가 있을까요?

TALK ABOUT IT

1. 여러분은 미신을 믿나요?
2. 어떤 미신을 믿나요?
3. 한국의 미신에는 어떤 것들이 있나요?
4. 다른 나라 미신 아는 것 있어요?
5. 행운을 믿어요?
6. 여러분은 운이 있는 사람인가요, 없는 사람인가요?
7. 사람들이 가지고 다니는 '행운의 부적'에는 어떤 것들이 있나요?
8. 프로 운동선수들은 경기 전 행운을 위해 어떤 의식을 치르기도 합니다. 여러분도 그런 미신적인 의식이 있나요?
9. 미신 때문에 계획이나 결정한 일을 바꾼 적이 있나요?
10. 미신을 믿는 부모 밑에서 자란 사람들은 역시 더 미신을 믿을까요, 아니면 덜 미신적일까요? 왜 그렇게 생각하죠?

1 **avoid black cats** 검은 고양이를 피하다 (검은 고양이가 불운을 뜻한다는 미신이 있음)   2 **mess up** 망치다   3 **toffee** 엿   4 **take back** 잘못을 인정하다, 취소하다   5 **one way or the other** 어떻게 해서든지, 여하튼

Telling "Stories": Making Everything Interesting

'얘기' 하기: 모든 것을 재미있게 만들기

"주말 동안 뭐 특별한 일 하셨나요?"
"아니오, 별일 없었는데요."

별일 없었다고요!!! 저는 그 말이 제일 싫습니다. 뭐라도 얘기할 만한 일을 하셨겠죠. 뭐든지요. '별일 없었다'는 말은 결국 '별로 얘기하고 싶지 않다'는 말과 같습니다.

사람들은 언제나 살아가며 생기는 이런 저런 일들을 얘기합니다. 그런 작은 얘기들이 '굉장한' 얘기는 아닐지 몰라도 그래도 얘기는 얘기입니다. 잘 포장하면 다른 사람들의 흥미를 끌 만한 얘기가 되죠.

음, 예를 든다면,

저는 자기 전에 종종 가습기를 틉니다. 아침에 목이 아프지 않도록요. 그런데 요전에 잠자리에 들기 전 여느 때와 마찬가지로 가습기를 틀었는데 '안개'가 나오질 않는 거예요. 답답해서 이 버튼, 저 버튼을 다 눌러보기 시작했죠. 연기가 나올 때까지요. 너무 너무 피곤해서 금방 잠이 들었답니다.

일어났을 때 저는 제 눈을 믿을 수가 없었습니다. 방안이 온통 '안개'로 꽉 차 있는 게 아니겠어요? 마치 구름 속에 있는 기분이었습니다. 벽에 넝쿨이 자라고 있고 열대우림의 이국적인 동물들이 우는 소리가 ('악 악 악'하고) 들리는 듯했죠. 저는 얼른 창문을 열고 방안에서 안개를 내보냈습니다. 그리고 가습기의 버튼을 누를 때는 조심하자는 교훈을 얻었습니다.

이런 것이 일상적인 얘기의 한 예죠.

TALK ABOUT IT

1. 여러분은 재미있는 얘깃거리가 있나요?
2. 여러분은 얘기를 잘하는 편인가요, 아니면 얘기를 잘 들어주는 편인가요?
3. 친구들 중 얘기를 굉장히 잘하는 친구가 있나요?
4. 그 친구처럼 되고 싶다는 생각을 한 적이 있나요?
5. 자신이 부끄럼타는 편이라고 생각하나요?
6. 주말에 뭐 특별한 일 있었나요?
7. '별일 없었다'고 대답한 적 있나요?
8. 어떤 사람이 '별일 없었다'고 대답하면 기분이 어떤가요?
9. 주위에 똑같은 얘기를 하고 또 하는 사람이 있나요? 왜 그런다고 생각하세요?
10. 더 재미있고 신나게 얘기를 각색하는 것이 괜찮은 일일까요? 여러분도 그런 적 있나요?

1 **package** 포장하다   2 **turn on the humidifier** 가습기를 틀다   3 **out of frustration** 답답해서, 실망해서

321

Hugs

포옹

저는 포옹을 좋아합니다. 집에 돌아가면 깨어 있는 사람은 누구든 껴안아줍니다. 아이들이든 아내든 아내의 친정 식구든, 그 누구라도 상관없습니다. 집에 발을 들여놓는 순간 포옹 타임이 되는 거죠. 친구들과는 우정의 포옹을 합니다. 혹은 '남자들 사이의' 포옹을 합니다. 완전히 껴안는 것이 아니라 애정을 보여주는 정도로 껴안는 거죠. 우정의 포옹은 대체로 짧습니다.

우리 삼촌은 예전에 저에게 '곰'의 포옹을 해주시곤 했습니다. 곰의 포옹은 숨을 쉬기가 힘들 정도로 아주 꼭 껴안는 것을 말합니다.

저는 사람들을 가까이 느끼는 것을 좋아합니다. 사랑하는 사람들을 두 팔을 크게 벌려 따뜻하게 껴안아주면, 와… 정말 천국이 따로 없죠.

우리 가족은 가끔 그룹 포옹을 하기도 합니다. 다같이 동그랗게 원형으로 서서 모두를 껴안는 거지요. 그리고 '집중' 가족 포옹도 있습니다. 가족 중 한 사람이 힘든 하루를 보냈다고 하면, 예를 들어 "자, 모두 엄마를 껴안아!"라고 말하면서 가운데에 있는 엄마를 껴안는 겁니다.

포옹에는 뭔가 특별한 것이 있습니다. 아기들을 달래주는, 사랑받고 있다고 느끼게 하는 뭔가가요. 또 엄마의 포옹의 따뜻함과 심장의 고동에도 뭔가 특별한 것이 있지요, 마음을 진정시켜주는. 그것은, 그것은 바로 우리가 온 곳이랍니다. 우리 가족이 너무 닭살인지도 모르겠어요. 하지만 너무 애정이 깊은 것이 너무 차가운 것보다 낫죠. 언젠가 아이들이 자라 독립해 나가면 원할 때마다 안아주지 못하겠지요. 저는 할머니와의 포옹이 그립습니다. 여러분도 사랑하는 사람들에게 포옹을 해주면 어떨까요?

TALK ABOUT IT

1. 여러분은 포옹하는 것이 거북하지 않은가요?
2. 여러분의 가족은 애정을 많이 표현하나요, 아니면 조심스럽고 자제하는 편인가요?
3. 포옹보다는 다른 사람의 손을 잡는 것을 더 좋아하나요?
4. 서양에는 PDA (공공장소에서 애정 표현을 하는 것)를 더 많이 하는 편입니다. 가끔은 정말 거슬리죠. 저는 너무 심한 것은 너무 심하다고 생각하거든요. 여러분은 어떤가요?
5. 동성에게 포옹을 해주기도 하나요?
6. 여러분은 친구에 대한 애정을 어떻게 표현하나요?
7. 한국에서는 왜 포옹을 잘 안 할까요?
8. 어떤 사람을 지나치게 많이 껴안을 수도 있을까요?
9. 누구를 껴안는 것이 부적절할 때도 있을까요?
10. 어떤 사람을 껴안아주었는데 그 사람은 그냥 가만히 있다면 기분이 어떨 것 같아요?

1 **in-laws** 인척들　2 **"bear" hug** 꼭 껴안는 포옹　3 **lovey-dovey** 사랑에 빠진　4 **turn off** 꼴불견

Tooth Care
치아 관리

저는 최근에 치과에 갔습니다. 사실 굉장히 오랜만에 간 거랍니다. 치과의사가 충치가 있다고 할까봐 좀 걱정했었죠. 적어도 일년에 한 번은 치과에 가서 이 검사를 해야 하는데요, 그 시기가 훨씬 지났거든요.

고등학교 시절 치과에 가야 할 때에는, 일부러 양파나 마늘 같이 냄새 나는 것들을 잔뜩 먹곤 했습니다. 치과의사가 저를 빨리 내보내고 싶도록요. 입 냄새 때문에 치료를 빨리 끝내고 싶을 거라고 생각했죠.

지금은 치과에 가기 전에 이를 닦고 치실을 합니다. 의사 선생님의 일을 더욱 쉽게 만들도록 말이죠.

그 결과 어떤지 아세요? 충치가 없답니다. 좋은 소식이죠. 아무 이상이 없다는 진단을 받았어요!

저는 시간이 날 때마다 이를 닦고 치실을 하려고 노력합니다. 특히 식사 후에는요. 늙어서 머리가 하얗게 될 때까지 제 이를 간직하고 싶습니다. 현실적으로는 대부분의 노인들처럼 의치를 하게 될 가능성이 높지만요. 옛날에 충치를 치료한 것이 몇 개 있기는 하지만, 더 이상 충치 치료를 할 일이 없도록 이를 잘 관리하려고 노력합니다.

TALK ABOUT IT

1. 하루에 세 번 이를 닦습니까?
2. 치실을 사용하나요?
3. 마지막으로 치과에 간 것이 언제입니까?
4. 치아 교정기를 낀 적이 있나요?
5. 사랑니가 있나요? 이를 뺀 적이 있어요?
6. 미국에서는 이빨 요정이 베개 밑의 빠진 이를 가져가는 대신 돈을 놓고 간답니다. 여러분의 가정에도 그와 같은 전통이 있나요?
7. 치과를 무서워하는 사람들이 있습니다. 여러분은 어떤가요?
8. 이를 관리하기 위한 방법으로 무엇이 있을까요?
9. 치과에 가는 것을 좋아하나요? 치과에 가는 것의 가장 좋은 점과 가장 나쁜 점은 무엇일까요?
10. 여러분이 치과의사라면 환자를 더욱 편안하게 해주기 위해 어떻게 하겠어요?

1 **the truth is** 사실은   2 **get a clean bill of health** 건강에 아무런 이상이 없다   3 **get dentures** 의치를 하다   4 **have fillings** 때운 이가 있다

053 Sweet Dreams
좋은 꿈 꿔요

최근에 제 아이 중 하나가 악몽을 꾸었습니다. 그래서 꿈에 관해 생각하게 되었는데요. 저는 아들과 대화를 하며 그에게 즐거운 순간을 목록으로 적어보라고 했습니다. 그리고 매일 밤 잠자리에 들기 바로 직전에 그 목록을 읽어보라고 했죠. 그걸 읽고 좋은 생각을 떠올렸으면 좋겠어요. 그럼 그 좋은 생각들이 꿈에 영향을 주겠죠.

며칠 전날 밤에 저는 아이들에게 '드림 캐처'에 관한 이야기를 해주었습니다. '드림 캐처'란 거미 줄처럼 나쁜 꿈들을 모두 잡아버리는 존재입니다. 그리고 아침에 태양이 그 나쁜 꿈들을 모두 태워버리는 거죠. '드림 캐처'는 북미 인디언들에게서 나온 얘기 같아요. 아무튼, 아이들은 그 얘기를 좋아하더군요. '즐거운 순간' 목록과 함께 이 얘기도 효과가 있는 듯싶습니다. 현재까지는 말이죠.

꿈은 정말로 강력합니다. 가끔 꿈을 꾸면, 꿈을 꾸고 있다는 것을 알면서도, 꿈의 내용을 바꾸려고 하는 때가 있습니다. 혹시 그런 적 있나요? 현실에서는 불가능한 일이 꿈에서는 가능하기도 합니다. 하늘을 나는 것처럼요. 또 가끔은 꿈속에 갇혀버린 듯한 느낌을 가지기도 하죠. 꿈에서 깨고 싶은데, 깨지 못하는 그런 순간이요. 꿈속에서 소리를 지르며, 일어나려고 하지만 오랫동안 일어나지지 않습니다. 어떤 것인지 알겠지요? 가위 눌리는 것 말이에요.

TALK ABOUT IT

1. TV를 보거나 책을 읽는 등 자기 전에 하는 일이나 보는 것이 꿈에 영향을 준다고 보세요?
2. 상징하는 것을 찾는 등 꿈을 해석하려고 한 적이 있나요?
3. 좋은 꿈을 꾼 다음 날 복권을 산 적이 있습니까?
4. 친구에 대해 나쁜 꿈을 꾸면 그냥 잊어버리는 편인가요, 아니면 친구에게 전화해서 알리는 편인가요?
5. 악몽을 되풀이해서 꾼 적이 있나요?
6. 꿈이 현실로 일어날 수 있다고 믿나요?
7. 악몽을 꾸면서 아무리 깨어나려고 해도 깨어나지 못했던 적이 있나요?
8. 꿈을 잘 기억하나요?
9. 꿈이 끝나기 전에 잠에서 깨어 그 꿈을 '마무리' 짓기 위해 다시 잠들려 했던 적 있나요? 그래서 성공했나요?
10. 다른 언어로 꿈을 꾼 적이 있나요?

1 **have a nightmare** 악몽을 꾸다 2 **dream catchers** 드림 캐처(나쁜 꿈을 잡아가는 것)
3 **feel trapped in one's dreams** 꿈에 갇힌 듯한 느낌이다, 가위눌리다

Used Stuff
중고품

사람들은 계속 이사를 다니는 것 같습니다. 이사를 하면 새 물건을 사는 경우가 많은데요, 멀쩡하게 보이는 물건들이 버려지는 것을 보면 언제나 놀랍습니다. 훌륭한 책꽂이에 멋진 의자에 끝내주는 테이블까지. 이런 말을 한다고 오해는 하지 마십시오. 저는 새 물건을 사기도 합니다. 하지만 버려진 물건들도 주저하지 않고 살펴보죠.

우리집 가구의 상당수가 중고 제품입니다. 침대는 새로 샀지만, 중고 책꽂이나 테이블을 들여오는 것에는 전혀 거부감이 없습니다. 여러분은 어떠세요?

중고를 싫어하는 사람들도 있습니다. 접시나 음식을 담는 그릇은 좀 그렇죠. 저는 중고 접시는 사지 않습니다. 하지만 중고 냉장고나 세탁기, 중고 TV는 문제될 것이 없잖아요.

한국의 중고차들은 최고입니다! 더 좋은 차로 업그레이드 하려는 사람들이 많기 때문에 중고차 시장이 아주 크죠. 고를 게 너무 너무 많아요. 선택의 대상이 정말 엄청나죠.

헌책은 또 어떻고요? 저는 헌책방에 가는 것을 정말 좋아합니다. 어떤 책을 만나게 될지 모르거든요. 그리고 가격도 새 책을 사는 것보다는 훨씬 싸죠. 그리고 페이지가 넘어가기만 한다면 책의 먼저 주인이 누구였는지는 전혀 상관없습니다.

TALK ABOUT IT

 1. 중고 물품을 파는 가게에 들어가본 적 있어요?
 2. 대학가 근처의 헌책방은요? 헌책을 산 경험이 있나요?
 3. 친척에게서 헌 옷을 '물려받은' 적 있나요?
 4. 새것으로 사고 싶은 품목은 무엇인가요?
 5. 어떤 물건이라면 중고품으로 사겠어요?
 6. 중고품으로 사고 싶지 않은 물건은요?
 7. 사람들이 최신 상품에 너무 집착한다고 생각하나요?
 8. 왜 그런다고 생각하나요?
 9. 중고품을 살 때의 장점은 무엇일까요?
10. 중고품을 살 때의 단점은 무엇일까요?

1 **Don't get me wrong.** 오해하지 마세요.   2 **a good portion of** 상당 부분의, 많은
3 **mind-boggling** 굉장한, 믿어지지 않는

055 On Time: Don't Be Late

늦지 마세요

친구들 사이에서는 만나서 밥을 먹거나 영화를 보는 일로 혹은 기타 다른 일로 약속을 잡았을 때 조금쯤 늦어도 괜찮을 듯싶습니다. 하지만 비즈니스 세계는 그렇게 관대하지 못하죠. 제시간에 가야 하는 것은 말할 것도 없고, 회의나 약속 시간에는 오히려 미리 가는 것이 좋습니다. 방송계에선 일자리를 잃기 싫으면 절대 늦지 말아야 합니다.

저는 언제나 약속 시간보다 일찍 가려고 노력합니다. 처음 가보는 장소에 갈 때에는 한 시간 여유를 두고 도착하도록 합니다. 정확한 장소를 찾으면 남은 시간에는 커피숍에서 책을 읽거나 그냥 돌아다니거나 하죠. 저는 늦는 것을 정말 싫어합니다.

늦는 것에 대한 공포증을 가지고 있다 해도 과언이 아니죠. 누구나 학생시절 '시험날 늦게 일어나는' 꿈을 꾼 적이 있을 겁니다. 어떤 꿈인지 아시죠? 늦게 일어나서 시험을 치르지 못하는 그런 꿈이요. 많은 사람들이 경험했으리라 생각합니다. 언젠가 한 번은 밤새 벼락치기 공부를 하다가 해가 뜰 무렵 잠이 든 적이 있습니다. 부모님이 깨워주셔서 다행이지, 기말시험에 'F'를 받을 뻔했다니까요.

TALK ABOUT IT

1. 여러분은 약속 시간에 늦는 친구들을 얼마나 봐주나요?
2. 10분 정도는 괜찮나요? 30분은요?
3. 요즘은 휴대폰이 발달해서 약속한 시간에 전화해 곧 도착할 거라고 얘기하는 사람들이 많습니다. 약속한 시간에 전화했다고 늦어도 되는 건가요? 늦은 이유가 뭔지에 따라 다르겠죠! :)
4. 약속 시간보다 일찍 가는 편인가요, 시간에 맞춰가는 편인가요, 아니면 조금 늦는 편인가요?
5. 늦었을 때 무슨 변명을 하나요?
6. 약속 시간에 늦게 온 사람들이 둘러댄 변명 중 좋지 않았던 것은 무엇인가요?
7. 늦어서 좋지 않은 일이 일어난 적이 있나요? 한번 얘기해보세요.
8. 어떤 사람들은 항상 늦습니다. 이유가 뭘까요?
9. 만나기로 약속한 사람이 늦을 때 포기하고 가기 전 얼마나 기다려줄 수 있나요?
10. '일찍 일어나는 새가 벌레를 잡는다.'라는 표현이 무슨 뜻일까요? 그 말이 맞다고 생각하나요?

1 **not an option** 선택할 수 있는 것이 아닌   2 **"late" phobia** 지각 공포증   3 **cram away** 벼락공부하다

Forgiving

용서하기

'실수하는 것은 인간이고, 용서하는 것은 신이다.'라는 말 들어본 적 있으세요? 저는 그 말이 맞는 것 같습니다. 실수를 저지르기는 쉽지요. 모두가 실수를 하잖아요, 인간이니까요. 하지만 다른 사람이 실수했을 때 용서하는 것은 어떤가요? 그건 그렇게 쉽지 않습니다.

정말로 위대한 사람은 화는 더디게 내고 용서는 빨리 한다고 들었습니다. 하지만 저는 반대인 경우가 많아요. 빨리 화를 내고 용서는 더디게 하죠. 어떤 사람에게 삐친 다음 삐친 상태가 아주, 아주 오래 간 적이 있나요?

쉽게 용서가 되는 것들도 있죠. 별로 중요하지 않은 작은 일들이요. 하지만 어떤 큰 잘못에 대해서 누군가를 용서하는 것은 아주 어려운 일일 수 있습니다.

저는 드라마를 별로 좋아하지 않습니다. 제 말은, 집안에서 일어나는 드라마를 싫어한다는 말입니다. TV에서 드라마를 보는 것은 상관없지만 친구나 가족들 사이에 불필요한 감정이나 복잡한 관계가 형성되는 것은 원치 않습니다. 우정을 유지하기 위해서는 용서와 지난 일은 잊는 것이 중요하죠. 기억력이 나쁜 사람도 자신에게 해를 끼친 사람은 기억합니다. 시간이 지나, 그 사람이 '무슨 일'을 저질렀는지는 잊어버려도 그 사람이 상처를 준 사실만은 잊지 못할 겁니다.

TALK ABOUT IT

1. 만약 자신을 마음 아프게 만든 사람과 같은 직장에 다닌다면 어떻겠어요? 여러분은 그 사람을 용서하겠어요, 아니면 피하겠어요?
2. 그 사람이 잘못한 것을 아예 없었던 일처럼 행동하겠어요?
3. 사람을 쉽게 용서하는 편인가요?
4. 마지막으로 여러분에게 뭔가 잘못한 사람을 용서한 때는 언제인가요?
5. 여러분의 친구 둘이 싸우고 있고 여러분은 중간에서 중재를 하려고 노력하고 있습니다. 하지만 둘은 서로를 용서하지 않으려 하고 여러분은 둘 모두와 계속 친구로 지내고 싶습니다. 어쩌면 좋을까요?
6. 어떤 사람을 용서한 후 그 사람과 이전과 같은 관계를 유지하는 것이 가능할까요?
7. 여러분이나 친구 중 하나가 용서하기를 거부해 둘의 우정이 깨진 적 있나요?
8. 여러분은 조그만 일로도 크게 화를 내거나 소란을 피우는 'drama king[queen]'인가요?
9. 그런 사람들을 어떻게 생각하나요?
10. 어떤 사람에게 사과를 했는데 그 사람이 사과를 받아들이지 않은 적 있나요?

1 **To err is human, to forgive, divine.** 허물은 사람의 상사요, 용서는 신의 본성이다.   2 **soap operas** 멜로드라마, 연속극   3 **over time** 시간이 지나서   4 **"drama king" or "drama queen"** 조그만 일로도 크게 화를 내거나 소란을 피우는 사람

057 Shoes: How Important Are They?

신발의 중요성

여러분은 신발을 몇 켤레나 가지고 있어요?
정장할 때 신는 신발이 있나요?
하이킹을 위한 신발이 있나요?
스포츠용 신발이 있나요?
평상화가 있나요?

샌들이나 겨울용 방수 부츠는요?

신발은 매우 중요합니다. 몇 시간이나 서 있어야 하는 직업을 가져본 적이 있다면 제 말이 무슨 뜻인지 아실 겁니다. 간호사들은 아주 편한 신발을 신죠. 하루종일 걸어 돌아다녀야 하니까요. 그런 상황에서 하이힐을 신는다는 것은 '완전히' 비실용적이죠. 하루종일 서서 머리를 자르는 사람들은 어떨까요? 하루 일과가 끝나면 발이 얼마나 아플지 상상이 되나요?

저는 신발을 살 때 쿠션이 좋아 잘 받쳐줄 수 있는지 항상 안쪽을 살펴봅니다. 보통 가죽으로 만들어진 정장화는 조금 늘어날 때까지 기다리죠. 운동화는 발목을 받쳐줄 수 있는 것으로 사는 편입니다. 저는 최대한 발이 편한 신발을 사려고 노력합니다. 발이 편해야 저도 기쁘니까요.

TALK ABOUT IT

1. 신발을 살 때 여러분은 어떤 점을 고려합니까? 상표명? 가격? 편안함?
2. 다른 것보다 더 많이 신는 신발이 있나요?
3. 신발이 닳을 때까지 얼마나 걸리나요?
4. 구두는 얼마나 자주 닦나요?
5. '어그 부츠' 같은 유행을 따르는 편인가요, 아니면 시간이 지나도 같은 스타일만을 고집하나요?
6. 가장 좋아하는 신발은 어떤 것입니까?
7. 가지고 있는 신발이 너무 많다고 생각하나요?
8. 여러분은 신발을 액세서리라고 생각하고 의상과 맞추는 편인가요?
9. 발이 아프면 어떻게 하나요?
10. 아픈 발의 고통을 덜어주기 위해 쓰는 방법은요?

1 **dress up** 정장하다 2 **at the end of the day** 일과가 끝나고 3 **athletic shoes** 운동화

Snacks... Are We What We Eat?

우리는 우리가 먹는 것 그 자체다?

저는 어제 여러 사람들과 함께 하루종일 일했습니다. 아침 10시부터 시작해서 저녁 10시까지 일을 했죠. 물론 그렇게 하루종일 일을 할 때는 몸을 움직여줄 수 있는 연료가 필요합니다. 점심시간과 저녁시간이 있었지만, 그다지 양이 차지 않아 여러 가지 간식을 먹고 말았습니다.

솔직히 말하면, 후회 됩니다. 크래커와 칩 등, 먹는 순간은 좋았지만 기운이 나진 않았거든요. 오히려 반대로 체한 기분이 들었습니다. 그게 맞는 표현인지는 잘 모르겠지만. 하지만 어쨌든 간식으로는 과일 같은 자연 식품을 먹을 때가 훨씬 속이 편합니다.

저는 올바른 식습관을 가지려 노력합니다. 영양제 같은 것보다는 자연적인 방법으로, 즉 음식을 통해 몸에 필요한 영양분을 섭취하려고 노력하지요. 하지만 비타민은 복용합니다. 만약을 대비해서요. 섭취한 음식 중 건강 유지를 위해 필요한 성분들이 빠지는 경우가 종종 있으니까요.

제 생각에는 캘리포니아 사람들이 미국 중부지역 사람들보다 건강에 더 관심이 많은 것 같습니다. 새로운 것을 기꺼이 시험해보려 하죠. 서부와 동부 해안지대에 사는 사람들은 다른 나라에 좀더 근접해 있어서 실험정신이 강하고 새로운 음식도 기꺼이 먹어보려 합니다.

결론은, 저는 제가 섭취하는 음식에 관심이 많다는 것입니다. 여러분은 어떠세요?

TALK ABOUT IT

1. 간식을 즐기나요?
2. 정크 푸드는 피하나요?
3. 저녁에 일정 시각 이후에는 아무것도 먹지 않나요?
4. 비타민이나 다른 영양제를 복용하나요?
5. '우리는 우리가 먹는 것 그 자체다.'라는 말에 동의하나요?
6. 가장 좋아하는 스낵은 뭔가요? 어떻게 만드나요?
7. 정크 푸드는 얼마나 먹어요?
8. 간식으로 정크 푸드를 먹고 난 후 기분이 어때요?
9. 어떤 음식이 건강에 좋다고 생각하나요?
10. 한국에는 정크 푸드가 있나요?

1 **clogged up** 막힌   2 **take supplements** 영양제를 먹다   3 **miss out** 놓치다

059 Time for a Haircut
이발할 때

이발을 해야 할 때가 되었네요. 저는 보통 한 달에 한 번 머리를 자릅니다. 집 근처에 매번 가는 곳이 있지요. 동네 미용실에서는 기다리는 줄이 거의 없답니다. 몇 년간 제 머리를 잘라온 미용사는 뭘 어떻게 해야 할지 정확히 알고 있습니다. 저는 보통 옆머리와 뒷머리를 조금 다듬습니다. 구레나룻을 길게 남기는 걸 싫어하기 때문에 미용사가 짧게 자르죠. 또 머리가 자연적인 곱슬이라 앞머리는 자를 필요가 없습니다. 그 외에 머리를 꾸미는 과정은 다 필요 없기 때문에 기본 커트 비용만 내면 7천원이죠. 그 정도면 나쁘지 않죠.

머리에 많은 돈을 들이는 사람들도 있습니다.
커트에,
웨이브에,
퍼머에,
블리치에,
염색에.

머리를 하는 것은 꽤나 힘든 일이 될 수 있습니다. 머리에 이것저것 뭘 많이 해야 하는 사람들은 좀 안됐다는 생각이 들어요.

제 머리는 관리가 수월합니다. 별로 손질이 필요 없죠. 금방 머리를 자르고도 머리 손질에 많은 시간을 들이는 사람들도 있지만 저는 그렇지 않아요. 머리 손질에는 그렇게 시간을 많이 들이지 않죠.

제 머리는 곱슬이라 퍼머를 했냐고 묻는 사람들이 종종 있습니다. 그러면 저는 아기 때 엄마 뱃속에서 퍼머를 했다고 말해주죠!

TALK ABOUT IT

1. 머리를 자주 자르나요?
2. 퍼머를 해본 적 있나요?
3. 염색을 해볼까 생각한 적 있나요?
4. 머리를 매일 감나요?
5. 무스나 헤어젤 같은 것을 바르나요?
6. 드라이를 자주 해요?
7. 리본이나 헤어밴드 등 헤어 액세서리를 즐기나요?
8. 헤어스타일을 완전히 다른 모양으로 과감히 바꿔본 적 있나요?
9. 친구들이나 가족들은 바뀐 머리 모양을 어떻게 생각했나요?
10. 머리를 최악으로 잘랐을 때는 어땠나요? 얘기해보세요.

1 **side burns** 구레나룻 2 **cut one's bangs** 앞머리를 자르다 3 **pretty low maintenance** 그다지 손질이 필요 없는, 쉽게 만족하는

Sonmat 손맛: Making Something Extra-Special

뭔가를 더욱 특별하게 만드는 '손맛'

최근 김치를 담갔습니다. 솔직히 말하면 장모님과 아내가 담그고 저는 옆에서 조금 돕기만 했습니다.

김치를 담그는 과정을 보면서 저는 '손맛'에 대해 생각하게 되었습니다. '손맛'은 영어로 번역하기가 거의 불가능한 한국말 중 하나입니다.

손맛은 숨어 있는 재료죠. 요리를 만들 때의 노력과 마음, 그런 정성을 상징하는 것입니다. 요리 재료도 중요하지만 그 보이지 않는 요소가 결과물에 더해져 맛을 내는 겁니다. 글자 그대로 해석하면 '손맛'은 'hand-flavor'가 됩니다. 하지만 과학적으로 측량할 수 있는 요소는 아니죠. 어떤 음식은 준비하는 과정에 또 요리 중에 들어간 사랑 때문에 더 맛이 있습니다. 요리한 사람의 경험도 빼놓을 수 없고요.

요리에 종종 들어가는 그 특별한 재료에 대해 생각하다가 저는 다른 모든 것들에 이를 어떻게 적용해볼 수 있을지 생각해봤습니다.

청소,
여러분이 하는 일,
학업,
글쓰기,
또 뭐든지!

059
060

그 마법 같은 재료가 음식에만 들어가라는 법 있나요? 우리가 하는 모든 일에도 들어가면 좋겠죠?

TALK ABOUT IT

1. 여러분에게 '손맛'이란 무엇인가요?
2. 어머니의 요리를 레스토랑의 요리와 비교할 수 있나요?
3. 그 둘은 왜 맛이 다를까요?
4. 손수 요리를 준비하고 나면 어떤 기분이에요?
5. 사람들이 여러분의 요리를 칭찬하면 기분이 좋은가요?
6. 스스로 뭔가 하는 것에서 만족감을 느끼나요?
7. 요리가 아닌 다른 것에 어떻게 '손맛'을 적용할 수 있을까요? 상상력을 발휘해보세요!
8. 바쁜 생활방식으로 '손맛'을 잃을 위기에 처해 있다고 생각하나요?
9. 우리 삶에 '손맛'이 사라지지 않도록 하려면 어떻게 해야 할까요?
10. '손맛'은 여러분에게 얼마나 중요한 의미인가요?
11. 어느 만큼 노력이 들어갔느냐 하는 것이 선물에 의미를 줍니다. 여러분은 이런 노력을 얼마나 중요하게 생각하나요?

---

1 **end product** 최종 생산물, 최종 제품 2 **literally translated** 글자 그대로 해석하면
3 **it could be applied to pretty much anything** 그것은 거의 모든 것에 적용될 수 있다

What's the Rush?

뭐가 그리 급하세요?

가끔 저는 사람들이 인생이라 불리는 이 거칠고 험한 여행에서 잠시 발걸음을 멈출 필요가 있다고 생각합니다. 이런 노래도 있잖아요, "좀 천천히 가요, 너무 빨리 가고 있잖아요, 좋은 세월을 빨리 흘려보내면 아깝잖아요." 왜 우리는 '빠른' 것에 열을 올리게 된 것일까요? 지금도 충분히 빠르지 않나요?

컴퓨터와 기계들이 더욱 더 빨라지길 바랍니다. 패스트 푸드조차 느리다고 생각하죠. 얼마 전에 결혼식에 다녀왔는데요, 얼마나 빨리 끝나던지! 다른 차가 꾸물거리고 있는 것을 못 기다리고 가장 빠른 차선으로 가장 빠른 속력으로 가길 원합니다. 비용만 감당할 수 있다면 다들 비행기 대신 로켓을 타려고 할걸요.

하지만 그것조차도 부족하죠. 눈깜짝할 사이에 한 곳에서 다른 곳으로 옮겨가는 꿈 같은 공상과학소설 이야기가 현실이 되지 않는 한 사람들은 만족하지 못할 겁니다.

스피드만이 언제나 만족스러운 삶의 답은 아닐 겁니다. 가끔씩은 조금 천천히 가는 것이 바로 정답이 되지요. 인생이라 불리는 여행을 즐기면서요. 끝까지 가는 것이 전부가 아닙니다. 끝은 어차피 오게 되어 있으니까요. 여정을 즐기는 것, 제가 좀더 노력해야 할 부분은 그 부분입니다. 여러분은 어떠세요? 쥐들의 경주에서 우승해봤자 쥐는 쥐일 뿐입니다!

TALK ABOUT IT

1. 성미가 급한가요?
2. 패스트 푸드는 얼마나 자주 먹나요?
3. 지금의 컴퓨터 속도나 인터넷 속도에 만족하나요?
4. 인생의 속도를 조금만 줄일 수 있으면 좋겠어요?
5. 항상 서둘고 바쁜 사람들을 어떻게 생각해요?
6. 여러분은 하루 중 여유를 가지고 숨돌릴 틈을 가지나요?
7. 서두르지 않고 여유 있는 삶을 살기 위해 어떤 일을 할 수 있을까요?
8. 'Take time to smell the roses (여유를 가지고 장미꽃 향기를 맡아라).'라는 말의 뜻을 알아요? 여러분 인생에 이 말이 적용되나요?
9. 여러분은 지금 인생의 속도에 만족하나요?

1 **wild ride** 거친 인생 여정 (ride: 탈것, 승차)   2 **in the blink of an eye** 눈 깜짝할 새
3 **the rat race** 경쟁 사회, 격심하고 무의미한 경쟁

Winter: So Many Qualities

다양한 특색이 있는 겨울

겨울이 시작됐습니다! 그리고 여러분이 오랫동안 동면할 수 있는 곰이 아닌 바에야 피할 데라곤 없습니다. 피할 수 없다면 즐기는 게 낫죠. :)

저는 모든 계절이 특별하다고 생각합니다. 계절마다 저마다의 정취와 색깔, 향기가 있죠.

손이 너무나 차가워지는 것은 싫지만 친구들과 함께 불에서 막 꺼낸 고구마를 먹는 것은 좋습니다.

차가운 바람에 귀가 시리다 못해 아픈 것은 싫지만 크리스마스 캐럴을 듣는 것은 좋습니다.

얼음판에서 미끄러져 엉덩이를 다치는 것은 싫지만 상자를 가지고 나와 언덕에서 썰매를 타고 미끄러져 내려오는 것은 좋습니다.

원래 쇼핑하는 것을 그다지 좋아하지 않지만 아이들이 눈을 반짝이며 선물을 열어보는 모습은 좋아합니다.

겨울은 감사의 계절입니다. 세상에는 저보다 가진 것이 훨씬 적은 사람들이 있다는 것을 압니다. 겨울은 아는 사람과 또 모르는 사람에게 가진 것을 나누어 주기에 좋은 계절이죠. 한 해를 돌아보고 또 가난한 사람들을 돕기에 좋은 계절입니다.

TALK ABOUT IT

061
062

1. 가장 좋아하는 계절이 언제인가요?
2. 겨울을 어떻게 생각해요?
3. 겨울의 어떤 점을 좋아하고 즐기나요?
4. 겨울의 싫은 점은요?
5. 겨울의 명절 (크리스마스와 새해)을 좋아하나요?
6. 크리스마스와 새해에는 뭘 하나요?
7. 겨울에는 옷을 다르게 입나요?
8. 어떻게 다르게 입나요?
9. 어떤 동물은 겨울에 동면합니다. 여러분의 일상생활은 겨울에 어떻게 바뀌나요?
10. 겨울에만 할 수 있는 활동 중 여러분은 무엇을 하나요?

1 **hibernate** 동면하다　2 **there is nowhere to run** 도망갈 곳이 없다　3 **right from the fire** 불에서 막 꺼낸　4 **one's eyes light up** 눈이 반짝이다, 기쁜 표정을 짓다

Volunteer: Helping Others

자원하여 다른 사람 돕기

자원하기 (volunteering)는 쉽지 않은 일입니다. 'volunteer'의 기본적인 의미는 무언가를 하겠다고 지원하는 것이죠. 한국에서는 이 말이 선의로 다른 사람을 돕겠다고 지원하는 것을 뜻하는 경우가 많습니다. 대가로 뭘 바라고 하는 일이 아니죠.

그것은 고아원에서 자원봉사를 하는 일일 수도 있고,
가난한 사람들을 돕는 활동일 수도 있고,
병원의 아픈 사람들을 돕는 것일 수도 있습니다.

저는 양로원에서 자원봉사를 한 적이 있습니다. 노인들은 사회에서의 활동이 어렵고 가족들은 그들을 돌볼 시간이 없기 때문에 양로원에 들어가는 경우가 많습니다. 그래서 저는 가끔 외로운 노인들을 찾아가 시간을 보내곤 했죠. 누가 찾아가면 기뻐하니까요. 또 식량은행에서 일한 적도 있는데요, 식량은행은 가난한 사람들에게 나눠줄 수 있도록 먹을 것을 기부하는 곳입니다. 저는 그곳에서 음식을 나눠주는 일을 도왔습니다.

하지만 자원하기가 자선을 목적으로 하는 일만을 가리키는 것은 아닙니다. 단순히 도와주겠다고 제안하는 것도 자원이니까요. 어떤 상황에서 무언가를 하겠다고, 혹은 돕겠다고 제안하는 것이죠. 예를 들어 엄마가 요리하느라고 바쁠 때 식탁을 차리겠다고 자원할 수도 있고, 식사 후 설거지를 하겠다고 자원할 수도 있죠. 누가 그렇게 하라고 시키는 것이 아니라 스스로 원하는 것입니다. 대가가 주어지는 일도 아니고요.

자원하는 것은 모두에게 유익한 일입니다. 자신도 기분이 좋고요. 도움을 받은 사람들도 굉장히 고맙게 생각할 테니까요.

TALK ABOUT IT

1. 마지막으로 자원했을 때는 언제예요?
2. 다른 사람을 도울 목적으로 어떤 자원봉사를 해보았나요?
3. 집에서, 직장에서, 혹은 학교에서 어떤 식으로 자원해보았나요?
4. 얼마나 자주 자원해야 할까요?
5. 다른 사람이 의견을 낼 때까지 기다리는 편인가요, 아니면 자발적으로 나서서 방법을 찾는 편인가요?
6. 시간이 허락한다면 어디서 자원봉사를 하고 싶은가요?
7. 자원봉사로 우리가 배울 수 있는 것은 무엇이라고 생각하나요?
8. 자원함으로써 어떤 보답을 받을 수 있을까요?
9. 왜 더 많은 사람들이 자원하지 않는 걸까요?

1 **out of the goodness of one's heart** 선의로, 친절한 마음으로   2 **retirement home** 양로원
3 **senior citizens** 노령자, 노인   4 **food bank** 식량은행 (극빈자용 식량 저장 배급소)

One of a Kind: People Are Unique

누구나 유일무이한 특별한 존재

저는 가끔 겨울과 겨울에 내리는 눈에 대해서 생각합니다. 눈이 많이 내리면 세상이 잠시 온통 하얗게 변하죠. 하지만 며칠이고 계속해서 내리다 보면 눈이 별로 특별해 보이지 않게 됩니다. 가끔 커다란 눈송이를 잡아보면 독특한 모양으로 되어 있다는 것을 알 수 있습니다. 들은 바로는 눈송이마다 모양이 각기 다르다고 하더군요.

가끔 우리는 아주 많은 사람들을 봅니다.

지하철에 타는 사람들,
축구 경기를 보며 응원하는 사람들,
그냥 길을 가고 있는 사람들.

그런 때의 사람들은 그리 특별해 보이지 않습니다. 그저 하나의 커다란 집단으로 보일 뿐이죠. 하지만 각 개인은 특별합니다. 모두가 다 다르게 생겼으며, 모두가 자신만의 독특한 개성을 가지고 있죠. 모두가 저마다의 특성이 있습니다. 한 사람 한 사람이 귀중한 보물입니다.

저는 종종 그런 보물들을 가치도 몰라보고 지나치는 것 같다는 생각이 듭니다. 석탄은 보되 그 안의 다이아몬드는 보지 못하는 거죠. 사람들 중에는 가치를 알아보기 쉬운 사람들이 있습니다. 어떤 사람들은 그게 좀 어려운 경우도 있죠. 하지만 그렇다고 그냥 지나칠 것이 아니라 시간을 들여 그 친구가 지닌 숨겨진 가치를 알아내도록 해야 하는 것이 아닐까요? 못 보고 지나친 것은 없는지 말이죠. 친구나 가족들에게서 전에는 미처 보지 못했던 것들을 찾기 위해 계속해서 노력해야 하지 않을까 싶습니다. 또 혹시 제가 뭔가 할 수 있는 일이 있을지도 모르잖아요. 미처 몰랐던 어떤 것 말이에요.

TALK ABOUT IT

1. 여러분은 항상 주위 사람들의 가치를 이해하고 존중하나요?
2. 그런 마음을 어떻게 표현하나요?
3. 사람들에 대한 존중을 표현하는 방법으로 무엇이 있을까요?
4. 잠시 시간을 내서 주변의 것들을 감상하기도 하나요, 아니면 별 생각 없이 그냥 지나치나요?
5. 여러분은 자신의 개성을 어떻게 표현하나요?
6. 여러분과 비슷한 가치 기준을 가진 사람을 인정하기가 쉬운가요, 아니면 다른 가치 기준을 가진 사람을 인정하기가 쉬운가요?
7. 사람들은 가장 가까운 이들을 당연한 것으로 여기는 경향이 있다고 하는데 사실일까요? 왜 그런 일이 생길까요?
8. 여러분은 독특한 개성으로 튀려는 편인가요, 아니면 다른 사람들과 비슷하게 조화를 이루려는 편인가요?

1 **once in a while** 때때로　2 **snowflake** 눈송이　3 **one large mass** 하나의 큰 집단, 덩어리

Moving
이사

우리 사회는 늘 움직이고 있습니다. 사람들도 항상 움직이고요. 살던 곳을 떠나 '가장 좋은 곳'을 찾죠.

혹은 더 넓은 곳이나,
가격이 오를 만한 곳,
좋은 학교에서 가까운 곳,
지하철역에서 가까운 곳 등을 찾기도 합니다.

일생 동안 같은 집에서 사는 사람은 거의 없습니다. 저는 미국에서도 한국에서도 여러 번 집을 옮겨 다녔습니다. 이사하는 것을 별로 좋아하지는 않지만 현대 사회에 살면서 피할 수 없는 일 중 하나인 것 같습니다.

저는 최근에 처갓집에서 가까운 곳으로 이사를 했습니다. 이제 길 하나만 건너면 되는 거리에 살죠. 원래는 처갓집이 대구여서 일년에 몇 번 뵙지 못했는데요.

이제는 하루에 한 번은 뵙는 것 같습니다. 아이들에게도 좋고 처갓집 식구들한테도 좋은 일이죠. 근처에 가까운 가족이 산다는 것은 좋은 일인 것 같습니다.

물론 사람들이 항상 움직인다는 점을 생각하면, 누가 알겠습니까, 앞으로 그분들과 떨어져 다른 곳으로 또 이사하게 될지.

TALK ABOUT IT

1. 마지막으로 이사한 때는 언제인가요?
2. 왜 이사를 했나요?
3. 지난 번 집이 그리운가요?
4. 지금 살고 있는 집이 마음에 드나요?
5. 지금 사는 집의 가장 좋은 점은 무엇인가요? 위치? 크기?
6. 처음 집이 기억 나요? 어떤 집이었나요?
7. 몇 번이나 이사해봤나요?
8. 어디로든 이사할 수 있다면 어디에 살고 싶은가요?
9. 이사를 많이 다니는 사람들이 있는데, 왜 그렇게 이사를 많이 할까요?

1 **on the move** 움직이다, 옮겨 다니다　　2 **uproot** 주거를 바꾸다　　3 **go up in value** 값이 오르다
4 **wind up** 결국 ~이 되다

066 Being Clean
깨끗함

저는 하루 일과를 시작하기 전 몸치장을 하는데 시간을 많이 들이지 않습니다. 하지만 언제나 깨끗하게 보이는 데는 신경 씁니다.

면도를 하고,
이를 닦고,
깨끗한 옷을 입습니다.
그날 필요한 것을 가방에 싸고, 그러면 하루를 시작할 준비가 끝납니다.

저는 깨끗함을 유지하도록 최선을 다합니다. 하지만, 솔직히 말하면 좀더 개선해야 할 여지는 있습니다.

차도 조금 지저분하고요,
방도 조금 지저분하고,
하루 일과가 끝날 무렵에는 가방도 조금 지저분해집니다.
수염도 빨리 자라서 5시가 되기도 전에 거무스름해진답니다!

결론은 제가 좀더 깨끗했으면 한다는 것입니다. 책상 위의 물건들도 좀더 똑바로 정리해 놓았으면 좋겠고 좀더 샤프해 보이고도 싶습니다. 그냥 외모 때문만이 아니라 그렇게 되면 기분까지 샤프해지거든요. 때로는 외모가 기분까지 영향을 줄 수도 있습니다.

누군가를 만날 때는 바로 전에 이를 닦고 셔츠를 단정히 바지 안으로 집어넣어 입은 상태에서 만나면 한결 기분이 좋습니다.

좋은 옷을 입고 있거나 몸단장을 제대로 했을 때 누군가를 만나면 더욱 자신감이 있습니다.

청결함, 우리 모두가 추구해야 할 것입니다. 하지만 노력 없이는 얻을 수 없죠.

TALK ABOUT IT

1. 저는 외모가 기분까지 좌우한다고 생각합니다. 여러분은 어떤가요?
2. 옷을 쫙 빼 입으면 어떤 기분이에요?
3. 선글라스를 쓰면 기분이 달라지나요?
4. 정장을 하면 기분이 달라지나요?
5. 매일 샤워를 하나요?
6. 회의 전 옷 매무새를 다듬는 등 단장을 하나요?
7. 얼마나 자주 차를 청소하나요?
8. 가족 중 제일 깨끗한 사람은 누구인가요?
9. 아침에 준비를 하려면 얼마나 걸리나요?
10. 거울을 보며 외모를 다듬는 데 시간을 많이 보내는 편인가요?

1 **groom** 몸단장하다, (머리, 수염, 의복 등을) 다듬다   2 **whiskers** 수염   3 **5 o'clock shadow** 오후 5시 경에 거무스름해 보이는 수염   4 **tuck in** 셔츠 자락을 바지 안으로 집어넣다

Priorities: Keeping Them Straight

우선순위 확실히 정하기

잘못하면 마치 머리 잘린 닭처럼 여기저기 헐레벌떡 뛰어다니며 하루를 지내기 쉽습니다. 어떤 체계나 분별도 없이 그저 이리저리 뛰어다니며 일을 마치려고만 하는 것이죠. 그런 계획성 없는 하루를 보낸 적 있으세요?

엄마들 같이 많은 역할을 해내야 하는 사람들은 어떤 일을 먼저 해야 할지 우선순위를 정하는 데 종종 애를 먹습니다. 많은 일을 하고 있는 분이라면 하루종일 그 일들을 처리하려 애쓰며 굉장히 바쁘겠지요. 하지만 그 일들을 효율적으로 하고 있나요?

저는 가끔 뭔가 할일이 생각나면 잊기 전에 얼른 그 일을 해버립니다. 때로는 해야 할일들을 적어두기도 합니다. '해야 할일' 목록을 만드는 거죠. 하지만 목록에 있는 일들의 순서가 중요합니다. 우선순위를 정하지 못하면 중요도가 높은 일을 하는 시기가 늦어버릴 수도 있거든요.

'높은 우선순위'와 '낮은 우선순위'에는 차이가 있습니다. 그 차이를 구별하지 못하면 큰 문제가 생길 수도 있습니다.

시간 내에 제출해야 할 리포트가 있을 때 (예를 들면), 저는 해야 할일 대신 수백만 가지 다른 일들을 생각하곤 한답니다.

TALK ABOUT IT

1. 해야 할일의 우선순위를 정하는 데 어려움을 겪은 적이 있나요?
2. '해야 할일' 목록을 자주 만드는 편인가요?
3. 해야 할일들의 순서를 좀더 잘 정할 수 있으면 좋겠다고 생각하나요?
4. 오늘 해야 할 일 중 최우선순위의 일은 무엇인가요?
5. 발등에 떨어진 불이 있나요?
6. 시간에 임박해서 일을 마치곤 하나요?
7. 어떻게 하면 시간을 좀더 현명하게 사용할 수 있을까요?
8. 새로운 일을 시작하는 데 종종 어려움을 겪나요?
9. 여러 가지 일을 동시에 잘하는 편인가요?
10. 우선순위를 어떻게 변경하나요?

1 **rhyme or reason** 도리, 분별, 이치 2 **haphazard** 계획성 없는, 아무렇게나 하는 3 **"to do" list** '해야 할일' 목록

Jeongsin Eopda 정신 없다: Being Scatter-brained

'정신 없다'

가끔 저는 아무 생각 없이 영어와 한국말을 섞어서 말합니다. 어제는 바쁜 와중 친구가 이렇게 묻더군요. "아이작, 하이킹 갈 시간 돼?" 저는 "그랬으면 좋겠지만, 다음 기회에. 지금은 너무 '정신 없다.'"라고 대답했습니다. 그랬더니 친구가 저를 이상한 표정으로 보면서 이렇게 말했습니다. "너무 뭐라고?!" 저는 이렇죠. "정신 없다고. 그게 무슨 뜻인지 몰라?" "모르는데." 그래서 제가 설명해줘야만 했죠. 그러고 나니, 그 말에 대해 생각해보게 되더군요. '정신 없다'는 것은 조금 'scatter-brained(머리가 산만한)'한 상태를 말합니다. 예를 들어 차 안에 열쇠를 두고 문을 잠갔다고 합시다. 그런 경우 다음과 같이 말할 수 있겠죠.

"대체 무슨 생각하는 거야?! 오늘 정말 정신 없네."

혹은

"뇌 기능이 꺼졌나. 이런 한심한 실수를 저지르는 법이 없는데."

혹은

"왜 이렇게 정신 없이 멍한 거지!"

하지만 앞서 친구가 하이킹을 가자고 했을 때는 'scatter-brained'한 상태가 아니었습니다. 그냥 다른 것은 할 여유가 없이 너무 바빴을 뿐이죠. 그런 경우의 '정신 없다'는 다음과 같이 말합니다:

"지금은 너무 바빠. 다음에 가자."

혹은

"오늘은 너무 정신 없이 바빠서 시간을 낼 틈이 없어. 하이킹은 다음에 가자."

TALK ABOUT IT

1. 정신이 없는 때가 종종 있나요?
2. 정신 없이 바쁜 날이 많은가요?
3. 그렇게 바쁜 것은 여러분의 탓인가요, 아니면 주위 상황 탓인가요?
4. 조금 '정신 없다'고 생각되는 때는 어떻게 차분히 가라앉히나요?
5. 어떻게 '정신'을 되찾나요?
6. 급한 일에 다시 집중할 때 쓰는 여러분만의 비결이 있나요?
7. 모든 일을 다 끝마치기에 하루 24시간이 부족하다고 생각되는 적이 많은가요?
8. '정신 없음'으로 인해 좋지 않은 일이 일어난 적 있나요?

1 **give someone a funny look** ~을 이상하게 보다 2 **scatter-brained** 정신 없는, 차분하지 못한, 머리가 산만한 3 **lock the keys in the car** 열쇠를 차에 둔 채 문을 잠그다 4 **hectic** 몹시 바쁜 5 **have a crazy day** 정신 없는 하루를 보내다

339

069 Free Time vs. Hobby

여가 시간과 취미

"취미가 뭐예요?"라는 질문은 요즘은 별로 유용한 질문이 아닌 것 같습니다. 적어도 어른들에게는요. 저는 어렸을 때 동전을 모으곤 했습니다. 남동생은 우표를 모았고요. 즉 동전 수집이 제 취미였지요.

하지만 대부분의 어른들은 취미 생활을 할 여유가 없습니다. 흥미를 가지고 있는 일이나 여가 시간에 하는 일은 있어도 취미를 가지고 있는 경우는 거의 없죠.

그래서 어떤 사람과 가벼운 대화를 나눌 때 하면 좋은 질문은 "What do you usually do in your free time? (여가 시간에 주로 뭘 하세요?)"입니다. 보통 여기저기서 잠깐씩 여유가 생기곤 하니까요. 여러분은 여가 시간에 뭘 하세요?

물론 친구나 가족들과 시간을 보내는 것도 좋아하지만, 여가 시간에 제가 하는 일들은 다음과 같은 일입니다.

저는 책 읽는 것을 좋아합니다.
영화 보는 것도 좋아하죠.
음악감상을 즐기고요.
산책도 좋아합니다.

사람들은 다양한 여가 활동을 합니다. 여러분은 어떤가요?

TALK ABOUT IT

1. 여러분은 여가 시간에 뭘 하나요?
2. 어떤 것에 관심을 가지고 있나요?
3. 진짜 취미가 있나요?
4. 어렸을 때 취미가 있었나요?
5. 주말에 시간을 때우기 위해 뭘 하나요?
6. 시간이 있다면 어떤 취미를 가지고 싶은가요?
7. 하고 싶은 여가 활동이 있나요? 어떤 거예요?
8. 좀더 여가 활동을 즐겨야겠다고 생각하나요?
9. 즐길 수 있는 취미를 가지고 있으면 어떤 점이 좋을까요?
10. 취미가 있으면 안 좋은 점은 뭘까요?

1 **things that a person is into** 관심을 가지고 있는 일들, 빠져 있는 일들, 취미   2 **spare time** 여가 시간   3 **make light conversation** 가벼운 대화를 나누다

Memory: What Do You Remember?

기억력: 뭘 기억하세요?

최근 영화를 하나 봤는데요, 주된 내용이 과거에 대한 기억을 상실하는 것이었습니다. 주인공은 기억하고 싶어하지만 병이 있어서 모든 것을 잊어버립니다. 그녀는 가족들도 잊어버립니다. 모든 것이 '낯설기' 때문에 그녀는 세상이 두렵습니다.

저는 뛰어난 기억력을 가진 편은 아닙니다. 얼굴은 잘 잊어버리지 않지만 이름을 기억하는 데는 아주 서툴죠. 저에겐 뭔가를 외우는 게 쉽지 않습니다. 시간을 많이 들여서 보고 또 봐야 비로소 머리 속에 남게 되죠.

단어를 외울 때 제가 가끔 쓰는 방법은 작은 이야기를 하나 만드는 겁니다. 그 이야기 속에 단어 들을 끼워넣죠. 예를 들어, 음, '조수'라는 단어를 외운다고 합시다. 영어로는 helper나 assistant라고 하죠. 그럴 때는 이런 이야기를 만듭니다. '그에게 만약 HELPER (조수)가 없었 더라면 그는 addresses (주소)를 완전히 혼동했을 것이다.' 보세요, 조수와 주소, 좀 혼동되죠. 조금 이상하지만 이게 제 외우는 방식입니다.

그건 저만의 기억 방식이고요, 사람에 따라서 외우는 방식이 또 다르겠죠. 예를 들어,

완전히 외워질 때까지 말하기를 반복하든가,
언제든지 볼 수 있도록 적어놓든가,
플래시카드를 만들어 외운다든가.

기타 많은 방법이 있겠죠. 중요한 것은 자신에게 맞는 방식을 찾는 것입니다.

TALK ABOUT IT

1. 여러분은 자신만의 암기 방식이 있나요?
2. 뭔가를 잘 잊어버리는 편인가요?
3. 기억력을 증진시킬 수 있는 방법으로 뭔가 추천할 게 있나요?
4. 오늘을 기억할 수 있도록 일기를 쓰나요?
5. 좋은 일을 잘 기억하나요, 아니면 불쾌한 일을 잘 기억하나요?
6. 잊어버리고 싶은 일이 있나요?
7. 'photographic memory (비상한 기억력)'가 뭔지 알아요?
8. 그런 기억력을 가진 사람을 아나요?
9. 최초의 어린 시절 기억은 뭔가요?

---

1 **not bad with faces** 얼굴은 잘 기억하는   2 **terrible with names** 이름을 기억하는 것이 서툰
3 **etched in one's brain** 머리 속에 남겨진, 새겨진   4 **when it comes to** ~에 대해서는, ~이라면

341

Following a Dream

꿈 쫓아가기

저는 어렸을 때 소방관이 되고 싶은 꿈이 있었습니다. '와, 소방차를 타고 다니면서 사람들을 돕고 불을 끄면 얼마나 멋질까.'라고 생각하곤 했죠.

나이가 더 들어서는 아버지처럼 되고 싶었습니다. 아버지는 대학에서 학생들을 가르치셨는데, 저는 항상 아버지를 존경했죠. 그래서 저는 아버지처럼 선생님이 되었습니다.

아버지와 저는 스타일이 다릅니다. 다른 모든 선생님들이 그렇듯 말이죠. 하지만 우리 둘 다 선생님이라는 사실이 기쁩니다. 여러모로 저는 꿈대로 살아가고 있다는 생각이 듭니다. 정말 행운이죠.

때로는 어렸을 때의 꿈과는 달리 인생이 우리를 다른 방향으로 밀고 갈 때가 있습니다. 적극적으로 꿈을 쫓지 않는 한 그런대로 순응할 수 밖에 없죠. 꿈이 여러분을 쫓지는 않으니까요. 꿈을 이루려면 내가 적극적으로 꿈을 쫓아야 합니다.

조금쯤 타협하는 것도 괜찮을 수 있습니다. 여러 다른 일들을 해보는 거죠. 그러면서 맞지 않는 일을 배제해 가는 과정을 거치는 겁니다. 예를 들어, 저는 세일즈맨을 해봤습니다. 이벤트 매니저도 해봤죠. 그리고서 마침내 제가 성장하고 다른 사람들을 도울 수 있는 자리를 찾은 겁니다.

모두가 꿈을 가지고 있습니다. 문제는 그것을 현실로 이룰 수 있느냐 하는 것이죠.

TALK ABOUT IT

1. 여러분은 꿈대로 살고 있나요?
2. 도중에 타협을 했나요?
3. 아직도 무엇을 하고 싶다는 꿈이 있나요?
4. 그게 무엇인가요?
5. 그 꿈을 이루기 위해서는 어떤 방법을 써야 할까요?
6. 꿈을 추구하기 위해 모든 것을 포기할 의향이 있나요?
7. 꿈을 추구하기 위해 삶을 변화시킨다는 것이 얼마나 힘들까요?
8. 그렇게 하는 사람들에 대해서 어떻게 생각하나요?
9. 꿈을 쫓아가지 않은 것을 후회한 적이 있나요?
10. 사람들이 꿈을 추구하는 것을 그만두게 만드는 것은 뭘까요?

1 **put out fires** 불을 끄다   2 **look up to someone** ~을 우러러보다, 존경하다   3 **live one's dream** 꿈대로 살아가다

Listening to Your Inner Voice

내면의 목소리 듣기

저는 대개의 경우 무엇을 어떻게 해야 할지 압니다. 어렸을 때는 부모님이나 선생님들께서 지도해주시곤 했죠. 자랄 때 집에 이모와 삼촌들이 많았던 것도 저에겐 행운이었습니다. 옳은 방향으로 향할 수 있도록 조언을 해주시곤 했거든요.

이제는 아이가 아니므로, 대부분 제 양심에 따라 결정할 수 있습니다. 가끔 그것만으로 부족할 때는 언제든 누구에게 물어보면 됩니다. 주위에 조언을 구할 좋은 친구들이 많이 있으니까요.

그 점이 좋은 친구가 있어서 좋은 점 중 하나가 아닐까 싶습니다. 우리가 옳은 일을 하고 있는지 그른 일을 하고 있는지 말해주니까요! 또 살면서 옳은 결정을 내릴 수 있도록 도와주기도 하죠.

우리는 살면서 수많은 작은 결정을 내리게 됩니다. 또 그때마다 최선의 결정을 내려야 하고요. 그런 결정은 대개 '좋은' 결정과 '나쁜' 결정이 아닌 '좋은' 결정과 '더 나은' 결정 사이의 고민이 됩니다. 다시 말하면 '무엇이 최선일까?'를 결정해야 하는 것이죠.

"아이작, 지금 한밤중이야, 그만 먹어야지." "아이작, 자기 전에 이를 닦는 게 어때?" 이런 내면의 목소리가 들리네요.

TALK ABOUT IT

1. 여러분은 양심을 따릅니까?
2. 가끔 양심의 소리를 무시하기도 하나요?
3. 스스로 강한 '내면의 소리'를 가지고 있다고 생각하나요?
4. 종종 다른 사람들에게 조언을 구하나요?
5. 다른 사람들에게 조언을 구하고 싶지만 좀 부끄러운가요?
6. 언제든 얘기할 수 있는 정말 좋은 친구가 있나요?
7. 우리가 내면의 소리를 좀더 잘 들으려면 어떻게 해야 할까요?
8. 양심을 따르지 않아 후회한 적 있나요?
9. 다른 이들이 여러분에게 종종 조언을 구하나요?

1 **give someone guidance** ~을 지도해주다   2 **make the right choices** 옳은 결정을 내리다
3 **What is the greatest good?** 무엇이 최선일까?; 어느 것이 더 나은 선택일까?

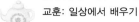

073 Lessons: Learning From Daily Life

교훈: 일상에서 배우기

저는 어렸을 때 동화책 읽는 것을 늘 좋아했습니다. 정의로운 영웅들이 여러 어려운 상황을 겪으며 악한 자들을 싸워 물리치고 결국엔 '오래 오래 잘 산다'는 내용이죠. 저는 선이 항상 악을 이긴다고 생각하며 자랐습니다.

할리우드 영화들도 대개 그렇죠. 뭐가 어떻든 결국 '브루스 윌리스'나 '해리슨 포드'가 승리하니까요. 영화 중간에 무슨 일이 일어나든 마지막에는 항상 좋은 편이 이긴다는 것을 알고 있습니다.

현실과 거리가 먼 이야기들인데다 현실적으로는 그런 엄청난 임무를 맡을 일도 거의 없지만 우리에게는 동화나 영화 속 주인공들과 비슷한 점이 있습니다. 매일 교훈을 배운다는 것이죠.

이솝 우화의 주인공들처럼 우리는 매일 겪는 일상이라는 모험에서 교훈을 배웁니다. 때로는 그 모험이 다소 평범할 때도 있습니다. 하지만 경험은 계속 쌓이지요. 더 많은 경험을 쌓고 더 많은 교훈을 배울수록 우리는 자신의 역할을 더욱 잘 수행할 수 있고 모험을 더욱 쉽게 헤쳐나갈 수 있게 됩니다. 혹은 적어도 더욱 어려운 일에 맞설 수 있게 되거나 같은 실수를 저지르는 것을 피할 수 있게 됩니다.

TALK ABOUT IT

1. 최근 좋은 교훈을 얻은 적 있나요?
2. 처음으로 얻은 큰 교훈이 뭔지 기억 나요? 아마 불을 가지고 장난하면 안 된다는 것이겠지요.
3. 어려운 일을 너무 많이 겪으면 사람들이 다소 '무감각'해지거나 '냉소적'이 된다고 생각하나요?
4. 어떤 일들은 경험을 통해서만 배울 수 있습니다. 책으로 읽어서는 알 수 없죠. 왜 그럴까요?
5. 모든 이야기가 해피엔딩일 거라고 믿나요?
6. 여러분이 얻은 교훈에 대해 다른 사람들에게 조언을 해주기도 하나요?
7. 인생 경험의 가치는 얼마나 될까요?
8. 여러분이 배운 가장 중요한 인생 교훈은 무엇인가요?
9. 다른 사람의 실수를 통해 정말로 배울 수 있을까요?

1 **Herculean tasks** 큰 일, 거대한 작업 (Herculean: 초인적인, 아주 어려운)   2 **pile up** 쌓다, 쌓이다
3 **take on bigger challenges** 더 어려운 일을 맡다 (take on: 떠맡다)

074 Do You REALLY Want It?

'정말로' 원하세요?

저는 정말로 원해야만 어떤 일을 할 수 있다고 생각합니다. '정말로' 원해야만 말이죠. 여러분은 뭔가 정말로 원했던 것이 있나요? 아이스크림 같은 단순한 것일 수도 있죠. 우리 딸은 아이스크림이 먹고 싶으면 사줄 때까지 저를 하루종일 귀찮게 조릅니다. 제가 착하게 굴고 저녁을 남기지 않고 다 먹으면 생각해보겠다고 해도 마찬가지입니다. 제가 잊지는 않았나 반드시 확인하죠. '자기가' 잊어버리지 않았으니까요. 와! 얼마나 대단한 결심인지! 얼마나 대단한 집중력인지! 얼마나 대단한 열정인지! 정말로 아이스크림을 먹고 싶은 겁니다!

여러분은 무엇을 원하나요? 단순히 먹을 것이 아니라, 그보다는, 더욱 건강해 보이는 몸이라든가, 영어를 더 잘하고 싶다든가 하는 것이겠죠. 좀더 즐거운 사회생활은 어때요? 예를 들어 저녁에 데이트할 사람이 있었으면 한다든지 말이죠. 그런데, 무얼 망설입니까? 누가 막기라도 하나요?

제 경우는, 가장 발목을 붙잡는 것은 약한 욕구입니다.

저는 '정말로' 원하는 것이 있을 때는 구하려고 노력합니다.
저는 '진짜로' 바라는 것이 있을 때는 그것을 추구합니다.

만약 정말로 절실히 가지고 싶으면, 아주 절실히 원할 때는, 만약… 그럴 때는… 만약… 그럴 때는… 오, 이런 끝이 안 나네요!

TALK ABOUT IT

1. 여러분이 진짜로 원하는 것은 무엇인가요?
2. 그것을 정말로 원하나요?
3. 그것이 정말로 필요한가요?
4. 어떻게 자신을 행동에 옮기도록 만드나요?
5. 무엇 때문에 망설이고 있나요?
6. 어떤 것이 중요한지 알고 있다면 왜 하지 않지요?
7. 어떤 사람들은 운동을 더 해야 한다는 것을 알면서도 심장마비가 올 때까지 그냥 있습니다! 그런 충격이 없이는 실천하기가 그렇게 힘든 것일까요?
8. 어떤 목표를 위해 열심히 노력해 마침내 성공한 적이 있나요?
9. 어떤 목표를 이루려고 열심히 노력했지만 실패한 적이 있나요? 그 경험에 대해 말해보세요.
10. 사람들은 가끔 자신에게 이롭지 않은 것을 원하기도 한다는 것이 사실일까요?

1 **command of English** 영어 구사 능력 (have a good command of English 영어를 자유자재로 구사하다) 2 **hold someone back** ~을 제지하다, 망설이게 하다 3 **go after** ~을 구하다, 목표로 하다
4 **bad enough** 몹시, 절실하게

Joking
농담하기

저는 농담하는 것을 좋아합니다. 재미있고 다른 사람들을 웃길 수도 있잖아요. 누군가를 웃기면 저도 즐거워요. 저는 어렸을 때 학급의 익살꾼이었습니다. 재미있는 농담을 기억했다가 얘기하는 데는 젬병이었지만 벽에 뛰어가 부딪히거나 바보 같은 행동을 흉내내는 등 슬랩스틱식 코미디는 잘했거든요. 말을 좀더 재치 있게 잘했으면 좋겠는데 말이죠. 바보 같은 짓을 하지 않고도 어떤 상황에서도 웃길 수 있었으면 좋겠어요.

농담을 할 때 가장 중요한 것은 타이밍이라고 생각합니다. 타이밍이 맞지 않으면 완전 실패하고 말죠. 재미있기는커녕 한심하게 보일 수 있다니까요.

타이밍도 중요하지만 농담의 내용도 중요합니다. 어떤 사람을 놀리긴 쉽지만 그 사람의 기분을 상하게 하면 어쩌죠? 그 순간 다른 사람들을 웃길 수는 있겠지만 그 순간이 지나고 나면 뭐가 남나요? 결국 우정을 망칠 수도 있습니다.

코미디는 문화마다 크게 다를 수 있습니다. 한국에서는 냉소적인 농담은 잘 통하지 않더군요. 또 TV를 보면 이해되지 않는 농담이 많이 나옵니다. 가끔 TV를 보면 저 빼고는 다 웃는 일이 있는데요, 저만 이해를 못한 거죠. 농담을 못 알아들으면 굉장히 답답합니다. 하지만 알아들으면 기분 좋아요!

TALK ABOUT IT

1. 농담을 잘하는 편인가요?
2. 유머감각이 뛰어나다는 말을 듣는 편인가요?
3. 다른 사람들을 잘 웃기는 사람들이 부러운가요?
4. 농담의 희생자가 되어본 적 있나요?
5. 커피에 설탕 대신 소금을 넣는 등의 짓궂은 장난을 좋아하나요?
6. 가장 좋아하는 코미디언이나 코미디가 있나요?
7. 재미있는 농담 아는 것 있나요? 어떤 농담인가요?
8. 서로 다른 나라에서 온 사람들이 재미있어 하는 농담이 각각 다른 이유가 뭐라고 생각하나요?

1 **bring a smile to someone's face** 누군가를 웃음 짓게 하다, 웃게 만들다   2 **class clown** 학급의 익살꾼   3 **slapstick** (치고 넘어지고 맞는 등) 과장되고 소란스러운 희극   4 **the joke bombs** 농담이 실패하다, 농담이 재미없다 (bomb: 대실패하다)   5 **get a joke** 농담을 이해하다

Stuck in the Past

과거에 집착하다

지난 하루나 지난 한 주, 지난 한 달, 지난 한 해를 되돌아보고 반성하는 것은 자연스러운 일입니다. 하지만 과거를 되돌아보고 반성하며 신경 쓰다가 자칫 과거에만 빠져 있을 수도 있습니다.

자기가 저지른 실수, 놓쳐버린 기회, 과거로 되돌아가 바꾸고 싶은 일들만을 생각하는 사람들이 있습니다. 그런 사람들은 항상 과거의 일만을 얘기하죠. 좀처럼 미련을 버릴 수가 없나 봅니다. 현재보다는 과거 속에서 시간을 더 많이 보내는 것 같을 때도 있습니다.

반대로 후회하는 일이 하나도 없다는 것도 저는 잘못된 것이라고 생각합니다. '유감이다'라고 말할 수 있는 것은 좋은 일입니다. 또 실수로부터 무언가 배우는 것도 좋고요. 하지만 너무 지나친 것은 너무 지나친 거지요.

'옛날 좋았던 시절'에 대해서 생각하는 것은 즐거운 일입니다.
어린 시절이라든가,
어떤 학교에 다녔던 때,
어떤 게임을 했던 때.

가끔씩 그런 추억을 얘기하며 과거를 그리는 것도 좋지만 우리가 살고 있는 것은 현재입니다. 지나간 시절을 얘기하며 웃는 것은 좋지만 그 추억이 우리를 울게 만드는 슬픈 기억이라면 어쩌죠? 그 기억들로 우울해지면 어떻게 하나요? 현재보다 과거에 더 강하게 이끌려서는 절대 안 됩니다. 현재를 살아가는 데 방해가 된다면 어떻게 해서든 과거를 잊는 것이 중요하다고 생각합니다.

TALK ABOUT IT

1. 어떻게 '과거를 잊을 수' 있나요?
2. 모이면 '예전 좋았던 시절'에 대해서만 얘기하는 친구가 있나요?
3. 과거에 대해 후회를 많이 하는 편인가요?
4. 자신을 '현재를 생각하는' 사람이라고 생각하나요?
5. '지금 이순간'으로 여러분을 되돌아오게 하는 것들은 무엇인가요?
6. 아는 사람 중 과거를 잊지 못하는 사람이 있나요?
7. 과거의 어떤 일이 그 사람을 아직도 괴롭히나요?
8. 'Those who do not learn from history are doomed to repeat it (과거의 역사로부터 배우지 못하는 사람은 다시 그 역사를 되풀이하게 되어 있다).' 이 말이 여러분에게는 무슨 의미인가요?
9. '미래를 사는 사람들'에 대해서는 어떻게 생각하나요?

1 **can't let go of something** ~을 잊을 수가 없다 (let go of: 쥐고 있던 것을 놓다)   2 **the "good old days"** 좋았던 옛 시절   3 **stronger pull** 더욱 강한 매력, 당기는 힘   4 **one way or another** 어떻게 해서든

077 Want vs. Need

원하는 것과 필요한 것

음식이나 공기, 물처럼 우리에게 꼭 필요한 것이 있습니다. 밖은 추우므로 피난처가 되는 집도 필요하죠. 또 사람은 사회적 동물이므로 상호작용이 필요합니다. 친구가 필요하죠.

필요한 것이 모두 다 있는, 아니 그 이상이 있는 저는 운이 좋죠. 저는 필요한 것보다 훨씬 많은 것을 가지고 있습니다. 이상한 것은, 이렇게 많은 것을 가지고 있는데도 더 많은 것이 필요하다는 생각이 든다는 것입니다. 저는 제 인생이 좀더 단순했으면 좋겠다는 생각을 합니다.

우리는 TV, 영화, 잡지 등 미디어의 홍수로 인해 '원하는' 것이 너무나 많아졌습니다. 그리고 '필요한' 것만을 생각하게 됐죠. 그런 물건 없이 살아갈 수 있다는 것을 알면 인생을 단순하게 만들 수 있습니다.

"엄마! 새로 나온 장난감 보셨어요?! 아주 끝내줘요! 다른 애들은 모두 가지고 있어요. 저도 사주시면 안 돼요? 제발, 제발, 제발요!"

"미안하다, 얘야. 우리 새 차 사려고 돈 모으는 중이잖니. 아빠 회사 사람들이 모두 새 차를 가지고 있어서 아빠도 가지고 싶어하셔."

"하지만 엄마, 우리 차 잘 굴러가잖아요! 뭐하러 새 차를 사요?"

오해는 마십시오, 저도 최신 제품들이 모두 멋지다고 생각합니다. 기술의 발전은 놀랍지만 우리가 새로운 물건을 사는 데 너무 집착한다고 생각하지는 않으세요?

TALK ABOUT IT

1. 여러분에게 없는 것을 다른 사람들이 가지고 있으면 소외감을 느끼나요?
2. 쇼핑을 갔을 때 필요 없는 것을 사는 경우가 얼마나 자주 있나요?
3. 원하는 것에 대한 강박관념이 너무 강해서 원하는 것이 필요한 것이 된 경우가 있나요?
4. 여러분에게 '정말' 필요한 것은 무엇인가요?
5. '가진 자'들은 '가지지 못한 자'들을 도울 의무가 있다고 생각하나요?
6. 자존심을 상하게 하지 않고 가난한 사람들을 도울 방법이 있을까요?
7. 'keeping up with the Joneses (이웃에게 지지 않으려고 허세를 부림)'라는 표현의 의미를 아는지요?
8. 광고와 매스 미디어가 우리가 필요하다고 생각하는 것에 얼마나 많은 영향을 미칠까요?

1 **bombarded** 공격을 받은　2 **Don't get me wrong.** 오해는 마십시오.　3 **the latest gadgets** 최신 도구, 장치

Exercise: Getting Enough of It

운동 충분히 하기

최근에 건강검진을 받으러 갔는데요, 의사가 앉아서 생활하는 시간이 너무 많다고 하더군요. 맞습니다. 요즘 앉아만 있는 일이 너무 많아요. 차에서도 앉아 있고, 책상 앞에도 앉아 있고, 마이크 앞에도 앉아 있고…. 중요한 건 움직이는 시간이 너무 적다는 것입니다. 건강을 위해서는 몸을 움직여야 하는 데 말이죠. 그 말이 맞습니다. 상당히 직접적이고 간단한 말이죠. 하지만 운동은 절대 간단한 일이 아닙니다. 습관을 들이지 않는다면요.

시내에 있을 때는 최대한 걷고 대중교통을 많이 이용하려고 노력합니다. 하지만 하루종일 한 장소에 있게 되면 별로 움직일 일이 없죠. 그럴 때는 엘리베이터 대신 계단을 이용하려고 노력합니다. 점심시간 때 시간을 내서 걷기도 하고요. 누구와 함께하면 더 좋죠. TV를 볼 때는 일어서서 스트레칭을 합니다.

저는 수영을 좋아하는데요, 운동만을 목적으로 왔다 갔다 수영하는 것은 별로 좋아하지 않습니다. 그보다는 누군가와 함께 어디에 가는 게 낫죠. 그럴 때는 운동은 거의 부차적인 것이 됩니다. 하지만 운동만을 목적으로 헬스클럽에서 자전거를 타거나 러닝머신에서 걷거나 수영을 하는 것은 전 별로 좋아하지 않습니다.

저는 초등학교 때 야구를 했습니다. 고등학교 때는 라크로스(하키 같은 야외 운동으로 주로 북미지역에서 행해짐-역주)를 했고요, 대학교 때는 태권도를, 대학원에서는 수영을 했지요. 이제는 학교에 다니지 않으니 운동과 스포츠가 생활 속에 들어갈 틈이 없어요. 뭔가 바뀌어야 합니다.

TALK ABOUT IT

1. 여러분은 규칙적으로 운동을 하나요?
2. 혼자 운동을 하나요, 다른 사람과 함께 하나요?
3. 트레이너와 함께 운동을 한 적이 있나요?
4. 헬스클럽에서 운동을 한 적이 있나요?
5. 헬스클럽 회원인가요?
6. 얼마나 자주 가나요?
7. 운동을 하다 부상을 당한 적이 있나요?
8. 운동을 하면서 스트레칭을 하고 물을 마시나요?
9. 가장 좋아하는 운동은 무엇인가요?

1 **check up** 건강검진 2 **make sense** 말이 되다, 일리가 있다 3 **for the sake of exercise** 운동을 목적으로 4 **secondary thing** 부차적인 것 5 **walk on a treadmill** 러닝머신 위에서 걷다 (treadmill: 러닝머신)

Home Remedies
가정 요법

추울 때 사람들은 감기에 걸립니다. 그 증상도 다양한데요.
목이 아프거나,
콧물이 흐르거나,
머리가 아프거나,
코가 막히는 등.

여러 가지 증상이 있죠. 감기는 여러 다양한 형태로 올 수 있습니다. 다양한 증상만큼 치료 방법도 다양하죠.

저는 정말 아플 때는 병원에 갑니다. 하지만 심해져서 감기가 완전히 자리잡기 전까지는 병균을 내몰 수 있는 온갖 방법을 시도해봅니다.

소금물로 입안을 헹굽니다.
내복과 같은 따뜻한 옷을 입고요.
커피는 피하는 대신 차를 많이 마시지요.
평소보다 휴식을 많이 취하도록 노력하고,
그리고 좋은 죽이나 수프를 먹도록 노력하죠. 치킨 수프 같은 거요.

많은 사람들이 감기를 치료할 수 있는 방법을 알려주었는데요, 그래서 저는 많은 가정 요법에 대해 생각하게 되었습니다. 각 가정마다 감기나 독감, 열과 싸우는 나름대로의 전략을 가지고 있는 것 같습니다. 효과가 있냐고요? 그건 잘 모르겠습니다만 아플 때 뜨거운 치킨 수프 한 그릇을 먹으면 언제나 좀 나아진 듯한 기분이 든 것만은 사실입니다.

TALK ABOUT IT

1. 감기를 이기기 위해 여러분은 어떤 것을 하나요?
2. 피하는 음식이 있나요?
3. 마스크를 쓰나요? 혹은 마스크를 쓰면 좀 창피한가요?
4. 감기나 열을 이기기 위해 극단적인 방법을 쓴 적이 있나요?
5. 집에 구급함이 있나요?
6. 다쳤지만 병원에 갈 정도로 심각한 부상은 아닐 때 어떻게 하나요?
7. 살짝 벤 상처는 어떻게 치료하나요?
8. 발목을 삐었을 때는요?
9. 얼마나 자주 아픈가요?

---

¹ **blocked up sinuses** 코막힘; 코가 막혀 숨쉬기 힘든 ² **you name it** 뭐든지 ³ **take on many shapes** 다양한 형태를 취하다 ⁴ **knock out the germs** 병균을 두들겨 내쫓다, 물리치다
⁵ **full-blown** 본격적인, 만발한, 무르익은

Family: Remembering Their Importance
가족의 중요성

최근 가족 모임이 있었는데요, 오랫동안 만나지 못했던 가족들을 보니 정말 좋더군요. 옛날 얘기도 하고, 지금 사는 얘기도 하고, 미래의 꿈에 대해서도 얘기했습니다.

가족들의 근황에 대해서도 잘 알게 됐습니다.
누가 이사를 하고,
누가 새 직장을 잡았고,
누가 얼마 전 졸업을 했고,
누가 곧 결혼을 하는지,
또 다른 재미있는 일들에 대해서요.

저는 남동생과 여동생이 있어서 다행이라고 생각합니다. 필요할 때 그들의 의견을 물을 수 있으니까요. 또 어떤 일에 대해 도움이 필요할 때 아버지와 어머니의 의견을 물을 수도 있습니다.

어떤 때는 가족들 생각을 별로 하지 않고 일, 일, 일만 하는 때도 있습니다. 어떤 때는 정말이지 가족들이 보고 싶을 때도 있고요.

가끔 사람들이 가족들을 당연하게 여기는 때가 있다는 생각이 듭니다. 부모님께, 형제 자매에게, 남편이나 아내에게, 아이들에게 그들을 얼마나 소중하게 생각하는지 별로 말하지 않죠. 어쩌면 오늘이 그들이 얼마나 내게 중요한 사람인지 말하기 좋은 기회인지도 모르겠습니다.

TALK ABOUT IT

1. 가족 구성원 모두와 잘 지내나요?
2. 그 중 더욱 가까운 사람이 있나요?
3. 가족과 많이 싸우나요? 혹은 예전에 많이 싸우곤 했나요?
4. 부모님 중 어느 한 분과 터놓고 얘기할 수 있나요?
5. 가족 중 한 명이 너무 크게 상처를 줘서 상처가 아물고 다시 친해지기까지 오래 걸릴 것 같은 사람이 있나요?
6. 부모님 때문에 부끄러웠던 적이 있나요?
7. 그분들이 자랑스러웠던 때는요?
8. 가족의 어떤 점이 특별한가요?
9. 가까이 살지 않는 가족과 어떻게 가까움을 유지하나요?

1 **family reunion** 가족 모임 2 **catch up on all the family gossip something** 가족들의 최근 소식에 정통하게 되다 3 **how much they mean to us** 우리에게 그들이 얼마나 큰 의미를 지니는지, 그들이 얼마나 소중한지

081 Finish What Was Started
시작한 일은 끝내세요

이따금 지난 시간을 돌아보는 것은 유익합니다. 후회와 절망에 빠질 위험이 있긴 하지만요. 하고 싶었던 모든 일들, 또 시작했던 모든 일들, 하지만 결코 끝내지 못한 일들에 대해 불만스러운 마음이 들 수 있잖아요.

저는 보통 읽다 만 책이 한 다섯 권은 널려 있습니다. 천천히 읽고 있는 책들인데요, 이제 몇 권은 슬슬 끝내야 할 것 같습니다. 짐을 좀 줄여야지요. 그리고 나서, 새로운 일을 시작하거나, 뭔가 다른 것을 시작할 수도 있겠죠.

하다 만 일들은 우리에게 압박감을 줍니다. 사람들은 "하려면 제대로 하고 싶어. 그래서 적당한 시기가 될 때까지 기다리고 있는 것뿐이야. 정말로 완벽히 하고 싶으니까."라고 변명할 수도 있습니다. 하지만 끝내 완성하지 못할 수도 있지요. 미해결로 남게 되는 겁니다. 그것들이 "하하, 넌 결국 나를 완성하지 못했어. 네가 약한 존재라는 의미지!"라고 비웃습니다.

끝내지 못한 책이든, 연락하고 싶은 사람이든, 올해 세운 목표를 마무리할 좋은 시기입니다. 그러니 더 이상 미루지 마십시오. 뒤로 미루는 것은 이제 그만두세요. 시작한 것을 끝내세요. 아직 늦지 않았습니다!

TALK ABOUT IT

1. 해결하고 싶은 미완성 상태의 일이 있나요?
2. '해야 할일' 목록에 비교적 빨리 끝낼 수 있는 일들이 있나요?
3. 그 일들을 끝내면 뭔가 달라질 거라고 생각하나요?
4. 급하게 끝내더라도 뭔가를 끝내는 게 좋을까요?
5. 어떤 일들을 '제대로' 하지 못한다면 '아예 하지 않는' 것이 나을까요?
6. 그렇다면 우리가 시작한 일이 결코 끝나지 않으면 어떻게 하죠? 더 큰 문제가 아닐까요?
7. 몇 가지 일을 한꺼번에 하는 편인가요, 아니면 한 번에 한 가지 일만 하는 편인가요?
8. 여러 가지 일을 동시에 하는 '다중작업'에 능한가요?
9. 일을 뒤로 미루는 편인가요?
10. 시작한 일을 끝내지 못하는 사람들이 많습니다. 왜 그럴까요?

1 **reflect on the past** 지난 시간을 돌아보다, 반성하다   2 **It's time to lose some of the baggage.** 이제 짐을 좀 줄여야 할 때다. (읽지 않은 책, 끝내지 않은 일을 좀 줄여야겠다는 의미)   3 **weigh down** 짓누르다, 압박하다, 침울하게 하다   4 **loose end** 결말이 나지 않은 것, 미해결   5 **procrastinate** 지연시키다, 질질 끌다

Top 10 Lists
톱 10 순위

매해 연말에는 순위 발표가 있는 것 같습니다. 어떤 순위인지 아실 거예요. 잡지마다 '톱' 10 리스트를 발표하지요.

'베스트 드레서'
'가장 인기 있는'
'가장 큰'
그리고 '최고의'.

가장 인기 있는 노래에서 가장 인기 있는 말까지 다양하죠.

한 해를 되돌아보면서 1년 동안 있었던 '가장 좋은' 기억들과 '가장 나쁜' 기억들을 떠올려보면, 대개 좋은 일들과 나쁜 일들이 뒤섞여 있다는 것을 느끼게 됩니다. 감사할 일, 좋은 일도 많이 있었고, 힘든 일도 많이 있었지요.

저는 좋았던 일들 중 하나로 가까운 친구 하나가 올해 결혼을 했습니다. 그 신혼부부가 잘 살길 바랍니다. 또 처갓집 식구들이 근처로 이사를 온 것도 기쁩니다.

나빴던 일들 중 하나는 제 아이 중 하나가 올해 몹시 아팠습니다. 정말 겁나는 일이었지요. 다행히 다 나았지만요. 또 친한 친구 한 명이 이사를 갔습니다. 정말 그 친구가 그리워요.

TALK ABOUT IT

1. 올 한 해 지금까지 좋았던 일들은 무엇인가요?
2. 좋았던 일 혹은 좋지 않았던 일 톱 10이 있나요?
3. 연말에 한 해 동안 이룬 모든 일을 떠올리나요?
4. 혹은 새해에 이루고 싶은 일들의 목록을 만드나요?
5. '톱 10' 순위에 대해서 어떻게 생각하나요?
6. 여러분에게 있었던 일로 자신만의 톱 10 리스트를 만들 수 있나요?
7. 어떤 톱 10 순위에 들고 싶은가요?
8. 자신이 과거에 이룬 일들을 생각해보는 것이 중요하다고 생각하나요?
9. 절대 오르고 싶지 않은 톱 10 리스트는 무엇인가요?

1 **mixed bag** 뒤범벅, 잡다한 것[사람], 좋기도 하고 나쁘기도 함   2 **highlights** 가장 흥미 있는 사건, 가장 중요한 점   3 **low points** 최저[최악]의 상태, 좋지 않은 것[일]

Small Steps and Goals Add up

작은 단계와 목표가 모여 큰 것을 이룬다

버클리의 제 고향집 근처에 자전거길이 있습니다. 그런데 그 길은 굉장히 가팔라서 꼭대기를 보며 자전거페달을 밟으면 두세 번 쉬지 않고는 도저히 꼭대기까지 다다를 수가 없습니다.

정상에 도달하는 유일한 방법은 페달을 밟으며 바로 앞에 있는 길에만 집중하는 것입니다. 그러면 얼마 지나지 않아 꼭대기에 이를 수 있습니다. 어떻게 꼭대기까지 올 수 있었는지 신기할 정도입니다. 다시 한 번 말하지만, 자전거페달을 밟는 동안 꼭대기를 보지 않는 것이 비결입니다.

가끔 저는 사람들이 인생의 큰 부분들에만 너무 집중한다는 생각이 듭니다. 예를 들어,

최고의 직장을 구하는 일이라든가,
직장에서 승진하는 일,
완벽한 남자친구나 여자친구를 찾는 일 등이죠.

가끔은 큰 것보다는 작은 목표와 작은 단계에 집중하는 것이 더 좋다는 생각이 듭니다. 매일 몇 분간 운동함으로써 건강을 지키고, 매일 몇 분간 공부함으로써 머리를 샤프하게 유지할 수 있습니다. 사랑하는 사람에게 매일 몇 분간 전화를 함으로써 관계를 더욱 견고히 할 수 있죠. 그런 몇 분이 합쳐지고 합쳐져서 뭔가를 만드는 것입니다. 물론 자전거길 꼭대기를 가끔 쳐다봄으로써 최종적인 큰 그림을 확인할 수도 있습니다. 하지만 집중해야 할 것은 우리 바로 앞에 있는 작은 목표들이라고 생각합니다.

TALK ABOUT IT

1. 가끔 이루기 어려운 목표를 정하곤 하나요?
2. 과욕을 부리기도 하나요?
3. 지금까지 어떤 작은 목표들을 정하고 이루었나요?
4. 자신의 목표를 적어 두나요?
5. 목표를 이루면 성취감을 느끼나요?
6. 너무 힘들어서 정한 목표를 포기한 적이 있나요?
7. 그때 어떤 기분이었나요?
8. 시작한 일은 반드시 끝내나요?
9. '큰 그림'을 보는 것의 장점은 무엇인가요?
10. 여러분은 인생의 주요 목표가 무엇인가요?

1 **bicycle trail** 자전거길   2 **add up** 더해지다, 쌓이다   3 **look at the big picture** 큰 그림을 보다, 전체를 보다, 크게 보다

Strengths and Weaknesses
장점과 단점

완벽한 사람은 없습니다. 모두에게는 장점과 단점이 있죠. 또 그 장점과 단점들은 서로 연관되어 있는 것 같습니다.

단점에 대해 오래 깊이 생각하다 보면 좌절감을 느끼고 우울해지기 쉽습니다. "대체 어떻게 하면 고칠 수 있을까? 아아, 이런!!!"하고 말이죠.

극단적인 변화가 정답이 아닐 수도 있습니다. 그보다는 단점을 조금 비틀고 조정하는 것이 답일 수 있죠.

예를 들어 굉장히 고집스러운 사람이 있다고 합시다. 그 사람은 바꿔 말하면 쉽게 포기를 하지 않는 사람일 수도 있습니다.

이와 같이 각 단점은 우리가 찾지 못하는 것일 뿐 좋은 점을 함께 가지고 있습니다. 약간의 집중과 조정이 필요하지만, 그 단점이 장점이 될 수 있다면, 와!

또, 다른 사람들을 바라보는 우리 시각을 조금 바꿀 수도 있습니다. 어떤 사람을 '고집 센' 사람으로 생각한다면 "저 사람이 우리 팀에 들어오는 것은 싫어. 너무 고집스러워!"라고 말하는 대신 "저 사람이 우리 팀에 들어왔으면 좋겠어. 절대 포기를 모르는 사람이잖아. 이기려면 그런 점이 필요하지!"라고 말할 수 있는 거죠.

대부분의 일들이 우리 시각의 변화에 달렸습니다. 어떤 일을 다른 관점으로 생각하거나 다른 시각으로 바라보도록 노력해보세요. 그것만으로도 부정적인 것을 긍정적인 것으로 바꿀 수 있을지 모릅니다.

TALK ABOUT IT

1. 여러분의 장점은 무엇인가요?
2. 단점은요?
3. 그 둘이 서로 연관되어 있나요?
4. 여러분은 누군가를 바라보는 시각을 바꿀 수 있을 것 같은가요?
5. 어떤 이유로 같은 팀에 있는 게 싫은 사람이 있었는데 바로 그 이유 때문에 그 사람이 좋아지게 되었던 경험이 있나요?
6. 단점을 장점으로 바꾸었던 경험이 있나요?
7. 어떻게 그렇게 했나요?
8. 그 후 기분이 어땠나요?
9. 고용주들이 종종 장점과 단점에 대해 묻는 이유가 무엇이라고 생각하나요?
10. 장점인 동시에 단점이 될 수 있는 예를 한 가지만 들어보세요.

1 **drastic change** 급격한[극단적인] 변화　　2 **twisting or tweaking** 약간의 조정
3 **different perspective** 다른 견지, 다른 시각

"See You Soon"... Better Than "Bye!"
'또 봐요' 가 '안녕!' 보다 낫다

이유는 잘 모르겠지만, 저는 '안녕 (Goodbye!)'이라는 말이 싫습니다. '안녕'이라는 말은 너무 끝이라는 느낌이 강하거든요. 저보고 고르라면 헤어질 때 인사로 '안녕'은 절대 쓰지 않겠습니다. 물론 재미로 'Byeeeeeeeeeeeeeee!'와 같은 말을 하기는 하지만 적어도 하루 이상 어떤 사람을 못 보게 되는 경우라면 헤어질 때 'Goodbye!'라는 말은 하지 않으려 합니다. 대신,

나중에 봐요.
곧 또 봐요.
다음에 봐요.
몸조심해요.
벌써 보고 싶어요.

따위의 말을 하죠.

하지만 '안녕'이라고는 하지 않습니다. 그렇게 말하면, 왠지, 그 사람을 다시는 못 볼 것 같거든요. 그렇지는 않겠지만요.

이 세상은 작은 곳입니다. 언제 어디서 누군가를 만나게 될지 모르죠. 어떤 사람을 만나기를 고대한다면, 그 마음을 알리세요. "다음에 만나길 고대할게요." 라든지 "곧 봐요." 라든지 그냥 간단히 "다음에 봐요!"라고 말함으로써 말이죠.

TALK ABOUT IT

1. 말하기를 삼가는 말이나 문장이 있나요?
2. 어떤 사람에게 인사를 할 때 특별한 버릇이 있나요?
3. 집에 누군가를 맞이하는 것이 떠나보내는 것보다 훨씬 쉽습니다. 어떤 사람을 좀더 쉽게 떠나보내는 방법이 있나요?
4. 전화통화를 할 때나 편지를 쓸 때 사용하는 인사말이 다른가요?
5. 친한 사람과 헤어지는 인사를 하는 것이 어려운가요?
6. 친한 친구나 가까운 친척에게 작별 인사를 해야 했던 적이 있나요?
7. 오랜 안녕을 좋아하나요, 아니면 짧은 안녕을 좋아하나요?
8. 누군가와 헤어지는 인사를 할 때 가장 싫은 점은 무엇인가요?
9. 누군가에게 작별 인사를 해서 좋았던 적이 있으면 한번 얘기해보세요.

1 **given a choice** 하나를 고르라면　　2 **parting words** 헤어질 때의 인사말
3 **Take care.** 조심해서 가세요; 몸조심해요.　　4 **probably not the case** 사실은 그렇지 않은

Pets... and Dogs!

애완동물, 그리고 개!

저는 5학년 때 시골로 이사를 갔습니다. 돼지와 닭, 토끼, 물고기, 거북이, 고양이, 개, 말 등을 키웠죠. 개들과 함께 어디든 뛰어다니곤 했습니다. 왜 개를 '인간의 가장 좋은 친구'라고 하는지 알겠더군요. 개들은 아주 충직합니다. 만나면 언제나 반가워하죠. 주인을 잘 따르고 말도 잘 듣습니다. 저는 제 개를 정말로 사랑했습니다. 다시 도시로 이사올 때 동물들을 모두 시골에 두고 왔습니다.

연구에 따르면 애완동물을 기르는 것이 스트레스를 해소하는 데 큰 도움이 된다고 하더군요. 저는 그 말에 전적으로 동감입니다. 한국에 오기 전, 저는 집안에 동물을 들이는 것을 그다지 탐탁스러워하지 않았습니다. 하지만 한국에 오고 나서 작은 동물이 한 사람에게 얼마나 큰 기쁨이 될 수 있는지 보게 되었죠. 그래서 이제는 용변을 잘 가리고 규칙을 잘 따르도록 훈련된 애완동물이라면 집에서 사람과 함께 살아도 괜찮다고 생각합니다.

우리 처남은 멋진 강아지를 한 마리 키우고 있는데요, 가족들에게 큰 기쁨이 된답니다. 친한 친구 한 명도 작은 개 몇 마리를 키우고 있지요. 저도 개를 키우고 싶지만 아이들이 아직 어려 그런 큰 책임감을 감당할 수 있을지 걱정됩니다. 뭐, 나중에 기회가 있겠죠.

TALK ABOUT IT

1. 애완동물을 키워본 적이 있나요? 어떤 동물이었나요?
2. 애완동물을 키우고 싶은가요?
3. 애완동물을 키우면서 마치 자식들처럼 대하는 사람들을 어떻게 생각하나요?
4. 개를 좋아하나요, 고양이를 좋아하나요?
5. 동물과 관련해 무서운 경험을 한 적이 있나요?
6. 시간이 지나면서 주인과 애완동물이 닮아간다는 것이 사실이라고 생각하나요? 마치 부부처럼 말이죠.
7. 애완동물은 좋은 친구가 될 수 있으며 즐거움을 주기도 합니다. 하지만 애완동물 주인으로서 많은 책임이 따르기도 하죠. 그런 책임들로는 뭐가 있을까요?
8. 이 세상 애완동물 중 어느 것이라도 가질 수 있다면 어떤 애완동물을 가지고 싶은가요?
9. 애완동물에게 어떤 이름을 지어주겠습니까?

1 **man's best friend** 인간의 가장 좋은 친구: 개   2 **housebroken** (개, 고양이 등이) 집에서 길들여진
3 **Maybe some day.** 나중에 기회가 있겠죠.

Remembering Why We're Doing Something

어떤 일을 왜 하고 있는지 기억하기

가끔 저는 지금 하고 있는 일을 왜 하고 있는 건지 잊을 때가 있습니다. 여러분도 그런 적 있나요? 기억력 문제만을 얘기하는 건 아닙니다. 그것도 원인 중 하나가 될 수 있지만요. 어떤 사람에게 뭘 말하려고 전화를 해놓곤 잠시 이런 저런 잡다한 얘기로 수다를 떨다 애초에 전화를 왜 했는지 잊어버린다면, 이런 건 기억력 문제죠. 생각해보니 그 문제도 포함시켜야 될 것 같습니다.

하지만 제가 얘기하려는 것은 좀더 깊은 문제입니다. 좀더 큰 '이유'라고 할 수 있지요. 어떤 한 시점에는 우리가 하는 일의 이유가 있습니다. 장기 프로젝트인 경우, 그 이유를 계속 자신에게 상기시킬 필요가 있습니다. 끊임없이 자신에게 "왜?"라고 묻는 것이 좋지요.

왜 내가 외국어를 배우기 시작했는가?
왜 이 클럽에 가입했는가?
왜 이 사람과 친구가 되었는가?
왜 결혼했는가?

그 일을 하는 것에, 삶에, 매일의 생존에 정신이 팔려 있다 보면 '왜'라는 이유를 잊어버릴 수 있습니다.

우리에게는 매일 '왜'라는 이유를 상기시켜줄 수 있는 것이 필요한 것 같습니다. 그렇지 않으면 시작한 일을 끝내기 힘드니까요. 공부도 관둬버릴 것이고, 클럽도 탈퇴해버릴 것이고, 우정도 끝내버리겠죠. 결혼생활도 망가질 거고요.

"왜?"냐고 묻는 것은 전혀 이상할 것이 없습니다. 사실, 가끔 저는 그렇게 묻는 것이 굉장히 유익할 거라고 생각합니다. 가진 것에 대해, 하고 있는 일에 대해 감사하도록 만들어주니까요.

TALK ABOUT IT

1. 하고는 있지만 왜 시작했는지 잊은 일이 있나요? 기억이 희미해져서인가요?
2. 어떤 일을 하는 도중 왜 그 일을 하고 있는지 잊은 적이 있나요?
3. 어떤 일을 '왜' 하는지 어떻게 자신에게 상기시키나요?
4. 메모를 하나요?
5. 머리 속이 '텅 비어' 내가 뭘 하고 있는지 갑자기 생각이 안 날 때가 있나요?
6. 가끔 '멍하게 되어' 주위 상황에 집중하지 않을 때가 있나요?
7. 무언가를 잊어버리지 않기 위해 여러분은 어떤 방법을 쓰나요?
8. 아는 사람을 만났는데 이름이 기억 나지 않을 때 여러분은 어떻게 하나요?

1 **shoot the breeze** 수다 떨다, 잡담하다   2 **in the first place** 애초에, 첫째로   3 **lose sight of** ~을 잊어버리다; ~을 시야에서 놓치다

Freedom... Choice... and Responsibility
자유, 선택, 그리고 책임

저는 선택을 좋아합니다. 그래서 서점에서 돌아다니는 것을 좋아하지요. 모든 책들을 다 살 수 있기 때문이 아니라 한 권의 책을 사도 선택의 여지가 아주 많기 때문입니다.

저는 뷔페를 좋아합니다. 자주 가지는 못하지만 일단 가게 되면 제일 먼저 하는 것이 어떤 요리들이 있나 죽 한번 돌아보는 것이죠.

저는 인터넷도 좋아합니다. 사이버 공간에는 한계가 없는 듯싶습니다. 마치 우주처럼 발견할 수 있는 것들이 무궁무진하죠.

가끔 저는 사람들이 자신에게 주어진 자유의 고마움을 모르는 것 같다는 생각이 듭니다. 우리는 먹는 음식에서부터, 어떤 장소에 갈지, 어떤 사람을 만날지, 무슨 강의를 들을지 등 원하는 것은 뭐든 자유롭게 선택할 수 있습니다.

하지만 자유에는 위험도 있죠. 잘못 사용하면 해가 될 수 있습니다. 저는 접시에 음식을 산처럼 쌓아놓고 그것을 먹지 않을 수도 있습니다. 그렇게 하면 낭비가 되겠지만, 어쨌든 그럴 수 있는 선택의 자유는 있는 겁니다.

인터넷에도 위험은 있습니다. 부모님들이 아이들이 어떤 내용을 보는지 주의해서 살펴보고 감독하지 않으면 바로 그 자유 때문에 아이들이 순진함을 잃을 수도 있습니다.

운전이나 도박, 음주, 흡연, 선거권 등에 법적 나이제한이 있는 데는 다 이유가 있습니다. 그 나이에 도달하기 전까지는 그것들을 할 자유가 없는 거지요.

TALK ABOUT IT

1. 사회에서 좀더 자유로워야 할 것들은 무엇인가요?
2. 제한이 있어야 할 것들은요?
3. 운전이나 흡연, 음주 등에 법적인 나이제한이 있어야 한다는 것에 동의하나요?
4. 그 나이제한이 좀더 높아져야 할까요, 낮아져야 할까요?
5. 여러분의 자유 중 당연하게 여겼던 자유가 뭔가요?
6. 여러분의 자유를 행사함으로써 다른 사람에게 해를 주거나 다치게 한 적 있나요?
7. 여러분은 자유롭다고 느끼나요?
8. 금전적으로 자유로울 수 있다면 좋을 것 같지 않으세요?
9. 만약 그런 자유가 주어진다면 뭘 하고 싶은가요?
10. 여러분에게 '자유'란 어떤 의미인가요?

1 **cyberspace really doesn't have any limits** 사이버 공간에는 제한이 없다, 무엇이든 가능하다
2 **on and on and on** 계속하여   3 **legal age limit** 법적 나이제한

Patience for Parents or Teachers

부모님과 선생님의 인내심

사람들은 모두 한 가지 이상의 역할을 맡고 있는 듯합니다. 저는 아들이기도 하고, 오빠와 형이기도 하고, 남편이기도 하고, 아빠와 선생님이기도 하죠. 각 관계마다 요구되는 것이 서로 다릅니다. 창조성처럼 공통되는 것도 있지만요. 창조성은 모든 역할에 요구되는 요소이지요. 하지만 역할에 따라 어떤 한 가지 요소가 다른 요소들보다 더욱 필요한 경우가 있습니다. 예를 들어, 좋은 선생님이나 부모가 되는 일에 있어서는, 저는 가장 중요한 것이 인내심이라고 생각합니다. 잘 들어주고, 용기를 북돋아주고, 잘 이끌어주는 중대한 능력이 없으면 좋은 선생님이나 부모가 되기 힘들죠.

인내심을 잃어버리면 '나쁜' 선생님이나 '나쁜' 부모의 범주에 들기 쉽습니다. 어떤 사람들은 아이들이 이 땅에 보내진 것이 엄마 아빠의 인내심을 시험하기 위한 것이라고 농담하기도 합니다. 저는 그 말이 진짜라 해도 별로 놀라지 않을 것 같습니다. 우리 애들은 저를 정말 미치게 만들거든요! 하지만 인내심을 가지고 아이들의 말을 들어주고, 용기를 북돋아주고, 잘 이끌어줄 때는 아이들이 천사처럼 보입니다.

어떻게 하면 좋은 부모나 선생님이 될 수 있는지 가르쳐주는 강의가 있었으면 좋겠어요. 물론 책도 있고, 연장자나 선배들에게 물어볼 수도 있겠지만, 좋은 부모나 선생님이 되는 일은 나이가 들면서 경험하고 배워야 비로소 알게 되는 일이 아닌가 싶습니다. 현장연수처럼 말이죠. :) 저는 좋은 선생님들이 주위에 많아서 정말 행운입니다. 좋은 부모님이 계신 것도 행운이고요. 사실, 저는 실수를 많이 하거든요. 그러니 저를 잘 참아주는 좋은 아이들과 학생들이 있어서 또 행운입니다! 아무도 완벽한 사람은 없다는 것을 압니다. 선배들에게서도 장점과 단점을 볼 수 있지요. 하지만 그들에게서 배울 수 있는 것은 '정말로' 많습니다.

TALK ABOUT IT

1. 여러분은 좋은 선생님이나 부모가 되는 데 있어 가장 중요한 요소가 뭐라고 생각하나요?
2. 이상적인 학생은 어떤 면모를 가지고 있어야 할까요?
3. 주위에 좋은 역할 모델들이 있나요?
4. 정말 존경하는, 그리고 닮고 싶은 선생님이 있나요? 왜 그런가요?
5. 여러분에게는 어떤 특별한 자질이 있나요?
6. 여러분은 자신이 좋은 선생님이 될 거라고 생각하나요? 좋은 부모는요?
7. 좋은 선생님이나 부모가 되기 위해 자신을 바꾼다면 어떤 점을 바꾸고 싶은가요?
8. 좋은 부모나 선생님이 되는데 있어 가장 어려운 점은 무엇인가요?
9. 여러분의 선생님 중 별로 좋지 않았던 분이 있나요? 그 분이 나쁜 선생님이었던 이유는 뭔가요? 그 분이 좋은 선생님이 되도록 하려면 여러분은 그 분의 어떤 점을 바꾸겠어요?

1 **wear different hats** 몇 가지 일[역할]을 하다 2 **fall into** ~으로 구분되다 3 **"on the job" training** 직무교육훈련, 현장연수 4 **super duper lucky** 대단히 운이 좋은 5 **put up with** 참아내다, 견디다

Money Money Money Money... Money!

돈 돈 돈 돈, 돈!

우리가 하는 많은 일들이 돈과 관련이 있습니다. 사람들은 늘 돈에 대해 생각하거나 얘기하는 것 같아요.

현실을 인정하자고요. 현대사회에서 돈 없이 지내기란 힘든 일입니다. 모두에게 돈은 필요하죠. 주머니 사정이 좋으면 좋을수록, 혹은 돈을 많이 가지면 가질수록 할 수 있는 일이 더 많습니다. 차에 연료가 필요한 것처럼 우리에게는 어떤 곳에 가고 일을 하는 데 돈이 필요합니다. "돈이 세상을 돌아가게 한다."고 말하는 사람들조차 있으니까요.

하지만 차는 차고, 사람은 사람입니다. 돈이 우리에게 '가장' 중요한 것일까요? 돈 때문에 눈앞을 보지 못하는 경우가 종종 있지 않나요?

"얼마나 벌 수 있을까?"
"나에겐 얼마가 떨어지지?"
"여기서 내 몫은 얼마지?"

돈이 중간에 끼어서 인간관계가 다치는 경우를 많이 봤습니다. 돈을 많이 쓰지 않고도 즐거운 시간을 보내는 방법은 아주 많습니다. 태울 만큼 돈이 많아야 즐거운 시간을 보낼 수 있는 것은 아니예요.

TALK ABOUT IT

1. 친구들이나 친척들과 사업을 하는 것은 피하는 게 현명하다고 생각하나요?
2. 돈 때문에 상처를 받은 적이 있나요?
3. 돈을 잘 관리하나요?
4. 지금 벌고 있는 돈에 만족하세요?
5. 자신이 돈을 잘 쓰는 편이라고 생각하나요, 아니면 좀 짠 편이라고 생각하나요?
6. 매달 정말 필요한 돈은 얼마나 되나요?
7. 예산을 세워서 돈을 쓰나요?
8. 신용카드를 쓰는 데 있어 자신을 믿나요?
9. 일을 많이 하지 않고도 돈을 많이 벌어 '빨리 부자가 되려는' 생각을 한 적이 있나요?

---

1 **face** 사실을 사실대로 보다, ~을 부정하지 않다   2 **it's hard to get by without cash** 돈 없이 지내기는 힘들다 (get by: 견디다, 그럭저럭 꾸려가다)   3 **the deeper your pockets are** 주머니 사정이 좋으면 좋을수록   4 **have "money to burn"** 매우 많은 돈이 있다

Trees, Plants, and Nature
나무, 식물, 그리고 자연

아버지 말씀이, 제가 아직 아장아장 걷는 아기였을 때 아주 높은 나무에 올라간 적이 있다고 해요. 원숭이의 피를 타고났나 봐요! 저는 나무의 냄새와 나무의 모습이 좋습니다. 또 작은 씨앗 하나가 그렇게 큰 나무가 될 수 있다는 점도 매력적으로 느껴져요. 나무는 우리를 위해 많은 일을 해줍니다.

뜨거운 여름날 그늘을 제공해주고요.
신선한 공기를 줍니다.
과일을 주기도 합니다.
새와 작은 동물들에게 집을 제공해주기도 하지요.

캘리포니아에서 제가 산책하기 좋아했던 곳 중 하나는 레드우드 숲입니다. 그곳의 나무들은 수백 년 된, 아주 아주 큰 나무들이지요. 한마디로 기가 막히게 멋진 숲이랍니다. 보이스카우트로서 그 숲에서 캠핑하던 기억이 납니다. 나무 아래 솔잎 위를 걷고 그 위에서 잠잤던 일은 영원히 잊지 못할 추억입니다.

집에는 작은 화분이 몇 개 있습니다. 아이들은 물을 주고 돌보면서 그 식물들이 어떻게 자라는지 볼 수 있죠. 우리는 공기가 차고 깨끗한 언덕 옆에 삽니다. 자연 가까이에 살 수 있어서 행운이라고 생각하지만 또 한편으로는 자연이 점점 더 찾기 어려워진다는 사실이 슬픕니다. 나무가 있는 공원 대신 빌딩숲을 만드는 것으로 땅을 이용하는 경우가 많으니까요. 우리는 자연에서 너무 분리되어 가는 것은 아닐까요?

TALK ABOUT IT

1. 얼마나 자주 자연 속에서 시간을 보내나요?
2. 하이킹은 얼마나 자주 가나요?
3. 마지막으로 무언가를 심은 때는 언제인가요?
4. 과일이나 야채를 따본 적이 있나요?
5. 집에 식물이 있나요?
6. 나무 아래 앉아 나무밑동에 등을 기대고 하루를 즐겨본 적이 있나요?
7. 캠핑 가본 적 있나요?
8. 도시에 있을 때 더 편안함을 느끼나요, 시골에 있을 때 더 편안한가요?
9. 집 근처 공원에는 얼마나 자주 가나요?
10. '자연으로 돌아가기' 위한 활동으로 또 뭐가 있을까요?

1 **toddler** 아장아장 걷는 아기 (걸음마를 막 배웠거나 배우고 있는 유아)　2 **in a word** 한마디로, 간단히
3 **breathtaking** 놀랄 만한, 넋을 잃고 바라볼 만한

Courage
용기

어릴 때 제가 가장 좋아하는 영화 중 하나는 <오즈의 마법사>였습니다. 여러분도 본 적 있나요? 도로시의 모험에 함께했던 것은 심장을 가지고 싶어하는 양철나무꾼, 두뇌를 원하는 허수아비, 용기를 원하는 사자, 그리고 그녀의 충실한 개 토토였습니다.

저는 살아가면서 이들 캐릭터 각각에 공감이 갔던 순간들이 있습니다. 모든 사람들이 마찬가지일 것 같은데요. 바로 그런 점이 필시 이 영화의 인기 비결 중 하나일 겁니다. 가끔 우리는 부족한 부분이 있는 것을 깨닫게 됩니다. 그것이 용기인 경우가 많죠.

우리는 사람들과 하루종일 부딪혀야 하기 때문에, 또 원하는 것보다 더 많이 사람들 앞에 나서야 하기 때문에, 용기를 내어 다른 사람들 앞에서 무언가를 해야 합니다. 그것이 취업 면접일 수도 있겠고, 프레젠테이션일 수도 있겠죠. 또 다른 사람들 앞에 서서 그저 자신을 소개하는 일일 수도 있습니다.

어떤 사람들은 타고나기를 용감한 사람도 있는 것 같습니다. 그런 사람들은 대중연설에도 뛰어나죠. 긴장이라곤 하지 않는 것 같습니다. 반면에 또 어떤 사람들은 다른 사람 앞에서 연설한다는 생각만으로 가슴이 두근두근하고 땀이 나고 말을 더듬기 시작합니다. 왜 그럴까요?

TALK ABOUT IT

1. 여러분은 수줍음을 타나요?
2. 사람들이 질문을 하면 쉽게 당황하나요?
3. 어떤 모임에서 이야기할 차례가 되면 자신이 해야 할 말에 너무 집중을 해서 다른 사람들의 얘기는 잘 듣지 못하나요?
4. 쉽게 당황하고 부끄러워하는 사람들에게 조언해줄 말이 있나요?
5. 잊고 싶은 부끄러웠던 순간이 있나요?
6. 누군가에게 데이트를 신청하고 싶은데 용기가 없었던 적이 있나요?
7. 어떻게 용기를 키울 수 있을까요?
8. '무대공포증'을 경험한 적이 있나요?
9. 대중 앞에서 연설해야만 했던 때와 관련된 재미있는 이야기가 있나요?

1 **growing up** 어릴 때   2 **relate to** ~에 공감하다   3 **interact with** ~와 서로 영향을 끼치다, 상호작용하다   4 **muster one's courage** 용기를 불러일으키다   5 **get butterflies** 초조하다, 속이 울렁거리다   6 **break out in a sweat** 땀이 나다   7 **stutter** 말을 더듬다

The Power of Music

음악의 힘

아이들은 대체로 밤에 자러 가는 것을 싫어합니다. 항상 어째서 자기 싫은지 변명거리나 이유를 생각해내죠. 우리 집에서는 잘 시간 전에 '조용한' 시간을 갖습니다. 아이들이 책을 읽는 등 조용한 일을 하는 시간이죠. 그 시간에는 더 이상 뛰어다닐 수 없습니다. '조용한' 시간과 함께 아이들이 잠자리에 들 수 있도록 하는 가장 좋은 방법은 마음을 진정시키는 잔잔한 음악을 트는 것입니다. 아이들을 차분하게 만드는 데 언제나 효과가 있죠. 그리고 결국은 꿈나라로 가도록 해줍니다.

저는 글을 쓸 때 음악 듣는 것을 좋아합니다. 가사가 없는 음악을 말이죠. 집중하는 데 도움이 되거든요. 운전할 때는 아무 음악이나 다 괜찮습니다. 클래식 음악을 듣고 싶을 때도 있고, 컨트리 음악이나 팝을 듣고 싶을 때도 있고, 그때 그때 다르죠. 저는 다양한 종류의 음악을 즐깁니다.

음악의 힘은 정말 굉장합니다. 기분이 우울할 때는 기운을 북돋아줍니다. 마음이 차가울 때는 감동을 줍니다. 운동할 때는 한계를 넘어설 수 있도록 격려해줍니다. 스트레스를 많이 받은 날은 편안한 휴식이 되기도 합니다.

음악은 제 인생의 큰 부분을 차지합니다. 저는 우리 인생이 영화와 같다고 생각해요. 그리고 영화에 사운드트랙이 없다면 영화가 조금 밋밋해지지요.

TALK ABOUT IT

1. 가장 좋아하는 뮤지션이나 그룹이 있나요?
2. 다른 장르보다 더 자주 듣는 장르의 음악이 있나요?
3. 노래방에 가면 늘 부르는 노래가 있나요?
4. 항상 즐겨 듣는 앨범이 있나요?
5. 다룰 줄 아는 악기가 있나요?
6. 악기를 하나 배울 수 있다면 어떤 악기를 배우겠어요?
7. 노래를 잘하나요?
8. 언제 음악을 듣는 것을 좋아하나요?
9. 기분에 따라 듣는 음악이 다른가요?
10. 과거의 추억을 떠오르게 하는 노래가 있나요?

1 **wind down** 차분해지다, 편히 쉬다   2 **be in the mood for** ～할 기분이다
3 **lift one's spirits** 사기를 올리다, 기운을 북돋우다   4 **push one's limits** 한계를 끌어올리다
5 **bland** 재미없는, 지루한

How We See and Judge Things

사물을 보고 평가하는 방법

이런 그림 본 적 있으세요? 노파의 그림인데 자세히 보면 젊은 여인의 모습이기도 한 그림. 저는 그런 '트릭'이 숨겨진 그림을 몇 가지 본 적이 있습니다. 뭔가 숨겨져 있거나 보이는 것과는 다른 그림 말이죠. 트릭을 알아내면 아주 기분이 좋습니다.

우리의 일상생활에는 그렇게 일부러 숨겨놓은 것들이 많지는 않은 것 같습니다. 하지만 자세히 보지 않으면 알아채지 못하고 지나치는 것들도 많죠.

어떤 사람을 너무 성급히 판단하기도 쉽고요.
성급한 결론을 내리기도 쉽습니다.
또 겉모양만 보고 판단을 내리기도 쉽죠.

그럴 때 우리는 정말 좋은 점을 혹은 정말 아름다운 점을 보지 못할 수 있습니다. 아주 큰 실수를 하는 것일 수 있죠.

조금만 더 오래 보는 것으로, 조금만 더 깊이 파는 것으로, 몇 가지만 더 질문하는 것으로, 숨겨진 보물을 찾는 데 충분할지 모릅니다. 멋진 사람을 만나기에 충분할지 모릅니다. 어떤 사람과 공감하기에 충분할지 모릅니다.

항상 모든 일을 신중히 검토하고 자세히 들여다보며 너무 성급히 결론을 내리지 않도록 조심해야 합니다.

TALK ABOUT IT

1. 어떤 사람을 잘못 판단한 적이 있나요?
2. 천천히 시간을 가지고 '진짜' 상황이 무엇인지 알아내는 편인가요, 아니면 성급히 결론을 내리는 편인가요?
3. 새로운 시도를 피하는 편인가요, 아니면 모험과 미지의 것을 즐기는 편인가요?
4. 여러분은 무엇을 결정하기 전에 모든 관점을 고려해보는, 혹은 최대한 많은 시각을 고려해 보려고 하는 '365도형' 인간이라고 생각하나요?
5. 어떤 사람을 사실은 그렇지 않은데 그렇다고 오해했던 경우가 있으면 얘기해보세요.
6. 꿈에 그리던 이상형이라고 생각했던 남자 또는 여자가, 사실은 생각했던 것과 완전히 달랐던 적이 있나요?
7. 이 사람이 나의 인연이라는 것을 어떻게 알아볼 수 있나요?
8. 유죄가 증명될 때까지는 무죄로 간주된다는 말이 있습니다. 그 말을 믿나요?
9. 자신이 저지르지 않은 일로 비난을 받은 적이 있나요?
10. 'good judge of character (사람을 잘 판단하는, 어떤 사람인지 잘 보는)'가 무슨 뜻일까요? 여러분은 자신이 사람볼 줄 안다고 생각하나요?

1 **figure out the trick** 트릭을 알아내다   2 **rush to conclusions** 성급하게 결론을 내리다
3 **judge a book by its cover** 외모[겉모양]로 판단하다   4 **shy away** 피하다, 꺼리다

용기를 주는 말, 칭찬하기

하기는 하지만 그다지 잘하진 못하는 일들이 제게는 많이 있습니다. 예를 들면, 저는 할 수 있을 때는 언제나 집에서 설거지를 하는데요, 아내가 만족할 만큼은 잘 못한다는 것을 압니다. 그래도 아내는 "고마워요! 잘했어요."라고 말해주죠. 끝내주게 잘하지는 못했어도 내 노력을 고맙게 생각해준다는 점이 기쁩니다.

그 짧은 말이 저에게 힘을 줍니다. 더욱 일을 열심히 하도록, 더 잘하도록 격려해주죠. 저는 틀림없이 더 잘할 수 있습니다. 그러고 싶기도 하고요. 부모님들, 선생님들, 코치들, 상사들, 심지어 친구들까지 격려가 되는 말도 또 상처가 되는 말도 할 수 있습니다.

다음과 같은 말들은 긍정적인 에너지를 줍니다.
"제대로 하고 있어!"
"정말 잘하고 있어!"
"계속 그렇게만 해!"
"정말 멋져 보이는데!"
"네가 같은 팀이라 정말 좋아."

다음과 같은 말들은 에너지를 앗아가버리죠.
"넌 어떻게 제대로 하는 게 하나도 없니?!"
"정말 형편없이 했군!"
"대체 뭐가 문제야?"
"정말 형편없어 보인다!"
"네가 우리 팀이 아니었으면 좋았을 텐데."

다른 사람들에게 나는 뭐라고 말하는지 한번 생각해보세요. 여러분은 사람들에게 긍정적인 에너지를 주나요, 아니면 부정적인 생각을 가지고 그들의 에너지를 앗아가버리나요?

TALK ABOUT IT

1. 말하고 나서 하지 않았더라면 하고 후회한 적이 있나요?
2. 위와 같은 부정적인 말을 들어본 적이 있나요?
3. 기분이 어땠나요?
4. 좋은 의도로 한 말인데 의도와는 반대의 결과가 된 적이 있나요?
5. '격려의 말'에 또 어떤 것들이 있을까요?
6. 가끔 사람들은 여러분이 일을 더 열심히, 더 잘하기를 바라는 마음으로 쓴소리를 하는 경우가 있습니다. 그런 말로 어떤 것들이 있을까요?
7. 사람들을 자주 칭찬하나요?
8. 어떤 일로 칭찬을 하나요?
9. 어떤 일로 사람들을 비난하나요?

1 **on the right track** 제대로 하고 있는, (생각, 의도 등이) 타당한　2 **keep up the good work** 수고하다, 계속 열심히 하다　3 **Can't you do anything right?!** 넌 뭐 하나 제대로 하는 게 없니?; 이거 하나 제대로 못해?

Staying Warm
따뜻하게 유지하기

따뜻함을 유지하는 비결을 혹 알고 계신지 모르겠군요. 혹시 그런 비결이 있다면 부디 다른 사람들에게도 좀 알려주세요.

따뜻함과 건강을 유지해야 할 시기가 있다면, 그건 바로 겨울이죠! 보온내의를 입는 것 같은 일반적인 상식은 알고 있습니다. 하지만 그런 것 말고 뭔가 비결이 있을 것 같은데요.

몇 시간 동안 뜨거운 온도를 유지하는 대형 라이터 같이 생긴 손난로도 본 적이 있고요.

옷이란 옷은 겹겹이 다 껴입은 사람도 본 적이 있습니다. 하지만 그런 것 이외의 비결도 모두 알고 싶어요. 모든 의견을 다 듣고 싶습니다.

이젠 나이가 드나 봅니다. 점점 더 추위를 많이 타거든요. 여기 한국에서는 온돌이라도 있죠. 캘리포니아에는 그런 것도 없답니다. 두꺼운 카펫이 깔려 있긴 하지만 바닥은 따뜻하지 않아요. 그래도 고향집 벽난로가에서 책을 읽던 기억은 그립군요.

TALK ABOUT IT

1. 따뜻함을 유지하는 데는 뭘 마시면 좋은가요?
2. 인삼을 씹으면 몸이 따뜻해지나요?
3. 태양을 그린 그림을 집에 두면 따뜻함을 느끼는 데 도움이 될까요?
4. 아, 해바라기 (SUNflower이니까)씨를 먹는 것은 어떨까요? 뭔가 효과가 있을까요?
5. 신체 어느 부분이 가장 빨리 차가워지나요?
6. 빨리 추위를 느끼는 편인가요?
7. 온도가 몇 도 이하로 내려가면 집밖에 나설 생각이 안 생기나요?
8. 옷을 겹겹이 껴입는 편인가요?
9. 차라리 더운 것이 나은가요, 아니면 추운 것이 나은가요?

1 **common sense things** 상식적인 것 2 **thermal underwear** 보온내의 3 **layers upon layers** 겹겹이

Staying in Touch with Old Friends

옛 친구들과 연락하고 지내기

저는 최근 아주 오랫동안 만나지 못했던 친구를 만났습니다. 그 친구는 바쁜데다가 저와 연락할 방법도 잘 몰랐다고 하더군요. 저도 똑같이 말했습니다. 사실 우리는 둘 다 알고 있는 친구가 몇 명 있습니다. 그러니 정말로 연락하려고만 했으면 연락이 닿을 수도 있었을 겁니다. 하지만 바쁜 스케줄에, 가족들에, 여러 가지 일이 겹치다 보니 그렇게 연락이 끊긴 것 같습니다.

그래서 저는 지금 제가 연락하고 지내는 사람들과 연락을 취하고 싶은 사람들을 생각해보았습니다. 저는 지금 친구들도 많고 아는 사람들도 많지만 전에는 훨씬 더 많았었습니다. 어쩌다 보니 어느 순간 연락이 끊기고 만 것이지요.

저는 연락하고 싶은 고등학교 친구들이 몇 명 있습니다. 뉴욕이나 캘리포니아에서 알고 지내던 사람들 몇 명에게도 안부를 전하고 싶습니다. 연락하려면 할 수는 있습니다. 엄청난 노력을 기울여야 하는 일은 아니예요. 하지만 그래도 될까 싶군요. 무슨 말이냐 하면, 지금도 가족과 일 때문에 이렇게 바쁜걸요. 게다가 지금 연락하고 지내는 사람들도 있잖아요. 그 사람들과도 더 많은 시간을 보낼 수 없다는 게 마음에 걸리는데, 그런 가책을 더 원하는 사람이 있을까요? 전 아닙니다!

TALK ABOUT IT

1. 친구들이나 가족들과 계속 연락하고 지내기 위해 어떤 일들을 하나요?
2. 저는 직계 가족들에게는 적어도 일주일에 한 번씩 전화를 걸어 얘기합니다. 하지만 먼 친척들의 경우는 어떻게 하죠?
3. 옛 친구들을 얼마나 자주 만나요?
4. 가까운 친구들은요?
5. 가족들 때문에, 혹은 직장생활 때문에 친구들과 원하는 만큼 자주 모이지 못하나요?
6. 친구들 모두에게 한꺼번에 안부를 전할 수 있는 '그룹' 이메일을 싫어하나요?
7. 옛 친구에게 연락을 하면 어떤 얘기를 하나요?
8. 옛 친구들과의 연락이 끊기지 않게 유지할 수 있나요?
9. 고등학교 혹은 대학 시절 친구들을 찾기 위해 어떤 방법을 쓰나요?
10. 오랫동안 만나지 못했던 친구들과 여전히 함께 나눌 수 있는 공통점을 가지고 있나요?

1 **in ages** 오랫동안   2 **acquaintances** 아는 사람   3 **somewhere along the line** 어쩌다 보니 (과정이나 관계 중 모르는 사이에)   4 **bend over backwards** 비상한 노력을 하다   5 **have one's hands full** 일에 매어 손이 나지 않다, 몹시 바쁘다

To Write or Not to Write

쓸 것인가, 말 것인가

글을 쓰는 것은 쉬운 일이 아닙니다. 글을 매일 쓰는 저로서는, 감히 말씀드릴 수 있는데, 굉장히 힘든 일이라고요. 하지만 쓰면 쓸수록 써나가는 것이 쉬워집니다. 때로는 시작하기가 가장 어려운 것 같습니다. 사람들이 어떻게 글을 써야 하는 것인지 물으면 저는 먼저 브레인스토밍을 하라고 말합니다. 주제와 관련해서 이런 저런 생각을 적어보는 거죠. 그러다 보면 좋은 테마가 나옵니다. 아웃라인을 통해 테마가 정리되면 멋진 글을 쓸 수 있습니다.

제 글의 대부분은 그저 자연스럽게 써내려간 글입니다. 저는 일단 무조건 글을 쓰기 시작합니다. 그러다 멈추면 그걸로 완성이죠. 하지만 저는 제가 쓴 글을 적어도 두 번은 검토합니다. 첫 번째로 검토할 때는 틀린 것이 없나 철자를 확인하죠. 철자가 틀린 글을 그대로 내보내는 것은 있을 수 없는 일입니다. 두 번째로 검토할 때는 쓴 글을 큰소리로 읽으며 빠뜨린 것을 덧붙입니다. 불충분하다고 생각되는 내용이나 뭐 그런 것을 보충하는 것이죠.

시간이 되면 쓴 글을 잠시 놔두었다가 나중에 다시 읽어보는 것이 좋습니다. 덧붙이고 싶은 내용이나 빼고 싶은 내용이 있을 수도 있지요. 중요한 보고서를 써야 한다면 제가 앞서 말한 대로 한 다음, 보고서를 제출하기 전에 하면 정말 좋은 것이 있는데요. 바로 다른 사람에게 읽어보고 의견을 얘기해달라고 하는 것입니다.

연습하면 완벽해진다는 것은, 혹은 적어도 더 나아진다는 것은 확실합니다. 그러니 글을 더 잘 쓰고 싶다면 한국말이든 영어든, 쓸 수 있는 한 많이 써볼 것을 권유합니다.

TALK ABOUT IT

1. 글 쓰는 것을 좋아하나요?
2. 일기를 쓰나요?
3. 글감이 생각나지 않고 아이디어가 샘솟지 않을 때는 어떻게 하나요?
4. 블로그나 미니 홈페이지를 관리하고 있나요?
5. 얼마나 자주 편지를 쓰나요? 단 몇 줄뿐이 아닌 진짜 편지를요.
6. 자신이 괜찮은 작가라고 생각하나요?
7. 어떻게 하면 작가로서 더 발전할 수 있을까요?
8. 글을 다 쓰고 나서 쓴 글을 어떻게 체크하나요?
9. 다른 사람들이 자신의 글을 비평하면 어떤 기분인가요?
10. 손으로 쓴 편지를 받는 것과 이메일을 받는 것이 어떻게 다를까요?

1 **spontaneous** 임의의, 자연적인   2 **spell-check** 철자를 확인하다   3 **turn in** 제출하다
4 **practice makes perfect** 연습으로 완벽해진다, 연습하면 숙달된다   5 **get "writer's block"** 글감이 생각나지 않다, 작가 슬럼프에 빠지다

369

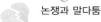

099 Arguments... Verbal Fighting

논쟁과 말다툼

제가 정말 아끼는 사람하고 지난번에 말다툼을 했습니다. 논쟁이나 말다툼하는 것을 좋아하지 않지만, 가끔 너무 피곤하거나 스트레스를 많이 받았을 때, 어떤 일로 기분이 안 좋을 때, 혹은 속에 쌓인 것을 풀고 싶을 때는 말다툼을 하게 됩니다. 저는 그 사람이 편한 시간에 그 사람을 불러 앉혀놓고 그 사람이 기분이 좋을 때 그와 얘기를 했어야 하는데, 그만 감정적이 되어 그에게 불만을 다 쏟아놓고 말았습니다. 그 사람이 어떤 기분일지는 거의 생각하지 않고 제가 하고 싶은 얘기를 했습니다. 물론, 그 사람은 제 말을 거의 인정하지 않았죠. 그는 제가 말한 '내용'보다는 제가 말한 '방식'에 더욱 기분이 상했습니다. 이상하지 않습니까? 말한 내용은 문제가 되지 않는데 말한 방식이 받아들이기 힘들다니. '방식'도 때로는 '내용'만큼이나 중요한 것 같습니다.

어렸을 때 저는 나쁜 말을 하는 아이들에게 이렇게 대꾸하라고 배웠습니다. "막대기와 돌로 내 뼈를 상하게 할 수 있을지 몰라도 말로는 결코 나를 다치게 할 수 없어." 사실, 막대기와 돌 때문에 생긴 상처는 심한 말로 입은 상처보다 훨씬 빨리 치유될 수 있습니다.

싸움은 어떤 것이라도 피하는 것이 상책입니다. 하지만 때로는 자신의 신념을 위해 싸우는 것도 중요합니다. 어떤 대의를 믿거나 누군가를 옹호해야 할 때, 가끔은 분명한 태도를 취하고 다른 사람들에게 자신의 생각을 전할 필요가 있습니다. 하지만 대개의 경우 저는 어떤 마찰이든 피하려고 노력합니다. 저는 그게 약하다는 의미가 아니라고 생각해요. 여러분은요?

TALK ABOUT IT

1. 가장 최근에 말다툼을 한 것은 언제인가요?
2. 가까운 사람과 말다툼을 더 많이 하게 되는 편인가요? 형제나 자매처럼 가까우면 가까울수록 말다툼을 더 많이 하게 되나요?
3. 말다툼을 하면 주로 누가 먼저 사과하고 화해하나요? 우리 가족의 경우는 저입니다.
4. 말다툼이 가끔은 좋을 수도 있다고 생각하나요?
5. 협상할 때나 사업을 할 때는 가끔 터프하게 나아가야 할 필요도 있다고 생각하지 않나요?
6. 사실, 어떤 사람과 말다툼을 할 때는 아주 사소한 일로 싸우게 되는 경우가 많습니다. 어떤 사람이 한 말과 다른 의견일 때 그 사람에게 직선적으로 말하는 편인가요?
7. 말다툼을 하고 나면 기분이 어떤가요?
8. 자주 화를 내고 말다툼을 하나요?
9. 말다툼을 피할 수 있도록 화를 참는 방법에는 뭐가 있을까요?
10. 말다툼을 한 원인 중 가장 바보 같고 시시한 일은 무엇이었나요?
11. 다른 사람과 의견이 다를 때 상대방이 기분 나쁘지 않도록 내 의견을 잘 전달하려면 어떻게 해야 할까요?

1 **get something off one's chest** 마음에 있는 것을 털어놓고 얘기하다, 응어리진 것을 풀다 2 **dump on someone** ~에게 불만을 말하다, 쏟아놓다 3 **stand up for** 옹호하다, ~을 위해 싸우다, 지키다 4 **take a stand** 어떤 입장을 취하다, 입장을 밝히다

Noticing your Age... Getting Older

나이에 대한 자각, 늙어간다는 것

언제 나이가 들었다는 것을 느끼세요? 젊었을 때 좋아하던 노래가 지금은 다음 세대에게 '흘러간 노래'로 여겨질 때인가요? 전 지금보다 젊었을 때는 클래식 음악이나 재즈를 별로 좋아하지 않았습니다. 지금은 클래식을 좋아합니다. 그건 제가 '늙어가고 있다'는 뜻일까요?

오랫동안 좋아해왔던 배우나 여배우가 주름살이 많이 생기고 흰머리가 난 것을 알아챈 적이 있나요? 동창회 같은 데서 다른 사람들과 있을 때 자신의 나이를 느끼게 되나요? 거울을 보면 나이를 느끼게 되나요? 그럴 때 겁이 나요? 좋아하는 옷 스타일이 '나이 든' 사람들이 입는 옷으로 생각되는 옷인가요?

저는 우아하게 나이 드는 분들을 존경합니다. 많은 사람들이 늙는 것을 두려워하는 것 같아요. 주름살이 나타나는 것을 원하지 않죠. 사실은 저 흰머리가 좀 났답니다! 이럴 수가!!! 전 몸은 늙어도 마음은 젊을 수 있다고 생각합니다. 저희 아버지는 손자들과 아주 잘 어울려 노십니다. 함께 놀아도 전혀 어색하지 않아요. 멋진 게임도 잘 고안해내시고요. 아이들처럼 침대 위에서 뛰지는 못하겠지만 레슬링을 하거나 춤을 추실 수는 있습니다. 산책이나 캐치볼도 가능하고요. 생각이 깊고 마음이 따뜻한 분이죠.

저도 아버지처럼 우아하게 나이가 들었으면 좋겠습니다.

TALK ABOUT IT

1. 여러분은 자신의 나이에 만족하나요? 저는 아주 어렸을 때 빨리 나이를 먹고 싶었습니다. 운전도 하고, 어른들이 할 수 있는 일들을 하고 싶어서요. 지금은 나이 드는 것을 멈출 수 있었으면 좋겠어요.
2. 어떤 때 늙었다는 생각이 드나요?
3. 나이가 들어가면서 인생이 어떻게 바뀌나요?
4. 나이가 들면서 이런 저런 것들 (옷, 음악, 영화 등)에 대한 취향이 바뀌는 것을 느끼나요?
5. 늙어가면서 몸에는 어떤 변화가 있나요?
6. 성형에 대해서 어떻게 생각하나요? 성형으로 노화의 표시를 지우는 것이 괜찮다고 생각하나요?
7. 아직도 생일을 고대하나요? 아니면 이젠 생일이나 다른 날이나 똑같다고 생각하나요?
8. 나이가 들어가면서 우선순위가 어떻게 바뀌었나요?
9. 나이가 들어서 좋은 점은 무엇일까요?
10. 젊어 보이거나 젊은 기분이 들도록 하는 비결은 무엇일까요?
11. 나이가 든다는 것의 가장 나쁜 점은 무엇일까요?

1 **oldies but goodies** 흘러간 노래   2 **young at heart** 마음은 젊은   3 **fit in** ~와 잘 맞다, 조화를 이루다   4 **come up with** 생각해내다

Being Young: A State of Mind
젊음은 마음의 상태

최근에 가족들끼리 소풍을 갔었습니다. 아이들은 신나게 뛰어 놀고 아내와 저는 아이들을 돌봤습니다. 장모님도 오셔서 저희를 도와주시고 즐거운 시간을 함께 보냈는데요. 믿거나 말거나, 갔던 사람들 중 가장 젊고 기운찬 사람이 바로 우리 장모님이셨답니다. 하루종일 웃고 뛰어다니고 즐거운 시간을 보내셨죠. 그렇게 밝고 따뜻하고 정이 많은 분이 같이 계셔서 정말 좋았어요.

늙는 것을 걱정하는 사람들도 있습니다. 그런 사람들은 천천히 나이를 먹기 위해 갖은 수단을 다 쓰죠. 충분히 이해할 만한 일입니다. 저도 가능한 오랫동안 힘있고 빠르게 움직일 수 있었으면 하니까요. 하지만 우리 장모님을 보면, 우와, 저도 그 나이가 되었을 때 그렇게 기운차고 빨랐으면 좋겠다는 생각이 듭니다. 머리도 그만큼 기민했으면 좋겠고요. 또 할아버지가 되었을 때 저도 그렇게 따뜻하고 베풀 줄 아는 사람이었으면 좋겠습니다.

무엇이 사람들을 늙게 만들까요? 단순히 육체적인 문제만은 아니라고 생각합니다. 젊은 사람이지만 굉장히 '나이 들어' 보이는 사람들도 많이 봤거든요. 그런 사람들은 비활동적이며 인생에 불만이 가득합니다. 젊음을 유지하는 비결은 무엇일까요? 어떤 사람들은 호기심을 잃어버리는 순간 나이가 든다고 합니다. 더 이상 새로운 것을 배우지 않게 되었을 때 늙는다는 사람들도 있고요. 여러분은 어떻게 생각하세요?

TALK ABOUT IT

1. 어떻게 하면 '내면적'으로도 그리고 '외면적'으로도, 그러면서도 자연스럽게 젊음을 유지할 수 있을까요?
2. 웃어른들로부터 배울 수 있는 점은 무엇일까요? 여러분이 아는 분 중 가장 나이가 많은 분은 누구인가요?
3. 여러분은 나이가 드는 것이 두려운가요?
4. 어떤 점이 무서운가요?
5. 할 수만 있다면 영원히 살고 싶은가요?
6. 나이가 든다는 것의 좋은 점은 무엇일까요?
7. 나이가 든다는 것의 나쁜 점은요?
8. 얼마나 오래 살고 싶어요?

1 **family outing** 가족 소풍, 피크닉   2 **believe it or not** 믿거나 말거나   3 **sense of curiosity** 호기심

Trying New Things... Risk and Reward
새로운 것 시도하기, 그 위험과 보상

새로운 것을 시도할 때는 언제나 자신의 선택을 후회할 위험이 있습니다. 한 번도 먹어본 적이 없는 요리를 먹어봤다가 너무 시거나 짜거나 매워서 싫어할 수도 있고요. 스노보드 같은 새로운 스포츠를 시도해보고서 수없이 넘어지게 될 수도 있습니다. 새로운 스타일의 음악을 듣고 머리가 아파질 수도 있고, 색다른 예술 작품을 봤다가 완전히 실망할 수도 있습니다. 외국어로 말을 하거나 글을 써보려고 했다가 창피를 당하게 될 수도 있지요. 그런 일을 원하는 사람이 누가 있겠어요? 제게는 다분히 위험성 있는 일로 들리는군요.

하지만 그런 위험을 감수하면, 예를 들어 새로운 요리를 먹어보는 위험을 감수하면 굉장히 맛있는 음식을 찾아낼 수도 있습니다. 맛이 좋거나 풍미가 뛰어난 요리일 수도 있잖아요. 혀가 천국에 있는 듯한 느낌을 경험할 수 있을지도 모릅니다. 새로운 스포츠를 시도해보다 넘어질 수도 있습니다. 하지만 다시 일어나 결국에는 짜릿한 기분을 느낄 수 있을 겁니다. 잠깐이라도 말이죠. 다른 사람들이 그 스포츠에 왜 그렇게 열광하는지 알게 될지도 모릅니다. 새로운 종류의 음악을 들어보고 왜 진작 찾아내지 못했는지 안타깝게 생각할 수도 있고요. 새로운 종류의 예술 작품을 보고 놀랍게 생각할 수도 있습니다. 외국어를 쓰거나 말해보려고 시도했다가 처음에는 조금 창피를 당할 수도 있지만, 크게 신경 쓰지는 않습니다. 왜냐하면 실수하고 계속 연습하는 길만이 실력을 키울 수 있는 방법이라는 것을 알기 때문이죠.

저는 이렇게 말하고 싶습니다: 새로운 음식을 먹어보라. 새로운 활동을 해보라. 새로운 음악을 들어보라. 그냥 한번 보기나 할까 하는 기분으로 미술관에 들어가 둘러보라. 그 외국어를 더 많이 써보고 말해보도록 하라. 새로운 친구들을 사귀어보라. 이런 새로운 시도에는 위험도 있지만 틀림없이 보상도 주어진답니다.

TALK ABOUT IT

1. 새로운 것을 시도하는 편인가요? 어떤 것을 해보나요?
2. 새로운 것을 시도할 때 어떤 기분인가요?
3. 새로운 것을 시도할 때 처음에 잘 안 되면 포기하나요, 아니면 계속 시도해보나요?
4. 먹어보지도 않은 음식에 대해 "저건 싫어."라고 말한 적이 있나요? 어떤 음식이었나요?
5. 자신을 위험 도전형이라고 생각하나요, 아니면 안전주의를 더 좋아한다고 생각하나요?
6. 사람들이 위험을 감수하려 하지 않는 이유는 뭘까요?
7. 맛있을 것 같지 않은데도 먹어본 음식이 있나요? 어떤 음식인가요?

1 **end up doing something** 결국 ~하게 되다   2 **experience exhilaration** 들뜬 기분이나 유쾌함을 경험하다   3 **just on a whim** 그냥 한번 해볼까 하는 기분으로

Skin: Taking Care of It

피부 관리

어제는 거의 하루종일 녹화가 있었습니다. 그럴 땐 거의 하루종일 메이크업을 하고 있죠. 메이크업을 하는 것은 정말 싫지만, 일인걸요. 하루 일이 끝나고 드디어 얼굴을 깨끗이 닦을 수 있었습니다. 그러면서 피부의 중요성을 생각하게 되었죠.

저는 운 좋게도 고등학교 때 여드름이 거의 나지 않았습니다. 여드름 때문에 고민한 적은 한 번도 없었어요. 그래서 얼굴빛은 좋은 편이죠. 하지만 피부가 상당히 얇은 편이라 주름이 잘 생깁니다. 언제나 괴상하고 과격한 얼굴 표정을 짓기 때문에 주름이 더욱 빨리 생길 수 밖에요. 어떻게 해야 하죠? 여러분은 어떻게 하나요?

저는 매일 아침 면도를 한 뒤 하루도 거르지 않고 로션을 바릅니다. 그런 다음 그 위에다 크림을 또 바릅니다. 밤에 샤워를 한 후에도 또 발라주지요. 피부 관리는 굉장히 중요합니다. 젊었을 때는 피부에 대해 별로 관심이 없었습니다. 햇볕에 타는 것은 생각도 하지 않고, 또 그렇게 탄 것이 나중에 피부에 어떤 영향을 줄지 아무 생각 없이 밖에 나가서 놀았죠. 피부암은 가장 흔한 암 종류 중 하나라고 합니다. 무서운 일이지요. 그래서 이젠 여름이 되면 피부를 보호하기 위해 긴 팔 셔츠를 종종 입습니다. 10년 전에는 피부에는 신경을 쓰지 않았는데, 이젠 신경 써요!

TALK ABOUT IT

1. 피부를 보호하기 위해 특별히 하는 일이 있나요?
2. 얼굴에 팩을 해본 적 있나요?
3. 얼굴 마사지를 해본 적 있나요?
4. 해가 쨍쨍한 날에는 수영을 하기 전 자외선차단제를 바르나요?
5. 얼마나 자주 바르나요?
6. 어떻게 주름을 방지하나요?
7. 피부 보호에 좋은 것 알고 있는 것 있나요?
8. 발이나 손 등에 굳은살이 있나요?
9. 밖에서 일할 때 장갑을 끼나요?
10. 설거지를 할 때 고무장갑을 끼나요?

1 **pimples** 여드름, 뽀루지   2 **acne** 좌창 (여드름 등의 피부병)   3 **never an issue** 전혀 문제가 되지 않는   4 **complexion** 안색, 혈색, 얼굴빛   5 **get a sunburn** 햇볕에 타다, 그을리다

Admitting Guilt

잘못 인정하기

남에게 조언하는 것이 조언을 듣는 것보다 쉽습니다. 어떤 사람의 '잘못'을 알려주는 것이 내 실수를 인정하는 것보다 훨씬 쉽죠. 'Time Out'을 매일 쓰는 것은 쉽지 않은 일입니다. 그리고 'Time Out'에 쓴 목표와 이상에 맞추어 산다는 것은 거의 불가능에 가까운 일이죠!

자기가 조언을 할 때는 잘하지만 누가 개선할 점을 지적해주면 방어적이 되는 사람을 한 명 알고 있습니다. 그는 자신이 저지른 실수에 대해 말해주려 하면 할수록 더욱 더 방어적이 됩니다. 그 사람에 대해서는 이제 조언해주는 것을 포기했습니다. 다른 친구들도 모두 포기했고요.

하지만 우리 아이들의 경우는 포기할 수가 없죠. 아들이 실수했을 때 그것을 지적하면 가장 먼저 튀어나오는 말이 "아니예요!"입니다. 자신의 실수를 인정하지 않으려는 터무니없는 행동이죠. 한 번도, "네, 아빠. 아빠 말씀이 맞아요."라든지 "알겠어요, 엄마. 죄송해요."라고 한 적이 없습니다. 언제나 "아니예요, 제 잘못이 아니예요!"라든지 "제가 안 그랬어요!"라고 하죠. 저도 가끔 그럴 때가 있습니다. 인간 본성인지도 모르죠. 아들이 그 버릇을 저한테서 물려받았나 봐요! 아니야, 내 잘못일 리가 없는데, 내 잘못인가?!

TALK ABOUT IT

1. 조언을 잘 받아들이나요?
2. 잘못을 빨리 인정해요?
3. 빨리 사과를 하는 편인가요?
4. 잘못한 것을 '알면서도' 자신의 행동을 옹호한 적이 있나요?
5. 속에 있는 생각을 털어놓고 싶을 때 누구를 찾나요?
6. 조언을 하는 데는 능하지만 듣는 것은 영 힘들어 하는 사람이 있습니까? 가족 중 한 명일수도 있고요.
7. "내가 행하는 대로 하지 말고 내가 말하는 대로 하라."고 말했던 '선생님'이 있습니까?
8. 친구들과 가족들에게 좋은 조언을 해주나요?
9. 사람들이 여러분에게 어떤 문제에 대해서 얘기하나요?
10. 잘못을 느끼는 것이 사람들에게 어떤 영향을 주나요?
11. 내 잘못이 아닌 일로 비난을 받으면 어떤 기분일까요?
12. 다른 사람의 잘못을 뒤집어쓴 적이 있나요?

---

1 **live up to** ~에 맞는 생활을 하다, ~에 부끄럽지 않은 생활을 하다   2 **point out** 지적하다
3 **blatant** 뻔뻔스러운, 소란스러운   4 **human nature** 인간 본성

Confirming... Just Making Sure

확인하기

저는 어떤 일을 재확인함으로써 큰 수고를 덜었던 적이 얼마나 많은지 모릅니다. 일일이 말하기 어려울 정도예요. 그와 동시에, 재확인을 하지 않아서 혹은 어떤 일을 확인하지 않아서 나중에 후회한 적도 많습니다.

식당이나 호텔, 비행기를 예약해 두었다가 세부사항을 확인하지 않아서 나중에 '어떤 착오'가 생겼던 적 있으세요?

전화를 하다가 뭔가를 받아적었는데 통화하던 사람에게 다시 한 번 내용을 읽어주고 확인하지 않아서 일부를 잘못 받아적었던 적 있으세요? 전화번호나 이름 같은 것 말이죠.

어떤 장소에서 친구를 만나기로 하면 그냥 가세요? 아니면 한 번 이상 정확한 시간과 장소를 확인하세요?

재확인을 하는 것은 다소 번거로울 수도 있지만 나중에 큰 수고를 덜어줍니다. 그럴 만한 가치가 있는 일이죠. 하지만 재확인하는 버릇을 들이는 것은 그렇게 쉬운 일이 아니랍니다.

TALK ABOUT IT

1. 정보를 재확인함으로써 또는 하지 않음으로써 경험한 좋은 일이나 나쁜 일이 있나요?
2. 항상 재확인을 하나요?
3. 재확인하는 습관이 없는 사람들을 어떻게 생각하나요?
4. 재확인을 하려고 하면 기분 나빠하는 사람들이 있나요?
5. 재확인을 하지 않으면 어떤 혼란이 생길 수 있을까요?
6. 'Measure twice. Cut once (두 번 재고, 한 번 자르라).'라는 말이 있습니다. 무슨 뜻일까요? 그 말에 동의하나요?
7. 잠자리에 들기 전 항상 자명종 시계를 확인하나요?
8. 확인하는 것이 지나칠 수도 있을까요? 어떻게요?
9. 은행 기록이나 신용카드 내역을 맞는지 확인하나요? 오류를 발견한 적이 있나요?

1 **double-check** 재확인하다   2 **take down** 받아적다   3 **no small task** 쉬운 일이 아닌, 어려운

Holy Houseguests

신성한 손님

결혼 생활이 행복하다면, 그리고 그 상태를 유지하고 싶다면 이런 말은 절대 피하세요. "여보, 지금 친구 몇 명 데리고 집에 가는 길이야. 아무것도 준비하지 않아도 돼. 피자 같은 거 시켜먹으면 되니까." 그것은 즉, "여보, 나 몇 주 동안 밖에 있는 차에서 자고 싶어."라고 말하는 것과 똑같습니다. '왜?'라고 물으실지 모르겠습니다. 하지만 집에 갑자기 손님을 데리고 간 경험이 있는 분이라면 제 말뜻을 아실 거예요. 장미나 초콜릿, 풍선 같은 걸로 아내를 놀라게 하는 것은 괜찮습니다. 하지만 절대, 그래요, 절대 손님을 데리고 가서 아내를 놀라게 하지는 마세요. 손님은 신성한 존재입니다.

손님이 올 때는 먼저 온 집안을 청소합니다. 구석구석 철저히. 장난감들을 치우고 책을 정리해 꽂고 아이들은 머리를 깎고 좋은 옷을 입힙니다. 화분도 다시 정리하고 가장 좋은 접시와 은식기를 꺼내죠. 모든 것이 너무나 달라 손님을 데리고 갈 때면 가끔 내가 정말 우리집에 있는 건가 하는 의문도 듭니다. 그리고 요리는 또 어떻고요! 생각도 마세요! 피자 같이 간단한 것은 절대 안 됩니다. 25가지 코스 요리 정도는 되어야 하죠.

뭐, 조금, 아니 많이 과장을 하기는 했지만, 중요한 것은 손님은 신성하다는 것입니다. 특별한 대접을 받죠. 그러니 손님을 부르고 싶으면 먼저 허락을 받아야 합니다!

TALK ABOUT IT

1. 허락을 받지 않고 집에 손님을 데려온 적이 있나요? 그래서 문제가 됐나요?
2. 손님 접대를 준비하는 것은 어떤가요? 저는 과일을 아주 잘 깎게 되었는데요, 손님이 오면 앉아서 얘기하며 과일을 깎는 것은 제 몫이거든요.
3. 친구들이 오면 음식을 주문하나요, 아니면 전부 집에서 요리해야 직성이 풀리나요?
4. 손님들이 이제 그만 갔으면 할 때는 어떻게 하나요? 어떤 힌트를 주나요?
5. 손님이 오는 것을 기대하는 편인가요, 싫어하는 편인가요?
6. 집에 손님이 자주 오나요?
7. 나쁜 손님과 비교해 좋은 손님은 어떤 점 때문에 좋은 손님이 되나요?
8. 하룻밤 묵어가는 손님을 위해서는 별도로 어떤 준비가 필요할까요?
9. 몇 명이 되면 손님이 너무 많은 걸까요?

1 **houseguests** 유숙객, (묵어가는) 손님　2 **from top to bottom** 머리 끝부터 발끝까지, 온통, 철두철미하게　3 **put away** 치우다

Cleaning... and Getting Your Hands Dirty
손 깨끗이 하기, 손 더럽히기

다른 사람에게서 감기를 옮지 않으려면 가장 좋은 방법 중 하나가 손을 자주 씻는 것입니다. 화장실에 갔다 온 다음에 손을 씻는 것은 당연한 것이고요. 그때 말고도 저는 좀더 깨끗이 하려고 하루에도 몇 번 더 손을 씻습니다. 쓸데없는 병균을 얻지 않도록요.

오해는 마세요. 저는 지나치게 깔끔 떠는 스타일은 아닙니다. 그저 의사들의 권고를 따르려는 것뿐이지요. 그런데 손을 씻으면서 사람들이 저를 너무 깔끔 떠는 사람으로 보지는 않을까 생각하면서 '정말로' 손을 더럽히는 것을 싫어하는 사람들을 떠올리게 되었습니다. 그런 사람들을 'neat freaks (결벽증이 있는 사람)'라고 부르기도 하죠.

설거지를 하지 않으려 하는 사람들이 있죠.
한 번도 아기 기저귀를 갈아보지 않은 사람들도 있습니다.
땅에 식물을 심어본 적이 없는 사람도 있고요.
진흙에서 뒹굴며 놀아본 적이 없는 사람들도 있습니다.
변기 청소는 절대 하지 않으려는 사람들도 있고요.

저는 그런 일들을 모두 해봤습니다. 그보다 더한 것도 해봤죠. 때로는 손을 '더럽히는' 것이 필요할 때가 있습니다. 물론, 설거지를 하거나 밖에서 일을 할 때는 장갑을 껴서 손을 보호해야 하죠. 하지만 청소를 하는 등 자신을 '낮추는' 또는 자신을 잊는 그 행동 자체가 중요한 것입니다. 다른 사람을 위해 그런 일을 할 때 그것이 진정한 희생이 되죠. 엄마들이 위대한 것은 바로 그런 이유에서입니다.

TALK ABOUT IT

1. 엄마가 방을 청소해주셨나요, 아니면 스스로 청소했나요?
2. 마지막으로 혼자 집이나 차를 청소한 때가 언제인가요?
3. 청소를 할 때 하기 꺼리는 일이 있나요?
4. 더러워지는 것이 싫은가요? 저는 재미있다고 생각하는데. :)
5. 너무 '더러워' 어떤 일을 하지 않겠다고 거부한 적이 있나요?
6. 어떤 특정한 일들은 자신의 '품위를 떨어뜨린다'고 생각하는 사람들에 대해서 어떻게 생각하나요?
7. 어떻게 하면 청소가 더 재미있을까요?
8. 방금 청소해놓은 것을 누군가가 어지럽히면 기분이 어떤가요?
9. 집은 얼마나 자주 청소해야 할까요?
10. 아이들이 청소를 도우면 용돈을 주어야 할까요?

1 **for good measure** 단정하게 하기 위해　2 **clean freak** 지나치게 깔끔 떠는 사람
3 **neat freaks** 결벽증이 있는 사람　4 **go beyond the self** (열중한 나머지) 자신을 잊다, 자신이 할 수 있는 것보다 더하다

Crying... Tears
울음, 눈물

저는 많이 우는 편이 아닙니다. 물론 아주 어렸을 때는 우는 것이 별 대단한 일이 아니었죠. 하지만 나이를 먹으면서 우는 것이 별일이 되어 버립니다. 저는 절대 울보는 아니었습니다. 다른 아이들보다 많이 우는 아이는 결코 아니었죠. 하지만 그렇다고 마음이 차가운 아이도 아니었습니다.

마지막으로 제가 정말 운 때는, 그러니까 눈물을 흘린 때는, 한국영화 <집으로>를 봤을 때입니다. 그 영화를 보면서 저는 아주 엉엉 울어버리고 말았죠. 몇 년 전 돌아가신 할머니가 생각났어요. 너무 보고 싶더군요. 아주 인정이 많은 분이셨죠.

저는 보통은 눈물 나는 영화는 잘 보지 않습니다. 코미디나 액션 영화를 선호하죠. 하지만 어쩌다 한 번씩 심금을 울리는, 눈물 나는 영화를 보러 가곤 합니다.

배우들 중에는 우는 연기를 잘하는 사람이 있습니다. 다른 배우들보다 눈물을 잘 흘리죠. 또 어떤 배우들은 눈을 부릅뜨고 있어야 눈물이 겨우 솟아나오기도 합니다. 양파 썬 것을 사용하기도 하는지 궁금하네요.

TALK ABOUT IT

1. 마지막으로 엉엉 울어본 때가 언제인가요?
2. 우는 것이 쉬운가요?
3. 눈물을 쉽게 흘리는 배우를 더 존경하나요?
4. 감정적이어서 때로 눈물을 흘리기도 하는 친구를 더 좋아하나요, 아니면 절대 울지 않는 '터프한' 친구를 더 좋아하나요?
5. 부모님 중 한 분이 우시는 것을 본 적이 있나요?
6. 여러분을 울게 만드는 일은 어떤 일인가요?
7. 우는 사람을 보면 한심하다고 생각하나요?
8. 눈물을 흘려도 괜찮은 때는 언제일까요? 그렇지 않은 때는요?
9. 'Don't cry over spilt milk (엎질러진 물은 담을 수 없다).'라는 표현이 무슨 뜻일까요?
10. '기쁨의 눈물'을 흘려본 적이 있나요?

1 **not a big deal** 아무것도 아닌 것, 별 것 아닌   2 **crybaby** 울보, 징징대는 사람   3 **bawl** 엉엉 울다
4 **tearjerker** 눈물 나게 하는 영화[노래, 이야기]   5 **pull on the heartstrings** 심금을 울리다

New... and Renew
새롭게, 더욱 새롭게

새로운 하루, 새로운 한 주, 새달, 새해, 그게 뭐? 그게 뭐 별건가? 현실을 직시합시다. 그건 그냥 또 다른 하루, 또 다른 한 주, 또 다른 달, 또 다른 해일 뿐입니다! 그게 정말 특별한가요? 새로운 것이라 해서 더욱 큰 의미를 지녀야 하는 건가요? 그저 계속되는, 앞으로 흘러가는 인생의 일부일 뿐 아닌가요?

그럴지도 모르죠.

사물이 의미를 갖는 것은 우리가 의미를 부여하기 때문인지도 모릅니다. 어떤 하루가 더욱 특별한 것은 우리가 다른 날보다 더 큰 의미를 부여하기 때문인지도 모르죠. 사물은 우리가 그렇게 생각할 뿐, 사실은 '새롭지' 않을 수도 있습니다. 그저 우리가 '새롭다'고 이름 붙일 뿐이죠.

하지만 우리에게는 사물을 '새롭다'고 부를 수 있는 권한이 있기 때문에, 사물을 '새로운' 눈으로 바라볼 수 있기 때문에, 어떤 상황을 '새로운' 시각으로 접근할 수 있기 때문에, 원한다면 변화를 일으킬 가능성이 있습니다. 실수를 해서 친구의 마음을 다치게 했을 때는 새롭게 다시 시작하길 원하죠. 목표를 이루는 데 실패하면 포기하기보다는 목표를 조금 수정해서 다시 도전할 수 있습니다. 배운 것과 본 것과 경험한 것을 모두 이용해 '새롭게' 만들 수 있습니다. 처음으로 돌아갈 수 있습니다. 달라질 수 있습니다. 성장할 수 있습니다. '새로워'질 수 있습니다.

TALK ABOUT IT

1. 새로 시작하고 싶은가요?
2. 오늘, 이번 주, 올해에 무언가 바꿀 수 있다면 무엇을 바꾸겠어요?
3. 전화를 해서 다시 관계를 잇고 싶은 사람이 있나요?
4. 다시 새롭게 하고 싶은 관계가 있나요?
5. 그렇게 하지 못하고 있는 이유는요?
6. 새로 시작한다는 것은 쉬운 일인가요, 어려운 일인가요? 그 이유는요?
7. 새로운 시작을 생각하게 하는 때는 일년 중 어느 때인가요?

1 **Let's face it.** 사실을 사실대로 보자; 현실을 직시하자.   2 **flow onward** 앞으로 흘러가다
3 **fresh start** 새로운 시작

Good Ideas... Inventions... Designs

좋은 아이디어, 발명품, 디자인

최근 돌아다니며 쇼핑할 시간이 조금 있었습니다. 가게의 진열대 사이를 천천히 걸어다니며 너무나 다양한 물건들이 있는 것에 놀랐습니다. 수많은 종류의 식품과 물건들이 있더군요. 우리에게 필요한 물건들과, 또 보통 사치품이라고 여겨지는 물건들도 있었죠. 그런데 끝도 없이 많은 물건들을 돌아보면서 어떻게 이 물건들이 누군가의 아이디어로 나오게 되었는지에 대해 생각해 보게 되었습니다. 간단한 기계 장치들, 물건들, 음식 조제물 등 모든 것이 누군가의 상상력, 창조력의 산물입니다. 물론 우연히 탄생된 물건들도 있겠지만, 제가 본 물건들 대부분이 오랜 시간을 거쳐 창조되었을 것입니다.

가끔씩, 걷다가 어떤 아이디어가 불쑥 떠오르는 때가 있습니다. 옷에 대한 아이디어일 수도 있고, 건물 디자인이나 더욱 효율적인 기계에 관한 아이디어일 수도 있습니다. 뭐 다른 것이 될 수도 있죠. 여러분은 그런 적 없으세요?

가만있자, 내가 뭘 발명하고 싶더라? 아, 이런 것은 어떨까요? 보통 사무실에 있는 정수기 아시죠? 5갤런 짜리 플라스틱 물통이 거꾸로 놓여 있고 '뜨거운' 물이나 '차가운' 물을 선택해서 마실 수 있는 거요. 아시죠? 저는 그 중간이 있었으면 좋겠습니다. 상온의 물을 마실 수 있는 꼭지요. 저는 대개 너무 뜨거운 물이나 차가운 물은 싫습니다. 그냥 꿀꺽꿀꺽 마실 수 있는 물이 좋아요. 너무 뜨거우면 혓바닥을 델 것이고 너무 차가우면 머리가 띵해지잖아요. 그래서 저라면 저 같은 사람을 위해 그 중간 정도의 온도, 물통의 물 그대로를 마실 수 있는 꼭지를 만들겠습니다. 그냥 한 번 생각해봤어요.

TALK ABOUT IT

1. 무언가 발명하겠다는 생각을 해본 적이 있나요?
2. 어떤 일을 하는 데 더 나은 방법을 생각해낸 적이 있나요?
3. 어떤 물건을 보고, '야, 저런 건 나라도 만들 수 있겠다.'라고 생각해낸 적이 있나요?
4. 손으로 뭔가를 만드는 데 재주가 있나요?
5. 친구들과 비밀 언어나 비밀 말을 만들어본 적이 있나요?
6. 자신만의 요리법이나 퓨전 음식을 만들어본 적이 있나요?
7. 바느질할 줄 알아요?
8. 옷을 만들어본 적이 있나요? 혹은 만들어보겠다는 생각을 한 적이 있나요?
9. 기술 발전의 속도에 질려본 적이 있나요?
10. 발명의 속도가 조금 늦춰졌으면 하고 바라나요?
11. 좋은 아이디어가 있으면 어떻게 하나요?

---

1 **concoctions** 조제물, 수프, 혼합음료 2 **pop into** 갑자기 들어오다 3 **room temperature** 실내온도 (섭씨 20도 정도), 상온 4 **gulp down** 벌컥벌컥 마시다 5 **"brain freeze" headache** 차가운 것을 빨리 마셨을 때 머리가 띵한 것

Shopping: Too Many Things to Buy

쇼핑: 살 것이 너무 많다

아이들이 곧 새학기를 맞이해서 '신학기용품 쇼핑'을 좀 했습니다. 연필과 칼라 펜 세트, 지우개, 바퀴가 달린 최신 가방 등을 샀지요. 네, 그렇습니다. 요즘에는 여행가방처럼 뒤로 끌고 갈 수 있는 작은 배낭이 책가방으로 나옵니다. 정말 좋은 아이디어라고 생각해요. 대부분의 학생들이 교과서로 가득한 가방을 하루종일 매고 다니는데, 그러면 등이 상할 것이 뻔하잖아요.

아무튼 계산대의 직원이 산더미 같은 물건들을 계산하는 동안 저는 일반적인 쇼핑에 대해 생각하게 되었습니다.

전에도 한 번 말씀 드린 것 같은데, 저는 쇼핑을 하면 피곤해집니다. 미리 낮잠을 자 두어도 마찬가지예요. 쇼핑을 가면 질려버려요. 결국 아주 피곤해지고 말죠. 제가 효과적으로 쇼핑을 하는 유일한 방법은 미리 살 물건들을 목록으로 만들어 통로 사이에서 길을 잃기 전에 얼른 목록에 있는 물건들을 사는 것입니다. 아주 좋은 상점에는 아이들이 놀 수 있는 장소와 남자들이 앉아 있을 수 있는 곳이 있기도 하죠.

저는 쇼핑을 할 때 사람들이 가격을 반올림하지 않는 것이 항상 이상합니다. 아내는 저에게 물건의 가격을 말해줄 때 항상 가격표에 쓰여 있는 그대로를 이야기해줍니다. 예를 들어 어떤 책이 9,950원이라고 하면 아내는, "여보, 저 책 사요. 9,950원밖에 안 해."라고 하죠. 저는, "여보, 10,000원이야."라고 말합니다. 반올림을 하지 않으면 가격이 좀 싸게 들릴지는 모르지만, 반올림을 하는 것이 계산하기는 더 편합니다. 게다가 1만원이 아닌 9천 얼마라는 가격 때문에 싸다는 착각을 하지 않을 수 있고요. '1000'대신 '999'같은 마케팅 전략을 생각해낸 사람은 정말 천재입니다.

세일도 착각하기 쉽긴 마찬가지입니다. 사람들은 자신들이 쓰는 돈보다 할인 받는 가격에 신나합니다. 어떤 것이 90% 세일이더라도, 생각해봐야 할 것은 '내가 돈을 얼마를 쓰게 될 것인가?'이지 '내가 얼마를 할인 받는 것인가?'가 아닙니다. 쇼핑은 그렇게 쉬운 일이 아닙니다. 올림픽 종목에 들어가야 하는 것이 아닌지 모르겠네요.

TALK ABOUT IT

1. 쇼핑하는 것을 좋아하나요?
2. 쇼핑할 때 가격, 가치, 편안함, 브랜드 중 가장 중요하게 생각하는 것은 무엇인가요?
3. 어디서 주로 쇼핑을 하나요?
4. 얼마나 자주 쇼핑을 하나요?
5. 혼자 쇼핑을 하세요, 다른 사람과 같이 하는 것을 좋아하나요?
6. 싼 물건을 찾아다니나요, 아니면 그냥 원하는 것을 사나요?
7. 인터넷으로 물건을 사나요?
8. 홈쇼핑 채널을 보고 물건을 사나요?
9. 아는 사람 중 쇼핑광이 있나요?
10. 쇼핑을 할 때 물건값을 깎기도 하나요?

1 **mess up someone's back** 등을 상하게 하다, 아프게 하다   2 **ring up** (금전등록기에) 금액을 기록하다   3 **round prices up** 가격을 반올림하다

Welcome What Comes... or Run?

다가오는 일을 받아들일까, 아니면 도망갈까?

어떤 이들은 우리에게 닥치는 일은 뭐든 기꺼이 받아들여야 한다고 말합니다. 다가올 일이 비난이나 원치 않는 변화와 같이 나쁜 일인 경우에는 그게 오히려 낫습니다. 그런 일을 다루는 데 가장 좋은 방법은 그냥 흡수하는 것입니다. 우리에게 부딪쳐 오는 것을 뭐든 소화할 수 있으면 감당하지 못할 것이 없습니다. 세상에 '문제' 같은 것은 없습니다. 그저 용감히 맞서 극복할 도전해볼 만한 일이 있을 뿐이죠. 저는 그렇게 강인한 사람들을 존경합니다.

사실, 말은 쉽죠. 듣기 싫은 말을 들으면 신경 쓰이고 기분 나쁘죠. 원치 않는 변화가 찾아오면 우는 소리를 하며 피하려고 합니다. 할 수 있으면 어려운 일은 받아들이기보다 피하려고 하지요.

저는 어려운 일에도 대비할 수 있다고 생각합니다. 실제 시험을 치르기 전에 모의고사를 보는 것처럼, 경주가 있기 전에 훈련하는 것처럼, 어려운 일에 대해서도 대비할 수 있습니다. 연설 전에는 친구들 앞에서 연설문대로 연습을 하면 됩니다. 나를 생각해주는 친구에게서 비판을 듣는 것이 직장에서 내 자리를 노리는 사람에게서 듣는 것보다 낫습니다! 면접 전에는 예상 질문에 대한 답을 준비하는 것으로 대비할 수 있지요.

저는 제게 닥칠 모든 어려운 일에 대비할 수 있다면 좋겠습니다. 보이스카우트의 모토가 '준비하라'입니다. 하지만 인생은 언제나 예상치 못한 일을 우리에게 던져줍니다. 그러니 우리는 그저 최선을 다할 수밖에요. 강한 마음가짐으로 어려운 일과 변화를 받아들이는 것이 최선인 것 같습니다.

TALK ABOUT IT

1. 인간은 본래 나태하다고 생각하나요?
2. 어려운 일에 맞서지 않으려는 것은 변화를 싫어하기 때문일까요?
3. 여러분은 자신에게 닥치는 일은 뭐든 의연하고 당당하게 받아들이는 편이라고 생각하나요?
4. 변화가 일어나는 '최전선'을 적극적으로 찾는 편인가요?
5. 유행을 만들어가나요, 따르나요?
6. 혹은 유행을 완전히 무시하나요?
7. 어떻게 문제를 해결하는 것을 좋아하나요?
8. 혼자 문제 해결하는 것을 좋아하나요, 아니면 누구와 함께 하는 것을 좋아하나요?
9. 일상생활에 갑작스런 변화가 생기면 어떻게 대처하나요?
10. 가혹한 비난은 어떻게 대처하면 좋을까요?

1 **all the better** 더 나은   2 **grab by the horns** 용감하게 난국에 맞서다 (=take the bull by the horns)
3 **easier said than done** 말하기는 쉽고 실천은 어려운   4 **take it hard** 심각하게 받아들이다, 신경 쓰다, 괴로워하다   5 **side step** 옆으로 비키다

383

113 Pictures... Photos

사진

사진 한 장이 수천 가지 말을 대신한다는 말이 있습니다. 저도 그 말이 맞다고 생각해요. 저는 사진을 아주 좋아합니다. 한때 사진 찍는 것에 푹 빠져 있었던 때가 있었는데요, 흑백 사진을 잔뜩 찍어 인화하느라 암실에서 몇 시간이고 보내곤 했었죠. 저는 사진 찍는 것을, 또 보는 것을 좋아합니다. 제가 가장 좋아하는 사진 작가 중 한 사람이 안셀 애덤스 (아름다운 풍경사진으로 유명한 작가-역주)입니다. 하지만 저는 사랑하는 사람들 없이 장소나 사물만을 찍는 것은 별로 좋아하지 않습니다.

최근 저렴하게 장만한 디지털 카메라 덕분에 가족 사진 대부분이 제 컴퓨터에 저장되어 있습니다. 사진을 프린트하거나 현상한 지는 참 오래되었군요. 빈 앨범을 몇 권이나 장만해 두었으니 인화를 좀 해야겠습니다. 또 나무로 만든 훌륭한 액자도 몇 개 있습니다. 저는 되도록 아이들 사진을 많이 찍으려고 노력해요. 너무 빨리 자라니까요. 어른이 되어버리기 전에 어린아이일 때의 모습을 많이 담아 두고 싶습니다.

가끔 함께 일하는 '유명한' 사람들과 사진을 찍고 싶다는 생각을 종종 하는데요. 조금 부끄럽고 민망해서요. 하지만 그것 말고는 사진을 찍을 때 부끄럼 같은 것은 전혀 없습니다. 저는 사진을 찍을 때 웃기는 표정을 짓거나 해서 재미있게 찍는 것을 좋아해요. 또 지나가는 사람에게 우리 가족사진을 찍어달라는 부탁도 서슴지 않고 한답니다. :)

TALK ABOUT IT

1. 사진이 잘 받는 편인가요?
2. 얼굴이 잘 나오는 '얼짱 각도'가 있나요?
3. 집에 사진첩이 많은가요?
4. 지나가는 사람에게 사진을 찍어달라고 부탁하는 것이 부끄러운가요?
5. 어린 시절 사진을 얼마나 자주 보나요?
6. 사진을 짤 찍나요?
7. 디지털 카메라가 있나요?
8. 친구들에게 디지털 사진을 자주 보내나요?
9. 디지털 사진을 조작하는 컴퓨터 프로그램을 잘 다루나요?
10. 마지막으로 가족사진을 찍은 적이 언제인가요?

1 **dark room** 암실   2 **develop** 현상하다   3 **when it comes to** ~에 관해서는, ~이라면

Our Environment... Being Influenced
우리의 환경, 영향을 받다

과학이 발전하면 할수록 우리 자신을 구성한다고 할 수 있는 DNA, 우리 몸의 청사진에 대해서
더 많은 이야기를 듣게 됩니다. 사실, 저는 제 DNA에 대해서는 그다지 많은 생각을 하지 않습니다. 제가 제 DNA를 제어할 수는 없으니까요. 하지만 환경에 대해서는 많은 생각을 하는 편이
에요. 환경이 나를 만드니까요. 저는 주변환경에 많은 영향을 받습니다. 저를 여러 다른 방향으로 이끌고, 제 자신이 누구인지 규정 짓고, 또 일을 어떻게 처리하면 좋을지 도움을 주니까요.

마음이 따뜻한 사람들에게 둘러싸여 있으면 저도 마음이 따뜻한 사람이 될 가능성이 높습니다. 산책을 하기보다는 차라리 잠을 자려는 게으른 사람들에게 둘러싸여 있으면, 저도 공원을 산책하는 것보다 자는 쪽이 더 끌리게 될지도 모릅니다. 저는 친구들과 가족들에게 영향을 받습니다. 함께 일하는 사람들에게서도 영향을 받습니다. 교류하는 사람들에게서도 영향을 받습니다. 제가 읽는 책과 인터넷도 저의 환경의 일부가 되죠.

그래서 저는 목표가 하나 있으면, 예를 들어 영어 같은 외국어를 배우는 것이 목표라고 하면, 저는 주변환경에 영어와 관련된 것을 꼭 끼워넣습니다. 라디오방송이 될 수도 있고, TV프로그램이 될 수도 있고, 매일 가지고 다니는 책이 될 수도 있고, 좋은 노래나 인터넷 사이트가 될 수도 있습니다. 많은 것들이 저를 발전시키고 배우도록 하는 데 도움을 줍니다. 제 주변환경이 제게 도움이 되는 것이지요. 목표가 있는데 주위에 목표와 관련된 것이 하나도 없다면 그 목표를 이루기가 어려울 겁니다.

TALK ABOUT IT

1. 여러분의 환경은 여러분이 목표를 이루는 데 도움을 주나요?
2. 그렇지 않다면, 어떤 점을 바꾸고 싶은가요?
3. 사람들의 말과 행동에 쉽게 영향을 받나요?
4. 유행을 빨리 따라가나요?
5. 나쁜 방향으로 영향을 줄 것이 틀림없는 사람들이나 물건을 피하나요?
6. '나이가 들수록 쉽게 영향을 받거나 흔들리지 않는다.' 이 말이 맞다고 생각하나요?
7. 친구들에게 좋은 방향이나 나쁜 방향으로 영향을 받아본 적이 있나요?
8. 자신이 주변환경의 '산물'이라는 것에 대해 어떻게 생각하나요?

1 **blueprints** 청사진　2 **chances are** 가능성은 ~이다
3 **have nothing to do with** ~와 아무런 관련이 없다

Being an Influence... Controlling the Environment
영향을 주다, 환경 통제하기

저는 제가 왜 그렇게 어쩔 수 없는 일을 가지고 흥분을 하게 되는지 모르겠어요. 살면서 우리를 괴롭히는 것들은 항상 있을 겁니다. 바꾸고 싶은 것들이나 우리를 불쾌하게 만드는 일들도 항상 존재할 거고요. 하지만 그런 일들이 우리의 영향권 밖이라면, 우리가 어쩔 수 없는 일들이라면, 왜 쓸데없이 걱정을 하는 것일까요? 왜 그렇게 스트레스를 받는 것일까요? 그런 건 힘 낭비일 뿐입니다. 제가 할 수 있는 일은 '바꿀 수 있는' 것에 대해서 걱정하는 것뿐이죠. 당면한 주변상황과, 나의 환경을 바꾸기 위해서 내가 무엇을 할 수 있을지 걱정해야죠.

우리는 주변의 것들에 영향을 줄 수 있는 힘을 많이 가지고 있습니다. 예를 들어 미소 같이 작은 것도요. 노래에도 있잖아요. "당신이 미소를 지으면, 온 세상이 당신에게 미소를 지어줘요…." 우리의 불친절한 말 한마디가 어떤 사람의 하루를 망쳐버릴 수도 있습니다. 우리가 어디를 가든 '플러스'로 작용한다면, 사람들이 우리가 주위에 있기를 바랄 겁니다. 또 같은 팀에 있기를, 그들의 환경의 일부가 되기를 바라겠죠. 우리가 환경을 고를 수 있다면 정말 멋지지 않겠어요?

TALK ABOUT IT

1. 자신의 환경을 통제할 수 있나요?
2. 자신의 '세력 범위'가 명확한가요?
3. 자신이 통제할 수 없는 일 때문에 답답해 하나요?
4. 자신이 다른 사람에게 어떻게 영향을 미치는지 본 적 있나요?
5. 누구에게 가장 큰 영향을 끼치나요? 아이들? 직장 동료들? 가르치고 있는 학생들?
6. 어떻게 하면 다른 사람에게 좋은 영향이 될 수 있을까요?
7. 다른 사람에게 나쁜 영향을 준 것을 후회한 적이 있나요?
8. 다른 사람들이 여러분의 조언을 진지하게 받아들이나요?
9. 동류 집단 압력에 영향을 받은 적 있나요?
10. 자신이 어쩔 수 없는 일로 자주 걱정하는 편인가요? 무엇에 대해 가장 많이 걱정하나요?

1 **get so worked up** 화나다 2 **sphere of influence** 세력 범위 3 **ruin a person's day** 누군가의 하루를 망치다 4 **peer pressure** 동류 집단 압력

116 Time off... Vacation

휴가, 방학

저는 한동안 휴가를 가지 않았습니다. 이제 조만간 가보려고요. 어디로 갈지는 잘 모르겠지만, 또 뭘 할지는 잘 모르겠지만 긴 산책을 할 수 있는 곳, 신선한 공기를 마실 수 있는 곳, 좋은 사진을 찍을 수 있는 곳 쪽으로 마음이 기울어지고 있습니다.¹ 어렸을 때는 방학을 학수고대하곤 했지요. 여름방학이 최고였어요. 근심걱정 없는 시간이었죠.² 나이가 들고 휴가에 돈이 들어가게 되면서 계획을 세우는 것이 중요해졌죠. 시간과 돈은 항상 큰 문제죠. 가족이 생긴 이후에는 휴가가 좀더 복잡해졌습니다. 휴가를 가게 되면 직장 상사가 '때'를 정하고, 아내가 '장소'를 정하고, 아이들이 '방법'을 정합니다.

휴가는 일에서 벗어나 재충전하는 시간이 되어야 합니다. 뭔가 새로운 것을 보는 때죠. 특히 여행을 한다면 시야를 넓힐 수 있습니다.³ 하지만 반대의 결과가 되기도 쉽습니다. 아주 녹초가 되어서 휴가에서 돌아올 수도 있지만, '빨리 다시 일하러 가고 싶다!'라는 생각으로 휴가를 마칠 수도 있습니다. 또 시야를 넓히는 대신 빚만 늘 수도 있지요. 휴가 비용은 싸지 않으니까요.

휴가를 다녀온 지 오래되었으니 이제 곧 한번 가볼까 봐요.

TALK ABOUT IT

1. 마지막으로 휴가를 간 때가 언제입니까?
2. 다음 휴가가 기대되나요?
3. 여러분이 생각하는 '이상적인' 휴가는 며칠인가요?
4. 시골에서 보내는 휴가를 선호하나요, 아니면 도시를 관광하는 것을 더 좋아하나요?
5. '패키지 투어'로 여러 사람과 함께 그룹여행을 하는 것을 싫어하나요?
6. 휴가는 스스로 계획하는 것이 더 좋은가요?
7. 생각했던 것보다 휴가 뒤 더욱 피곤한 경우가 종종 있나요?
8. 관광을 하는 활동적인 휴가가 더 좋은가요, 아니면 해변에 누워 아무것도 하지 않는 한가한 휴가가 더 좋은가요?
9. 저렴하게 자주 여행하는 것이 더 좋은가요, 아니면 돈을 모아 비싸고 희귀한 여행을 하는 것이 더 좋은가요?

---

1 **lean towards** (사람, 관심 등이) ~으로 기울어지다, 마음이 쏠리다
2 **carefree time** 근심걱정 없는 태평한 시간   3 **expand one's horizons** 시야를 넓이다

교통, 왕래

저는 열여섯 살 때 운전면허를 땄습니다. 그 후로 계속 운전대를 잡고 있죠. 하지만 처음 한국에 왔을 때는 히치하이킹을 많이 했습니다. 새로운 사람들을 만나고, 공짜로 차를 얻어 타는 것은 참 재미있는 경험이었습니다. 한서대학교에서 가르칠 때 그랬지요. 한 한기가 지나고 저는 중고차를 한 대 구입했습니다. 저는 운전을 잘하는 편입니다. 대학교 때는 '지명 운전자' 노릇도 했었으니까요 (제가 술을 안 마시기 때문이고요). 그런데도, 거짓말은 못하겠네요, 몇 번 교통법규를 어긴 적이 있습니다. 급하면 제가 속도를 좀 내거든요.

뉴욕에서 운전하는 것도 어려웠지만 한국의 뒷골목은 더욱 큰 도전입니다. 확실한 도로표지도 없이 길을 찾는 것은 큰 모험인 경우가 많습니다. 하지만 한국은 대중교통체계가 환상적이에요. 저는 언제라도 차보다는 지하철을 타겠어요. 지하철을 타면 어느 곳에 몇 시에 도착할지 거의 정확하게 예측할 수가 있지요. 차를 타면 막히기 때문에 전혀 예측할 수가 없습니다. 저는 대중교통수단 중 지하철을 가장 좋아합니다. 빠르고 편리하죠. 하지만 가끔 외딴 곳에 갈 때는 버스를 탈 수밖에 없습니다.

빠른 지하철 다음으로 제가 선택하는 것은 언제나 버스입니다! 이 도시에서 저 도시로 여행할 때는 기차나 버스나 모두 괜찮습니다. 하지만 시내에서는 버스는 피하는 편입니다. 가장 큰 이유는 제 키입니다. 키가 큰 편이라 곱슬머리로 버스 천장을 청소하게 되고 말거든요. '마을버스'는 최악입니다. 타면 허리를 구부리고 있어야 해요. 시간이 있다면 버스를 타느니 차라리 걷습니다. 어쨌든, 대중교통이 편리한 시대에 살아서 기뻐요. 여러분도 같은 생각이리라 믿습니다.

TALK ABOUT IT

1. 얼마나 자주 대중교통을 이용하나요?
2. 버스카드를 가지고 있나요?
3. 운전면허가 있나요?
4. 운전자의 옆이나 뒤에 앉아서 이래라 저래라 간섭하는 사람을 알고 있나요?
5. 교통법규를 어겨서 딱지를 끊은 적 있나요?
6. 회의에 늦으면 속도를 내기도 하나요?
7. 주차비 지불하는 것을 싫어하나요? 가끔 불법주차를 하기도 하나요?
8. 교통사고가 난 적 있나요? 만약 있었다면 누구의 잘못이었나요?
9. '좋은' 운전자, '나쁜' 운전자의 기준은 무엇일까요?
10. 대중교통수단을 발전시킬 수 있는 방법에 뭐가 있을까요? 또 도로는요?

1 **designated driver** 지명 운전자, 대표 운전자 2 **speed** 속도를 내다, 과속하다
3 **out-of-the-way place** 외딴 곳 4 **centipede** 지네

Phones... and Calls

전화, 그리고 통화

최근 아주 놀라운 휴대폰을 가진 친구를 만났습니다. 제임스 본드도 질투하겠던데요. 인터넷 접속부터 카메라, MP3 플레이어, 네비게이션 시스템까지, 수많은 기능이 있는 전화였습니다. 한마디로 말해 전화 걸기 기능이 있는 휴대용 컴퓨터라고나 할까요. 와! 어찌나 굉장한지. 기술에 있어서는 한국이 최첨단을 달리는 국가 중 하나라고 저는 확신합니다. 하지만 그런 기술처럼 우리의 대화 능력도 향상되고 발전되었을까요? 그건 잘 모르겠습니다.

가끔 전화가 의사소통을 도와주는 도구이기보다는 방해물이 되는 경우가 있습니다. 도움을 주기보다는 해가 되죠. 예를 들어, 전화에 너무 신경을 쓰다가 주위의 아름다운 것들을 놓치는 경우가 있습니다. 영화를 볼 때 휴대폰 전원 끄는 것을 잊어 다른 사람에게 폐를 끼치는 경우도 있고요. 전화에 너무 매여 대화를 하는 도중 전화를 받는 경우도 있죠. 기다렸다가 얘기가 끝나고 전화를 해줘도 될 텐데 말이에요. 단지 전화를 받기 위해 대화를 중단해야 한단 말입니까?

저는 '발신자 확인' 기능이 있어서 못 받은 전화가 있으면 나중에 전화를 걸어줍니다. 하지만 사람들이 메시지를 더 많이 남겨주었으면 하는 바람이에요. 한국에서는 자동 응답기에 메시지를 남기는 것이 서구보다 훨씬 덜 일반화되어 있는 것 같아요. 또 메시지를 남기더라도 연락처를 하도 빨리 말해서 제대로 알아내려면 몇 번씩 메시지를 다시 들어야 하죠.

가끔 저는 전화를 꺼두는 것을 좋아합니다. 하루만이라도요. 저는 더 많은 사람들이 휴대폰을 '진동' 모드로 해두었으면 좋겠어요. 하루종일 전화벨소리가 울리는 것을 듣지 않아도 되도록 말이죠. 혹은 '램프' 모드로 해두던가요. 저는 분명 그렇게 멋진 휴대폰들과 애증의 관계에 있나 봅니다. :)

TALK ABOUT IT

1. 휴대폰 때문에 방해를 받기도 하나요?
2. '편리한' 전화 때문에 오히려 불편함을 느낀 적 있나요?
3. 휴대폰 문화 중 바뀌었으면 하는 것은 무엇인가요?
4. 지하철에서 큰소리로 통화하는 것은 무례하다고 생각하나요?
5. 말하기가 곤란한 장소에서 중요한 전화가 오면 어떻게 하나요?
6. 영화를 보는 도중 전화를 받은 적이 있나요?
7. 여러분 전화의 어떤 점이 가장 좋은가요?
8. 가장 싫은 점은요?
9. 휴대폰 없이 얼마나 오래 지낼 수 있나요?
10. 휴대폰이 건강에 부정적인 영향을 줄까봐 걱정 되나요?

1 **green with envy** 몹시 질투가 나는 2 **in a nutshell** 한마디로 말해, 간단히 말해
3 **cutting-edge** 최첨단의, 하이테크의 4 **"caller ID"** 발신자 확인 기능 5 **love-hate relationship**
애증의 관계

Man vs. Animal
인간 대 동물

저는 자연에 관한 프로그램을 보는 것을 좋아합니다. 자연 서식지의 동물들을 직접 볼 수 있는 기회는 드물기 때문에 TV에서 동물들의 행태를 보는 것이 차선책이죠. 최근에 아프리카 동물들에 관한 프로그램을 봤는데요. 날씨가 좋으면 번성하다가도 날씨가 별로 좋지 않을 때는 살아 남기 위해 애쓰더군요. 그러다 우리들, 인간에 대해서 생각하게 됐답니다. 주변의 사회적, 경제적 풍토에 따라 번영하기도 하고 생존을 위해 애쓰기도 하는 우리의 모습을요.

그리고 또 이런 생각도 했습니다. '우리가 특별한 이유는 뭔가? 우리는 동물과 어떻게 다른가?' 물론, 우리는 동물과 같은 점이 있습니다. 먹고, 마시고, 자고, 자라고, 가족을 만들고, 죽습니다. 우리는 먹이사슬 맨 위에 위치하고 있습니다. 원하면 다른 동물들을 죽여 먹이를 얻을 수 있죠. 하지만 동물들은 필요에 의해 살생을 합니다. 사람들은 가끔 분노 때문에 살생을 하기도 하죠. 우리는 동물을 길들일 수 있지만 동물들은 우리를 길들일 수 없습니다. :) 인간은 도움이 필요한 다른 인간들과 동물들을 도울 수 있습니다. 물론, 주인을 구한 애완동물들도 있긴 하지만, 동물이 사람을 구하는 것은 드문 일이죠.

동물들은 생각을 한다 해도 별로 티가 나지 않습니다. 반면에 인간들은 아주 많은 생각을 하죠. 철학을 하기도 하고 자신의 죽음에 대해 곰곰이 생각해보기도 합니다. 책도 쓰고 예술품을 창조하기도 합니다. 여가 시간을 무언가를 하면서 보냅니다. 생존을 위해서가 아니라 단지 재미를 위해, 인생을 즐기기 위해서요.

인간들은 자신에 대해 별로 만족스러워 하지 않습니다. 그래서 자기개선에 열중하죠. 쉽게 만족하지 못하기 때문에 너무 지나치거나 극단으로 치닫기도 합니다. 성형을 통해 외모를 바꾸기도 하고요. 동물들은 자연환경에서 조화를 이루며 사는 법을 압니다. 우리는 우리의 요구에 맞게 환경을 바꾸고, 가끔은 자연환경을 파괴하기도 합니다. 역사적으로 유명한 동물들은 거의 없습니다. 하지만 성취한 업적으로 인해 우리들이 기억하는 명사들은 많습니다. 인간의 역사는 불가능하다고 생각되었던 것들을 해낸 승전보로 가득합니다. 인간은 놀라운 것들을 해낼 수 있지요. 하지만 동물도 할 수는 있겠죠. :)

TALK ABOUT IT

1. 인간과 동물은 어떻게 다른가요?
2. 여러분은 언제 자신이 특별하다고 느끼나요?
3. 신의 경지라고까지 할 수 있는 어떤 일을 해냈다고 느낀 적이 있나요?
4. 그 반대는요?
5. 다른 사람들에 의해 동물처럼 취급되었다고 느낀 적이 있나요?
6. 아는 동물 중 유명한 동물이 있나요?
7. 동물들이 어떻게 인간에게 도움을 주어왔나요?
8. 만약 동물이 될 수 있다면 어떤 동물이 되고 싶은가요?
9. 가장 똑똑한 동물은 뭐라고 생각해요? 또 가장 우둔한 동물은요?
10. 인간이 동물들의 삶에 어떤 부정적인 영향을 끼쳤나요?

1 **the next best thing** 그 다음으로 가장 좋은 것, 차선책   2 **food chain** 먹이사슬
3 **into self-improvement** 자기개선에 열중하는   4 **go overboard** 극단으로 나가다

Graduation... and Moving on
졸업, 그리고 앞으로 나아가기

적어도 일년에 한 번 졸업 시즌이 있습니다. 많은 사람들이 앞으로 나아가는 때입니다. 지금 있는 곳에서 다른 학교로, 다른 반으로, 혹은 진짜 사회로. 'graduate'이라는 단어는 앞으로 한걸음 내딛는 것을 뜻합니다. 앞으로, 그리고 위로 나아가는 것이죠. 저는 고등학교 졸업과 대학 졸업 또 대학원 졸업이 생각납니다. 모두 멋진 졸업식이었습니다. 사진도 찍고 꽃도 받고 부모님을 껴안았던 기억이 납니다. 졸업에 대해 복잡한 감정이었습니다. 좀더 학교에 남아 즐기고 싶기도 하고, 앞으로 나아가고 싶기도 했지요.

'졸업'이라는 말을 들으면 자연스럽게 학교에서 졸업하는 것을 생각하게 되는데요, 저는 여러 다양한 곳에서도, 혹은 인생의 단계에서도 졸업을 할 수 있다고 생각합니다. 저는 뉴욕의 한 회사에서 한 3년간 일한 적이 있습니다. 어느 순간 그 회사나 같이 일하는 사람들에게 더 이상 아무것도 배울 게 없다는 생각이 들더군요. 한도에 다다랐다는 생각 말이에요. 이제 앞으로 나아가야 할 때라고 느꼈습니다. 제가 '앞으로 나아감 (moving on)'이라고 표현하는 것은 '졸업 (graduation)'과 같습니다.

가끔 우리는 세상으로 혹은 다음 단계로 내던져집니다. 준비가 되었든 말든 말이죠. 또 어떤 경우는 우리 자신이 앞으로 나아갈 시점을 정하는 때도 있습니다. 저는 두 경우 모두 경험해보았습니다. 선택할 수 있다면 저는 두 번째 경우가 좋습니다. '언제', '어떻게' 앞으로 나아갈지 스스로 정하는 것이 좋거든요. 하지만 언제나 원하는 대로 되지는 않죠. 우리는 겪었던 모든 경험에서 뭔가를 배울 수 있습니다. 각 경험은 우리가 더 나은 사람이 되도록 하는 '발판'이 되죠. 졸업을 할 때마다 무언가를 배운다는 것은 알지만, 때로는 배움이 느릴 수도 있죠! 저의 다음 졸업은 언제일지 궁금합니다.

TALK ABOUT IT

1. 이제까지 몇 번 졸업을 했나요?
2. 졸업할 때 어떤 기분이었나요?
3. 학창시절로 되돌아가 무언가를 바꿀 수 있으면 좋겠다고 생각하나요? 만약 그렇다면 뭘 바꾸고 싶은가요?
4. 졸업한 학교에 대해 별로 얘기하고 싶어하지 않는 사람들도 있는데요, 왜 그럴까요?
5. 한 회사에서 '졸업'을 해야겠다고, 혹은 앞으로 나아가야겠다고 결정한 적이 있나요? 왜죠?
6. 동창회에 가본 적 있나요? 어땠습니까? 혹은 왜 가지 않았나요?

---

1 **have mixed emotions** 복잡한 심정이 되다, 착잡하다   2 **at one point** 어느 시점에서
3 **hit a ceiling** 한도에 다다르다   4 **stepping stone** 디딤돌, 발판

번역 김희진
이화여대 졸업. 전 시사영어사 영어 강사.
지금은 영어잡지 원고 집필 및 EBS 영어프로그램
작가로 활동하면서 번역을 하고 있다.

일러스트 김은정
서울대학교 서양화과 졸업. 프리랜스 일러스트레이터.
영어 교재를 비롯한 일반 단행본과 어린이책에
예쁜 일러스트를 그리고 있다.

아이작의 테마토크 120

초판1쇄 발행 2005년 8월 10일
초판7쇄 발행 2008년 2월 5일

지은이 아이작 더스트
펴낸이 엄경희
펴낸곳 도서출판 서프라이즈

주소 서울시 마포구 도화동 173 삼창빌딩 1403호
전화 02) 719-9758 팩스 02) 719-9768
e-mail surprise@surprisepub.co.kr
등록 2003년 12월 20일 제313-2003-00382호

ISBN 89-955053-2-X 13740

값 12,800원